윤석열과
검찰개혁

윤석열과
검찰개혁

한상진 조성식 심인보 최윤원 **지음**

도서출판 뉴스타파

검찰은 바뀌지 않았다

2022년 3월 9일 대통령 선거일.

제21대 대통령 선거에 출마한 윤석열이 낙선했다. 자연의 법칙을 거슬러 하늘을 날고자 했던 이카로스처럼, 민주의 법칙을 거슬러 권좌를 꿰차려다가 추락했다. 청와대에 들어가서 여기저기 손을 봐주겠다는 등 권력 맛에 미리 취했던 김건희의 소망도 물거품이 됐다. '경우의 수 1'이다.

대한민국 제21대 대통령으로 윤석열이 당선됐다. 김건희가 좀 볼 줄 안다던 점(占)이 적중했다. "공정과 상식을 기치로 '본부장' 리스크 등 온갖 난관을 뚫고 사상 최초 검찰총장 출신 대통령이 나왔다" 따위의 '윤비어천가'가 울려퍼진다. '경우의 수 2'이다.

대통령 선거 당일, 방송사 출구조사 발표와 개표 방송에서 윤석열이라는 이름은 보이지 않았다. 야권 후보 단일화 과정에서 밀려 최종 가도에서 탈락했다. 김건희의 꿈도 좀 빨리 꺼졌다. '경우의 수 3'이다.

2022년 3월 9일 이후, 우리는 '경우의 수 1, 2, 3' 가운데 하나가 현실이 된 세상에서 살고 있을 것이다. 하지만 1이든 2든 3이든 그것은 이 책의 본질적 관심사가 아니다. 문재인 정부 5년을 거치면서 봤듯이 대통령 한 명 교체, 거대한 탐욕동맹 내의 정권 이동 자체는 별 의미가 없다는 것이 판명

됐다. 촛불혁명 같은 엄청난 시민 동력을 단순한 정권 교체에 투사해 소진한 것은 우리 현대사의 가장 아픈 장면 중 하나로 기록될 것이다.

우리는 윤석열 그 자체보다는 윤석열(검찰총장 출신 대통령 혹은 대통령 낙선자)을 잉태한 시스템(혹은 시스템 부재)에 더 관심이 있다. 그런 점에서 이 책은 윤석열 검증서라기보다는 우리 민주주의와 고위공직자 인사 시스템, 그리고 검찰권력을 탐구한 결과물이다. 간접적이긴 하지만 족벌언론의 시대착오적 대통령 인큐베이팅도 읽을 수 있다. 사실 윤석열은 이런 후진적 정치-검찰-언론 복합권력 시스템의 투사체일 뿐이다. 그래서 3월 9일 이후에도 이 책에 담긴 내용은 여전히 유효하다고 믿는다. 〈윤석열과 검찰개혁〉 개정판을 내는 이유이기도 하다.

2021년 7월 30일, 이 책 초판이 나오고 6개월가량 지났다. 그 사이 많은 일이 일어났다. 정치는 생물이고 검찰권도 생물이다. 특히 대선판에서 이 두 생물은 그 어느 때보다도 민감하게 서로 교감하고 자극하고 반응한다. 그 복잡한 셈법 속에서도 대선후보 생사여탈권은 여전히 검찰 손아귀에 있다.

이 책 4부 '치명적 결함, 윤우진 뇌물 사건'은 윤석열의 아킬레스건인 윤우진 전 용산세무서장의 뇌물수수 의혹과 윤석열의 변호사 소개 사건을 집중적으로 다룬다. 초판이 나오고 약 5개월 뒤 검찰이 윤우진 사건 재수사 결과를 발표했다. 자신들의 과거 판단을 완전히 부정하는 내용이었다. 검찰권력의 비호 아래 호가호위하던 윤우진이 결국 구속됐다. 이번 개정판에서는 새로 '7부: 윤우진과 김건희, 그 후'를 추가해 초판 발간 후 전개된 상황을 상세하게 담았다.

5부 '처가 의혹과 윤로남불'에서는 이른바 '본부장' 의혹 중 '부인과 장모' 관련 의혹을 집중적으로 다룬다. 〈뉴스타파〉 보도로 처음 공개된 도이치모터스 주가조작 의혹이 대표적이다. 이 사건도 초판 출간 후 많은 상황 변화가 있었다. 검찰은 주가조작에 가담한 도이치모터스 대표와 '선수' 등 무려 11명을 기소했다. 윤우진 사건처럼 〈뉴스타파〉 보도가 아니었다면 그대로 묻혔을 사건이다. 이 사건을 포함해 윤석열 처가 의혹과 관련한 새로운 내용도 개정판 7부에 담았다.

우리가 굳이 개정판을 내 초판 이후 진전된 내용을 추가하는 것은 우리가 수년간 취재해온 의혹이 결국 검찰 수사를 통해 사실로 확인됐다는 것을 알리려는 목적도 있지만 본질적으로는 검찰이 전혀 바뀌지 않았다는 점을 명백하게 기록으로 남기기 위함이다. 검찰은 〈뉴스타파〉의 끈질긴 보도와 여론에 떠밀려 마지못해 과거 자신들의 결정을 180도 뒤집고, 뇌물 사건의 실체를 인정해 윤우진을 구속했다. 하지만 윤우진의 검찰 내 비호 세력은 털끝만큼도 손대지 않았다. 검찰은 또 도이치모터스 사건 수사에서도 무려 14명을 기소할 때까지 김건희는 한 번도 조사하지 않았다.

3월 9일 이후 대통령이 누가 되든 무소불위의 검찰권력을 완전 해체하는, 올바른 검찰개혁이 이뤄지지 않는다면 한국 사회는 한 발짝도 앞으로 나가기 힘들다.

2022년 1월

충무로에서 저자

검찰공화국 대선후보

2005년 삼성 X파일 사건이 터졌을 때다. '대한민국(Republic of Korea)에는 두 개의 공화국이 별도로 존재한다'는 얘기가 나왔다. 두 공화국은 삼성과 검찰이다. 상징적인 표현이니 과장된 면이 있기는 해도, 재벌권력과 검찰권력의 위상을 실감케 하는 말이다.

그 막강한 '검찰공화국'에서 마침내 대통령 되겠다는 사람이 나오기에 이르렀다. 그것도 높은 지지율을 보이는 유력후보다. 그의 주요 자산이 검사 경력인 데다 검찰개혁을 놓고 정권과 충돌하면서 몸값이 올라간 만큼 검찰 문제를 빼놓고 그를 논할 수 없다.

노무현 정부의 기조를 이어받은 문재인 정부는 출범할 때부터 권력기관 개혁에 역점을 뒀다. 국가정보원, 국군안보지원사령부(전 국군기무사령부), 검찰 등 힘 있는 기관의 권력 남용을 막자는 취지였다. 그중 하나인 검찰개혁은 가장 중요하고도 힘겨운 과제였다.

검찰이 수사권과 영장청구권, 기소권을 독점한 채 경찰 수사를 지휘하면서 막강한 자체 수사인력을 갖추고 직접 수사까지 하는 건 세계적인 기현상이었다. 민주적 통제를 받아야 할 검찰이 견제와 균형이라는 민주주의

원리가 작동하지 않는 신성불가침 조직이 돼버린 것은 우리 사회의 비극이었다. 검찰권의 정당한 행사는 민주주의 발전에 도움이 되지만, 수사기관이 '선택적 정의'를 내세워 정치와 사회 전반에 임의로 개입하고 심지어 정책 타당성까지 판단하려 드는 것은 민주주의를 뒷걸음질치게 한다. 이른바 수사만능주의의 위험이다.

노무현 정부가 검찰개혁에 실패한 원인은 여러 가지가 있지만, 뒷날 노전 대통령도 뼈저리게 후회한 대로 제도 개혁을 하지 않은 채 검찰의 정치적 중립을 꾀하려 한 점을 빼놓을 수 없다. 좋게 말하면 순진했던 거고, 나쁘게 말하면 안일했던 거다. 힘의 논리에서도 밀렸다. 정권 초기 검찰이 불법대선자금 수사로 국민 지지를 받으면서 개혁 명분이 약해진 데다, 검찰에 약점 잡히고 끌려다니느라 실기(失期)했다.

이명박/박근혜 정부 때 검찰은 정권과 비교적 좋은 관계를 유지했다. 이명박 대통령은 대선 막판에 BBK 주가조작과 도곡동 땅 차명 소유, 다스 실소유주 의혹에 면죄부를 준 검사들과 정권이 싫어하는 사람들을 혼내준 검사들에게 인사로 보답하면서 검찰을 길들였다. 박근혜 대통령은 '검찰

대부'라 할 만한 김기춘 비서실장과 우병우 민정수석을 통해 검찰을 장악했다. 이른바 '우병우 라인'의 위세가 하늘을 찔렀다.

두 정권은 검찰을 개혁할 생각은 애초 없었고 활용할 생각만 했다. 이명박 정부는 경찰에 수사개시권을 부여하고, 박근혜 정부는 총장 직할부대이자 '정치검찰' 논란의 진원지인 대검찰청 중앙수사부를 폐지함으로써 검찰을 긴장시켰지만, 그 이상은 건드리지 않았다.

검찰은 청와대 하명수사를 충실히 이행하고 기획사정수사를 벌이는 대가로 영역권을 보장받았다. 검찰 고위직 출신이 도맡은 민정수석과 법무부 장관은 무대 뒤에서 검찰을 주물렀다. 임기 막판에 이 대통령의 측근들과 박 대통령이 구속된 것은 검찰 의지와는 별개였다.

노무현 정부의 실패를 반면교사로 삼은 문재인 정부는 취임 초부터 제도 개혁에 방점을 찍었다. 그 총대를 멘 사람이 청와대 민정수석 조국이었다. 한편으로 청와대는 위험한 도박을 벌였다. 개혁 대상인 검찰이 이른바 적폐청산이라는 '개혁'을 주도하게 멍석을 깔아준 것이다. 그 현란한 칼춤의 주인공이 바로 윤석열이었다.

박근혜 정부 때 국정원 댓글 사건 항명 파동으로 스타검사가 된 윤석열은 소신과 정의감이 강한 검사로 알려졌다. 이름난 특수통 검사들이 대체로 그렇듯 철저한 검찰주의자이자 수사만능주의자였다. 국정감사장에서 공개적으로 밝힌 대로 검찰 조직을 '대단히 사랑하고' 이명박 정부 때 전성기를 누린 그를, 검찰개혁을 주요 국정과제로 삼은 문재인 정권이 스카우트하면서 비극적 서사가 움트기 시작했다.

국정농단 특별검사팀 수사팀장으로 활약하다 서울중앙지방검찰청장으로 파격 승진한 그는 한동안 자기를 알아준 주군에게 충성을 다하는 무사처럼 보였다. 현 정권 지지자들의 환호 속에 전 정권 실력자들을 줄줄이 잡아넣더니 끝내는 '이명박 구속'이라는 숙원을 풀어줬다. 이어 사법농단 사건을 파헤쳐 '적폐 판사'를 무더기로 법정에 세우고 헌정사상 처음으로 전직 대법원장까지 구속하며 역대 최강 검찰의 위상을 과시했다.

문재인 대통령은 보답이라도 하듯 그를 검찰총장에 임명하고는 이 희대의 칼잡이에게 조직 내부에도 칼을 대기를 주문했다. 그러면서 조국 법무부 장관 카드를 꺼내 들었다. 검사들에게 공공의 적인 사람을 그들의 인사권자로 앉히는 인사였다. 이명박 정부 때 권재진 민정수석이 법무부 장관으로 직행할 때 당시 야당이자 현 여당은 맹렬히 비난한 바 있다. 장관 후보자 지명을 두고 청와대와 검찰 사이에 긴장감이 돌더니 기어이 비극적 사태가 발생했다. 정권과 민심을 두 동강 내는 참사였다.

조국 사태는 이후 윤석열 사태로 바뀌었다. 추미애 장관과 윤석열 총장 사이에 벌어진, 이른바 추-윤 갈등은 검찰개혁 논쟁을 정치적 수렁에 빠트렸다. 추 장관은 윤 총장에 대해 몇 차례 수사지휘권을 발동하고 직무정지와 징계까지 추진했지만, 윤 총장은 끝내 살아남았고 검찰 조직은 똘똘 뭉

쳤다.

그 와중에 벌어진 검언유착 의혹 사건, 검찰총장 처가 비리 의혹 사건, 라임 사태 룸살롱 검사 접대 사건, 옵티머스 사태 부실수사 의혹 사건, 한명숙 모해위증교사 의혹 사건, 김학의 전 법무부 차관 관련 사건 등은 검찰의 수사권/기소권 남용과 조직이기주의, 제 식구 감싸기가 심각한 수준임을 새삼 일깨워줬다. '내로남불'의 끝판왕은 검찰이었다. 특히 김학의 전 법무부 차관의 비리 의혹에 대해 비상식적 봐주기 수사로 일관했던 검찰이 불법 출국금지 의혹을 비장한 각오로 파고드는 모습은 한 편의 부조리극이었다.

검찰주의자 윤석열 총장의 마지막 업무는 대검 감찰부가 진행하던 모해위증교사 의혹 수사 차단이었다. 예비공소장까지 준비해둔 '내부 고발자' 임은정 검사 대신 다른 검사에게 이 사건을 배당함으로써 검찰 내부를 헤집는 수사를 허용하지 않겠다는 의지를 천명했다.

다음 날 윤 총장은 '자유민주주의 수호'를 외치면서 사퇴했다. 명분은 여권이 추진하는 중대범죄수사청 결사반대였다. 이후 대검 차장이 이끄는 검찰 지휘부는 박범계 법무부 장관의 수사지휘권 발동에 아랑곳하지 않고 모해위증교사 의혹 사건을 불기소 처분했다.

검경수사권 조정, 고위공직자범죄수사처 출범 등으로 검찰 힘이 줄어든 것처럼 보이지만, 검찰공화국은 여전히 철옹성이다. 검찰공화국을 대표하는 윤석열이 인기를 누리는 데는 여러 이유가 있겠지만, 문재인 정부를 향한 중도층의 실망과 반감에 따른 반사이익도 있다. 정치적 소용돌이에 휘말린 검찰개혁에 대한 피로감과 실망감이 검찰권력의 위험성에 대한 경계심을 누그러뜨렸는지도 모른다.

아무리 필요한 개혁이라도 국민의 신뢰와 공감을 얻지 못하면 실패하거나 후퇴할 수 있다. 이를 '친검(親檢) 언론' 탓으로만 돌릴 수 없는 게, 여권과 그 지지층이 윤석열에게 이중잣대를 들이댄 것 아니냐는 지적에 일리가 없지는 않기 때문이다. 우연과 필연이 겹친 면이 있지만, 저쪽을 칠 때는 잔뜩 힘을 실어주다가 이쪽을 치니 기를 쓰고 힘을 빼려는 것 아니냐는 따가운 눈총도 무시할 수 없다.

적어도 중도층에게는 그렇게 보일 수 있다. '저쪽을 치면 선이고 이쪽을 치면 악'이라는 건 진영주의 논리다. 2020년 10월 윤 총장이 대검 국정감사장에서 자신을 몰아세우는 박범계(현 법무부 장관) 더불어민주당 의원에게 "과거에는 제게 안 그러셨지 않느냐"고 항변한 것도 그런 맥락으로 이해할 수 있다.

검찰개혁을 강력하게 추진한 정권에서 강력한 검찰주의자가 유력 대선 후보로 발돋움한 것은 흥미로운 현상이다. 검찰공화국 후보라고 대선에 나오면 안 된다는 법은 없다. 검찰총장 출신이라고 대통령 되지 말라는 법은 없다.

하지만 국민의 한 사람으로서 이런 의문이 있다. 국민을 바보로 보지 않는다면, 최소한 룸살롱 검사 접대 사건에 대한 대국민 사과 약속부터 이행하고 출마했어야 하지 않을까? 그게 '광주' 가는 것보다 더 중요하고 시급한 일 아니었을까?

아울러 전직 총장으로서 그간 검찰이 저지른 숱한 잘못을 사죄하고, 검찰개혁이 되돌릴 수 없는 시대적 과제임을 인정하면서, '검찰을 위한 검찰'에서 '국민을 위한 검찰'로 거듭나기를 바란다는 뜻을 공개적으로 밝히면 좋겠다. 그렇게 한다면 혹시 검찰공화국 대선후보라는 딱지가 떼어질지도 모르겠다. 물론 6월 29일 그의 대선 출정식에서 그런 발언은 나오지 않았다.

언론이 크게 보도한 대로, 윤석열은 정진석 국민의힘 의원의 입을 통해 "누구한테 10원 한 장 피해준 적이 없다"며 장모의 무고함을 강조했다. 그런데 7월 2일 장모가 불법 요양병원 급여 편취 혐의로 징역 3년 형을 선고받고 법정구속되자 자기 말에 대한 최소한의 해명이나 사과도 없이 "법 적용에 누구나 예외가 없다"고 맞받아쳤다. 전형적인 유체이탈 화법이자 논점일탈의 오류였다.

국감장에서 의원들이 부인 김건희 씨 관련 의혹을 제기했을 때는 '부부독립경제론'을 펴며 자신은 모르는 일이라는 식으로 비켜갔다. 정경심 교수의 사모펀드 의혹을 수사할 때와는 사뭇 다른 논리였다.

검찰총장 인사청문회에서 전 용산세무서장 뇌물수수 의혹 사건에 연루된 정황이 드러나자 몇 차례나 말을 바꾼 일도 잊을 수 없다. 피의자에게 변호사를 소개한 일이 문제가 되자 "소개와 선임은 다르다"며 논점을 벗어나는 해명을 늘어놓았다.

이 책은 검찰권력 비판서이자 검찰총장 출신 대선후보 윤석열에 대한 검증서다. 객관적인 사실과 분석에 기초해 그의 실체를 제대로 들여다보려 노력했다. 검찰 조직의 기득권을 지키고 '검찰패밀리'를 보호하려 마지막까지 최선을 다한 그와 검찰권력, 검찰개혁 문제는 떼어놓고 생각할 수 없다. 그의 운명이다.

민감한 시기에 민감한 내용을 내놓는 만큼 조심스럽지만, 이 책이 합리와 상식이 통하는 사회를 구현하는 데 이바지한다면 더 바랄 나위가 없겠다.

2021년 7월

목·차

윤석열과 검찰개혁

※ 이 책 1, 6부는 조성식, 2, 3, 4부는 한상진, 5부는 심인보가 대표 필자입니다. 2부 2, 4장은 최윤원과, 3장은 심인보와 함께 썼습니다. 3부 1장은 조성식이 썼습니다. 개정판에서 추가한 7부는 한상진(1장), 심인보(2장) 기자가 정리했습니다.

PART **01**

부풀려진
영웅신화

마지막 검찰주의자

바야흐로 '윤석열의 시간'이다. 곳곳에서 '영웅 찬가'가 울려 퍼진다. 보수언론의 윤석열 전 검찰총장 띄우기는 눈물겹다. 재직 시절에는 '정권에 핍박받는 의로운 총장'으로 미화하더니, 사퇴 후에는 서민적 풍모를 부각하는 미담기사를 쏟아내면서 가장 유력한 대통령선거 후보로 치켜세운다. 지적이나 비판은 찾아보기 힘들다. 누구를 만나고 무슨 공부를 하는지 일거수일투족을 중계방송하듯이 보도한다.

검찰은 대체로 보수정권과는 잘 지내지만, 진보지향적[1] 정권과는 불화를 빚고 대결구도를 형성해 왔다. 여기에는 보수언론과의 공조가 큰 역할을 했다. 공교롭게도 노무현/문재인 두 정부 모두 검찰개혁을 강하게 추진

---

[1] 민주당 족보를 가진 정당은 진보정당이 아니라 진보를 지향하는 보수정당이다.

했는데 보수언론 매체들은 거의 한몸으로 검찰 논리를 대변했다.

윤 전 총장이 대중적 인기를 얻게 된 데는 두 가지 이유가 있다. 먼저 영웅적 서사다. 그가 검사로서 걸어온 길은 반전(反轉)드라마와 같은 극적인 면이 있다. BBK 특별검사(특검)팀에 참여한 경력 덕분에 이명박 정부에서 잘나가다 박근혜 정부 초기 국가정보원 대선 여론조작 사건(국정원 댓글 사건) 수사와 관련된 항명 파동으로 한직을 돌던 그가 문재인 정부에서 총장에 오른 후 이른바 '살아 있는 권력 수사(살권수)'로 정권과 대척점에 선 것은 반전의 반전이다.

다른 하나는 문재인 정부의 실정(失政)에 따른 반사이익이다. 진보를 내세운 정권의 독선과 위선, 무능에 실망하거나 분개한 사람들이 그가 주도한 '살권수'를 통해 카타르시스를 느낀 것이다. 이른바 중도층 또는 무당파다. 정의와 공정을 내세운 검찰 프레임에 언론이 적극적으로 호응한 점도 영향을 끼쳤다.

2020년 추미애 법무부 장관의 강공은 이 정권 지지층의 기대와는 정반대로 그의 대중적 인기와 정치적 위상을 한껏 높이는 구실을 했다. 직무배제 결정과 정직 2개월이라는 중징계도 그를 주저앉히지는 못했다. 대통령 재가로 모든 것이 끝난 듯싶었지만, 법원이 그가 낸 집행정지 가처분신청을 받아들임으로써 오뚝이처럼 업무에 복귀했다. 이로써 정권에 칼을 겨눴다가 탄압받은 '의로운 총장' 이미지가 완성됐다.

이후 서초동 법조타운에서 현직 검찰총장의 대선 출마설이 솔솔 흘러나왔다. 그 무렵 내가 만난 검찰 고위직 출신 법조인은 "윤 총장이 조만간

옷 벗고 대선에 뛰어들 것"이라며 "그를 지지하는 일부 전·현직 검사들이 돕는 걸로 안다"고 검찰 주변 분위기를 전했다. 징계 파동 이후 그의 '대선 시계'가 째깍거리기 시작했다는 것이다. 이 법조인의 관측에 따르면, 그는 그때부터 사직 명분과 타이밍을 저울질한 것으로 보인다.

윤 전 총장의 대표 이미지는 국정원 댓글 사건에서 보여준 소신과 기개다. 추종자들은 그를 '의로운 검사'의 표상으로 떠받든다. 반면 골수검찰주의자, 수사만능주의자 등 부정적인 평판도 따라다닌다. "사람에게 충성하지 않는다"는 그의 말은 지독한 조직이기주의로 해석될 수 있음에도 일본의 전설적인 무사 미야모토 무사시의 어록과도 같은 대접을 받았다.

검찰판 신데델라

유명한 검사에게는 요즘 말로 '인생수사'라는 게 있다. 인생수사를 통해 이미지가 굳어지는 경우가 많다. 윤석열 검사도 예외가 아니다. 검찰처럼 상명하복이 철저한 조직에서 스타가 된다는 건 명예와 위험이 동시에 따르는 일이다.

'스타검사' 효시는 홍준표다. 현재 국민의힘 대선주자인 그의 인생수사는 슬롯머신 사건 수사다. 김영삼 정부 초기 오락실업계 대부 정덕진 형제의 정관계 로비 의혹에서 출발한 이 수사는 '6공 황태자' 박철언 의원과 현직 고검장, 경찰 치안감 등 정관계 고위인사 다수를 구속하는 성과를 올렸다. 언론은 무명의 평검사 홍준표를 영웅으로 묘사하고 수사 비화와 미담을 쏟아냈다.

절도 있는 수사를 강조한 '수사십결(搜査十訣)'로 유명한 심재륜에게는 김영삼 정부 말기 대검찰청 중앙수사부장으로 지휘한 한보 비자금 사건 재수사가 인생수사였다. 청와대와 법무부, 국정원의 압력을 이겨내고 '소통령'으로 불리던 현직 대통령 아들을 헌정사상 처음으로 구속함으로써 '국민 중수부장'이라는 별명을 얻었다. 그때 형성된 '심재륜 사단'은 검찰 특수통 인맥의 큰 줄기가 됐다.

특수통 대명사 안대희의 인생수사는 노무현 정부 초기 불법대선자금 수사였다. 정치권과 재벌기업의 음성적인 정치자금 수수 관행을 파헤친 이 수사로 여야 모두 큰 타격을 받았다.

드러난 금액만 보면 '차떼기 정당'이라는 오명을 쓴 야당의 피해가 더 큰 듯싶지만, 여권이 입은 상처는 그 이상이었다. 정권을 잡은 지 1년도 채 안 된 시점에서 대선 공신과 대통령 측근 등 이른바 실세들이 줄줄이 구속된 데 이어 수사 관련 발언으로 노무현 대통령이 탄핵 위기에까지 몰렸으니 말이다. 노 대통령의 사법시험 동기 안대희는 이 수사로 '국민검사'라는 영예를 안았다.

성격이 조금 다르기는 하지만, 윤석열에게는 국정원 댓글 사건 수사가 그랬다. 사실 이전까지만 해도 윤석열은 그다지 이름난 검사가 아니었다. 이명박 정부 때 특수통 경력을 쌓았지만, 눈에 띌 만한 대형 수사를 주도한 적이 없기 때문이다. 그런데 댓글 사건을 수사하면서 상부 허락 없이 국정원 직원을 체포했다는 이유로 수사팀장에서 해임된 뒤 국회 국정감사장에서 수사 외압을 폭로하면서 하루아침에 스타검사 반열에 올랐다.

이후 징계를 받고 4년간 지방 한직을 돌 때 그의 검사인생은 끝난 듯싶었다. 하지만 잇따른 좌천인사는 '새옹지마(塞翁之馬)'의 전조였다. 박근혜 정부를 비판하는 사람들에게 의로운 검사로 각인되면서 국정농단 특별검사팀 수사팀장을 거쳐 '촛불정부'에서 서울중앙지방검찰청장을 거쳐 검찰총장에 오르는 데 필요한 기반을 다진 셈이었기 때문이다.

인생수사의 공통점은 '건곤일척(乾坤一擲)'의 승부수를 던지는 것이다. 일이 잘되면 명성과 영예를 얻지만, 잘못되면 옷 벗을 각오까지 해야 한다. 수사와 출세는 별개일 때가 많다.

홍준표는 검찰 고위간부 수사가 벽에 부딪히자 언론을 활용해 돌파했다. 수사는 성공했지만, 조직에서 '미운 오리 새끼' 취급을 받았다. 이후 상부에서 사건을 배당하지 않았다. 수사에서 손 떼라는 뜻이었다. 하는 일이 별로 없었던지, 당시 검찰을 출입하던 내 눈에 바둑 두는 모습이 포착되기도 했다. 결국 사표를 내고 정계로 진출했다.

대통령 아들의 구속을 막으려는 법무부 장관의 압력에 '기자회견 불사'라는 배수진으로 버티며 수사목표를 달성한 심재륜의 명성과 관운은 거기까지였다. 검사들의 선망이자 '검찰의 꽃'으로 불리는 서울지방검찰청 검사장(서울지검장)[2]과는 거리가 한참 먼 지방 고등검찰청장(고검장)으로 옮겨간 후 김대중 정부 때 이종기 변호사의 수임비리 사건에 휘말려 파면당하는 시련을 겪었다. 이후 행정소송을 벌여 복직했지만, "명예회복이 이뤄졌다"면서 스스로 물러났다.

---

2) 2004년 2월 서울중앙지방검찰청으로 개칭.

서슬 퍼런 정권 초기 살아 있는 권력에 칼을 들이댄 안대희는 그토록 꿈꾸던 서울중앙지검장과 검찰총장의 꿈을 접어야 했다. 심재륜과 비슷하게 지방 고검장으로 밀려났다. 그래도 검찰 몫 대법관에 임명된 걸 보면 관운이 그다지 나쁜 편은 아니라고 하겠다.

국정감사장에서 직속상관인 서울중앙지검장을 가리켜 '수사를 막은 장본인'이라고 들이받은 윤석열은 징계당하고 유배지를 떠돌았다. 두 차례나 지방 고검 검사로 발령낸 것은 조직에서 나가라는 신호였다.

윤석열은 묵묵히 버텼다. 정치권의 손짓을 뿌리치면서 칼을 벼렸다. 그리고 자신을 박해한 박근혜 정권이 몰락하자 화려하게 복귀했다. 그것도 박 정권의 국정농단을 파헤치는 특검 수사팀장으로. 그야말로 '검찰판 신데렐라'요, '돌아온 장고'였다.

일부에서는 윤 전 총장이 당시 박 대통령 구속에 반대했다는 주장을 편다. 대선에 뛰어든 상황에서 그쪽 지지자들의 반감을 달래려는 목적에서 꺼낸 말이라는 비판도 있지만, 실제로 그랬을지도 모른다. 하지만 박근혜가 이런저런 중대 범죄 혐의로 대통령직에서 파면되고 구속되는 데 특검 수사가 지대한 영향을 끼쳤다는 점에서 윤석열 개인이 어떤 의견을 가졌는지는 그다지 중요하지 않다.

촛불정부는 특검에서 공을 세운 윤석열을 서울중앙지검장에 임명했다. 기수 파괴를 통한 파격 승진이었다. 그는 보답이라도 하듯 적폐(積弊)청산의 칼을 휘둘렀다. 자신의 인생수사인 국정원 댓글 사건 재수사를 지휘해 관련자들을 구속하고, 이명박/박근혜 정부의 주요 실력자들을 직권남용 등의 혐의로 법의 심판대에 세웠다. 사법농단을 파헤친다며 박근혜 정권과 유착한 혐의를 받은 전직 대법원장까지 구속하자 현 정권 지지자들 사이에서 그의 인기는 하늘로 치솟았다.

정점은 이명박 전 대통령 구속이었다. 진보진영 사람들에게 이 전 대통령은 노무현 전 대통령을 죽음으로 내몬 장본인이다. 논쟁적인 수사 끝에 검찰이 그를 구속하자 노무현/문재인 정부 지지자들은 환호하고, 반대쪽은 정치검찰이라고 맹비난했다. 그 상반되고 극단적인 분위기에서 수사를 지휘한 윤석열 서울중앙지검장이 과거 이 전 대통령에게 면죄부를 안긴 BBK 특검 파견검사였다는 사실은 묻혀 버렸다.

권력에 취한 수사

윤석열에 대한 평가 기류는 그가 검찰총장이 된 직후 정반대로 바뀌었다. 국회 청문회를 앞둔 장관 후보자와 그 가족에 대한 전례 없는 고강도 수사가 원인이었다. 그 대상이 대통령 신임을 한몸에 받으며 검찰개혁 총대를 멨던 사람이었기에 여권 지지자들이 받은 충격은 클 수밖에 없었다.

꽃을 보냈던 사람들이 엿을 보내고, 욕하던 사람들이 열성 지지자로 돌아섰다. 대검과 서울중앙지검이 있는 서초동에는 검찰개혁 촛불이 타오르고, 광화문에는 태극기 물결이 넘쳤다. 이어 검찰의 칼끝이 울산시장 선거 개입 의혹 사건으로 뻗치자 윤석열은 여권의 '공적'이 돼버렸다.

이로써 조국 사건 수사는 검사 윤석열에게 제2의 인생수사가 됐다. 직접 수사한 건 아니지만, 진두지휘했다는 점에서 그의 작품이라고 해도 무리가 아니다. 실제로 그는 2019년 10월 17일 국회 국정감사장에서 "조국 전 장관 수사를 총장이 직접 지시했느냐"는 백혜련 더불어민주당 의원의 질문에 "이런 종류의 사건은 제 승인과 결심 없이는 할 수가 없다"며 자신이 주도했음을 숨기지 않았다.

　검찰개혁과 조국 수사는 별개라고 여긴 사람들도 자잘하고 비슷비슷한 혐의를 잔뜩 붙여놓은 수사 결과를 보고는 고개를 갸우뚱했다. 겉보기에는 정의롭고 용감해 보이지만, 실제로는 치밀하지도 깔끔하지도 않은 수사였다는 평가가 나왔다. 대통령 인사권을 침해했다는 점에서 '정치수사'라는 비판이 나올 만했다.

　"수사가 불가피했다고 쳐도 국회 인사청문회 앞두고 압수수색은 말이 안 된다. 검찰이 정치행위를 한 거다. 자기들이 대통령을 만든 권력실세라고 여겼기에 가능했던 일이다. 언론이 편들어주고 법원이 영장을 다 내주니 밀어붙이면 될 걸로 오판한 것이다. 권력에 취한 거다.

　권력 핵심을 겨눈 수사는 철저히 준비해야 한다. 확실한 증거를 확보해 그쪽에서 납득하고 인정하도록 해야 한다. 그런데 무조건 주도권을 잡겠다는 생각으로 확실하지도 않은 상태에서 영장부터 치면 저쪽에서 받아들이겠나? 치밀하게 수를 읽어야 하는데 생각 없이 내지른 거다."(검찰 고위직 출신 법조계 인사)

　대통령을 겨냥한 울산 사건 수사에 대한 비판논리도 비슷하다. 법조계 일부에서는 승부수라기보다는 무리수라는 지적이 나온다. 무리한 수사로 정권과 불필요한 대립을 빚어 검찰 조직에 해를 끼쳤다는 비판이다.

이 사건 이후 검찰은 영영 돌아올 수 없는 다리를 건넜다. 정권과 검찰은 사사건건 충돌하고 보수언론은 노골적으로 검찰 편을 들었다. 여권은 검찰 개혁 고삐를 바싹 조였다. 총장이 정권에 맞서면서 검찰 조직은 요동했다. 조국의 뒤를 이은 '강성' 추미애 법무부 장관은 검찰 조직과 총장의 힘을 빼는 데 주력했다. 윤석열 라인 검사들이 인사상 불이익을 당한 것은 예상된 일이었다.

울산 사건에 대해서는 '살권수'라는 긍정적인 평가도 있지만, 범죄 증거력 면에서는 조국 수사보다 더 문제가 많다는 시각도 있다. 과거 윤 전 총장도 동참했던 대형 사건 수사를 이끈 전직 검찰 고위간부는 내게 "다른 건 몰라도 청와대 하명수사 의혹은 말이 좀 안 되는 것 같다"고 말했다.

그의 견해를 한마디로 정리하면, 청와대 민정수석실에서 경찰로 첩보나 정보를 이첩하는 것은 정상적이고 관행적인 업무수행이라는 것이다. 여기서 말하는 경찰은 지방 경찰청이나 일선 경찰서가 아니라 경찰청이라는 공식 창구다.

실제로 사건 초기 검찰은 청와대 민정수석실과 울산지방경찰청의 '직거래'를 의심하고 주변을 샅샅이 뒤졌으나 아무런 증거가 나오지 않자 선거 개입 의혹으로 돌아섰다. 이후 언론에도 '하명수사'라는 단어가 슬그머니 사라졌다.

그 과정에 당시 민정수석실에 파견됐던 검찰 수사관 한 명이 수사 압박을 견디지 못해 목숨을 버리는 비극이 발생했다. 검찰은 이 수사관이 울산에 출장 갔던 일을 하명수사 정황이라고 봤으나, 청와대와 경찰 쪽에서는 "검찰이 없는 사실을 만들어 생사람을 잡았다"고 반박했다. 그의 울산행은 이른바 고래고기 사건과 관련된 검-경 갈등 상황을 조사하기 위함이었다는 것이다.

또 다른 특수통 출신 법조인도 울산 사건에 대해 "무모하고 감정적으로 비치는 수사로 조직을 망치는 데 이바지했다"고 쓴소리를 했다. 다만 선거 개입 의혹에 대해서는 "코에 걸면 코걸이, 귀에 걸면 귀고리이니 재판 결과는 장담할 수 없다"고 덧붙였다.

검찰개혁 최대 공로자

검찰이 수사로 정권을 때리자 정권은 인사로 반격했다. 조국 후임자인 추미애 장관은 대대적인 물갈이 인사로 검찰 특수라인과 지휘라인을 장악한 윤석열 사단을 흩트려놓았다. 대검과 서울중앙지검 주요 보직이 비로소 '비윤(非尹)' 검사들에게도 개방됐다.

이후 장관의 잇따른 수사지휘에 총장이 저항하면서 검찰은 격랑에 휩쓸렸다. 총장에 대해 수사지휘권 박탈에 이어 감찰이 시행되고, 사상 처음으로 직무정지에 정직이라는 중징계까지 추진됐다. 그 과정에 검사들이 떼지어 항의를 표출하고, 일부 언론은 검찰개혁의 의미를 임의로 바꾸었다. 검

---

3) 2016년 4월 경찰이 압수한 고래고기 21t(시가 30억 원)을 검찰이 피의자인 유통업자에게 돌려준 일을 두고 경찰과 검찰이 충돌한 사건이다. 2017년 8월 황운하 울산경찰청장이 부임한 후 경찰이 검사 출신 변호사와 현직 검사의 비리 의혹을 수사하면서 대표적인 검경 갈등 사건으로 비화했다.

찰의 중립성과 독립성 확보, 또는 성역 없는 권력 수사를 보장하는 것이야 말로 진정한 검찰개혁이라고.

현직 총장이 유력한 대선후보로 떠오르는 기현상 속에 소수 장관파와 다수 총장파로 갈라진 검찰 조직은 멍이 들 대로 들었다. 징계 파동에 책임을 지고 장관은 물러났지만, 국정감사장에서 "총장은 장관의 부하가 아니다"라고 문민통제를 강하게 부정했던 총장은 사퇴하지 않았다.

그 바람에 수사/기소 완전 분리가 목표인 검찰개혁의 시곗바늘은 더 빨라졌다. '검찰개혁의 최대 공로자가 윤석열'이라는 우스갯소리가 나오는 이유다.

어쩌면 윤 전 총장은 이 시대 마지막 검찰주의자로 기록될지 모른다. 앞으로 어떤 정권이 들어서든 검찰의 힘이 예전 같지 않고 제도적으로 강한 견제를 받을 것이기 때문에 윤석열과 같은 제왕적 총장은 더는 나오기 힘들 것이다.

윤석열의 거침없는 행보는 전통적 검찰관에 비추면, 정치권력에 맞서 검찰의 중립성과 독립성을 지키려 한 소신과 기개로 볼 수 있다. 관점에 따라 정의롭고 멋있어 보일 수 있다. 그런데 그가 내세운 정의가 보편적 정의가 아닌 선택적 정의이고, 그가 강조한 '권력 수사'가 비례와 균형을 현저히 잃은 수사라면 평가가 달라질 수밖에 없다.

그는 시대정신에 맞지 않은 과도하고 편파적인 검찰권 행사로 스스로 신뢰를 떨어뜨렸다. 그와 가까운 검사들은 본의 아니게 피해를 봤다. "윤석열 사단이 살아남는 방법은 윤석열이 대통령이 되는 길밖에 없다"는 한 법조인의 촌평이 우스갯소리로만 들리지 않는 이유다.

시대정신은 더는 검찰이 통제받지 않는 권력으로 '정의의 수호신' 노릇을 하는 걸 원치 않는다. 검찰은 권력기관이 아닌 수사기관으로, 나아가 공소기관으로 거듭나야 한다. 그것이 검찰이 다시 사는 길이다.

2장

'검사 윤석열' 다시보기

윤석열 전 검찰총장이 유력 대선후보로 발돋움한 데는 검사로서의 경력과 명성이 큰 비중을 차지한다. 역대 어느 정권보다 강력하게 검찰개혁을 추진한 문재인 정권에서 '칼잡이' 대선후보가 나온 것은 아이러니하다. 일부에서는 추미애 전 법무부 장관이 결정적으로 밀어줬다고 꼬집기도 하는데, 어찌 됐든 정권과의 충돌 속에 그의 몸집이 커진 것만은 분명하다.

이제 그가 대선후보로 나선 만큼 그의 주요 자산인 '검사 인생'에 질문을 던져봐야 한다. 윤석열은 과연 정의로운 검사였는가? 윤석열은 과연 수사를 잘하는 검사였는가? 검찰총장 윤석열은 공정했는가?

2017년 5월 국정농단 특검 수사팀장 윤석열이 서울중앙지검장에 오르자 언론은 앞다퉈 그의 '무용담'을 소개했다. 주로 그의 특수통 경력을 부각하는 보도였다.

윤석열이 특수수사에 발을 내디딘 것은 노무현 정부 때였다. 불법대선 자금 사건(2003년), 현대자동차 비자금 사건(2006년), 외환은행 헐값 매각 사건(2006년) 등 대검 중수부 수사에 참여하면서 실력을 인정받았다. 그 때까지만 해도 주류가 아니었다. 즉 중수부 소속이 아니라 파견 형식으로 수사를 거든 정도였다. 대검 중수부와 더불어 특수통의 필수 코스인 서울 중앙지검 특수부에도 근무한 적이 없다.

2003년 9월 안대희 대검 중수부장이 주도한 대선자금 수사는 성공한 수사의 전형으로 꼽힌다. 안 중수부장은 불법 자금을 받은 정치권은 처벌 하되 '자복'한 기업에는 죄를 묻지 않는다는 원칙을 지키면서 여야의 대선 자금을 비교적 균형 있게 수사했다는 평을 들었다.

이 수사로 노무현 정권은 출범 첫해부터 큰 위기를 맞았다. 검찰 위상이 높아진 탓에 검경수사권 조정, 대검 중수부 폐지 등 검찰개혁 과제는 뒤로 미뤄졌다. 청와대는 검찰과 타협하는 길을 택했다. 검찰은 역대 어느 정권 에서보다 정치적 중립성과 수사 독립성을 획득했다는 평가를 받았다.

대선자금 수사팀의 주축은 남기춘 대검 중앙수사1과장(중수1과장), 유 재만 중수2과장이었다. 거기에 서울지검 형사9부장 시절 SK그룹 분식회 계 사건을 파헤친 이인규 원주지청장이 합류했다. 이인규 검사는 당시 수 사과정에서 손길승 SK그룹 회장으로부터 정치권에 대선자금을 건넸다는 진술을 확보했는데, 이것이 대선자금 수사의 실마리였다.

대선자금 수사팀에서 활약한 검사는 모두 15명. 그중 부장검사급 이상은 앞서 언급한 세 사람이다. 평검사 12명은 기업 비리나 금융 비리를 수사한 경험이 있는 사람들이었다. 대검 검찰연구관 두 명에 중수부 요청으로 일선 검찰청에서 파견된 검사가 10명이었다.

윤석열 광주지검 검사도 파견검사 중 한 명이었다. 그때 윤석열은 1년간 변호사 생활[4]을 하다 "짜장면 냄새가 그립다"며 검찰로 복귀한 상태였다. 흥미로운 것은 뒷날 윤석열의 최측근으로 활약하는 한동훈 검사도 당시 수사팀에 포함됐다는 점이다.

대선자금 수사에서 윤 검사의 활약상은 그다지 알려지지 않았다. 그때만 해도 윤석열이라는 이름은 기자들 귀에 익지 않았다. 아무래도 수사팀 주류도 아니고 간부도 아니었으니 수사 기여도와 별개로 언론의 조명을 받지 못했을 거라고 본다.

MB 때 특수통 주류로 부상

대선자금 수사 참여로 특수수사 경력을 쌓은 윤석열은 2006년 대검 중수부가 벌인 현대차 비자금 수사에도 참여한다. 당시 수사팀에는 쟁쟁한 특수통 검사가 모였다. 중수부장은 뒷날 국정농단 특검을 맡은 박영수, 주임검사는 특수통 최재경 중수1과장이었다. 수사를 조율하고 언론을 상대하는 중수부 수사기획관은 채동욱 검사였다.[5]

---

4) 윤석열은 2002년 2월~2003년 2월 법무법인 태평양에서 변호사로 근무했다.

5) 채동욱은 2013년 4월 박근혜 정부 초대 검찰총장에 올라 국정원 댓글 사건으로 정권과 마찰을 빚다가 혼외자 의혹으로 사퇴한다. 최재경은 박근혜 정부가 국정농단 사태로 휘청거리던 2016년 11월 민정수석에 임명됐지만, 한 달 만에 물러났다.

당시 의정부지검 고양지청에 근무하던 윤석열은 중수부 요청으로 현대차 비자금 수사팀에 합류한다. 대선자금 수사와 마찬가지로 수사 주체가 아닌 탓에 그의 역할이 크지는 않았다.

다만 검찰총장에게 직언한 일이 화제가 됐다. 수사가 깊이 진행되면서 정몽구 현대차 회장 구속 여부가 논란이 됐을 때다. 수사팀의 강공에도 수뇌부가 미적거리자 윤석열이 정상명 총장을 찾아가 사표를 꺼내 들면서 정회장 구속을 주장해 관철했다는 것이 '무용담' 요지다.

이를 두고 윤석열과 정상명 두 사람의 특별한 관계에 주목하는 시각도 있다. 1991년 33회 사법시험에 합격한 윤석열이 사법연수원을 거쳐 1994년 첫 발령을 받은 곳이 대구지검이었다.

당시 정상명은 대구지검 형사2부장, 형사1부장을 연이어 맡았다. 검사 윤석열의 첫 직속상관인 셈이다. 검찰에서 부장과 부원의 관계는 매우 끈끈하다. 즉 평검사 윤석열이 '지존'인 검찰총장에게 그런 직언을 할 수 있었던 데는 근무인연에 따른 정리(情理)가 작용했다는 해석이다. 정상명은 2019년 6월 검찰총장후보추천위원회 위원장을 맡아 윤석열을 포함한 총장 후보자 4명을 박상기 법무부 장관에게 추천하기도 했다.

2007년 검찰연구관으로 대검에 입성한 윤석열의 첫 작품이 신정아-변양균 사건이다. 의형제로 불리는 윤대진 검사와 함께였다. 수사 책임자는 중수1과장 문무일이었다. 공교롭게도 세 검사는 뒷날 문재인 정부에서 검찰 수뇌부를 형성한다. 문무일과 윤석열은 각각 문재인 정부 첫 검찰총장과 서울중앙지검장으로 검찰권력을 나눠 갖고, 윤대진은 서울중앙지검 1

차장, 법무부 검찰국장 등 요직을 거머쥐며 검찰 실세로 부상한다.

신 씨의 학력 위조 혐의에서 비롯된 이 사건은 노무현 정부 말기 대형 정치 스캔들로 비화했다. 변양균 당시 청와대 정책실장이 '연인' 신 씨를 위해 자신의 권력을 얼마나 사용했는지를 밝히는 게 관건이었다. 기업들을 압박해 전시회 협찬금 등을 받아냈는지, 신 씨가 동국대 교수로 임용되는 과정에 동국대 총장에게 거액의 지원금을 약속했는지 등에 초점이 맞춰졌다.

언론의 요란한 보도 속에 일사천리로 진행된 이 수사는 겉으로는 성공한 듯했지만, 결과적으로 무리한 수사였다는 비판을 받았다. '소문 난 잔치에 먹을 것 없다'는 속담처럼 이 수사로 밝혀낸 것은 신 씨의 학력(예일대 박사)이 가짜라는 점과 두 사람이 '금지된 사랑'을 했다는 점 정도다. 신 씨는 "논문 대필은 맞지만, 학력 위조는 아니다. 나도 브로커에게 속았다"고 해명했다.

언론 등쌀에 떠밀린 검찰 수사는 그다지 정교하지도 깔끔하지도 않았다. 검찰은 이 사건을 권력형 비리로 간주하고 두 사람 주변을 털었으나 주목할 만한 범죄가 발견되지 않았을뿐더러 법원은 기소한 혐의 대부분을 무죄로 판단했다.

마녀사냥 성격이 있는 수사가 으레 그렇듯 이 사건 수사과정도 매끄럽지 않았다. 초기에 법원이 신 씨에 대한 구속영장을 기각하자 검찰은 늘 하던 대로 별건 수사를 벌였다. 결국 그녀는 학력 위조가 아닌 큐레이터로 일했던 미술관의 공금을 횡령한 혐의로 구속됐다. 마치 조국 전 장관 사건에서 웅동학원 비리 혐의로 수사받던 그의 동생이 영장이 기각된 후 교사 채

용비리라는 별건으로 구속된 것처럼.

윤석열의 특수통 경력에 날개를 달아준 것은 2008년 1월 출범한 BBK 특검이었다. 2007년 대선 때 논란이 된 BBK 주가조작 사건에 이명박 대통령 당선인이 연루됐는지를 조사하는 사건이었다. 많은 사람이 예상한 대로 정호영 특검팀은 무혐의라는 수사결과를 내놓았다. 대선 막판에 이 사건을 맡았던 검찰(서울중앙지검 특수1부)과 같은 결론이었다.

BBK 수사팀 및 특검 파견 검사들은 이명박 정부에서 잘 풀렸다. 윤석열도 그중 한 사람이었다. 대전지검 논산지청장, 대구지검 특수부장을 거쳐 2009년 8월 대검 요직인 범죄정보2담당관에 임명됐다. 이어 특수부 검사들이 선망하는 대검 중수2과장(2010년)과 1과장(2011년)을 차례로 지낸데 이어 2012년에는 서울중앙지검 특수1부장에 올랐다.

주먹세계에서 족보를 따지듯이 특수부 검사들도 경력과 보직을 중시한다. 대검 중수부 과장과 서울중앙지검 특수부장 중 어느 한쪽은 거쳐야 특수통으로 인정한다. 한쪽만 거치면 진골, 양쪽을 다 거치면 성골 특수통이다.

이때가 검사 윤석열의 전성기였다. 2019년 국정감사장에서 "어느 정부가 (검찰의) 정치적 중립성을 보장했느냐"는 이철희 민주당 의원의 질문에 "이명박 정부 때 쿨하게 처리했던 기억이 난다"고 답변했던 것이 실언이 아닌 소신발언임을 알 수 있다. 그 시절 그가 수사했던 사건으로는 씨앤(C&)그룹 비자금 사건(2010년), 부산저축은행 비리 사건(2011년), LIG 기업어음 사건(2012년) 등이 있다.

우병우와의 각별한 인연

이명박 정부 때 윤석열이 잘나갔던 이유를 우병우 전 청와대 민정수석과의 각별한 인연에서 찾는 시각도 있다. 두 사람은 2009년 8월부터 2011년 7월까지 2년간 대검에서 같이 근무했다. 이 기간에 우병우는 요직인 범죄정보기획관-중수부 수사기획관을 지냈다. 윤석열은 범죄정보2담당관과 중수2과장을 거쳤다. 범죄정보기획관은 범죄정보2담당관의 직속상관이다. 그때 윤석열을 눈여겨본 우병우가 수사기획관으로 올라가면서 그를 중수2과장에 앉혔다는 것이다.

우병우와 윤석열이 대검에서 상하관계로 한솥밥을 먹던 시기는 김준규 검찰총장의 재임 기간과 정확히 일치한다. 수사를 잘 몰랐던 김 총장은 '똑똑하고 독한' 우병우를 신뢰했다고 한다.

2009년 5월 대검 중수1과장으로서 노무현 전 대통령 뇌물수수 의혹 사건을 수사했던 우병우가 노 전 대통령 서거 이후 예상과 달리 영전했던 것도 김 총장의 배려 덕분이었다고 한다. 2011년 8월 우병우가 인천지검 부천지청장으로 옮겨갈 때 윤석열은 중수2과장에서 1과장으로 한 단계 더 올라갔다.

윤석열은 수사 능력이 뛰어난 검사로 알려졌지만, 동의하지 않는 시각도 있다. 몇 가지 오점 때문이다. 먼저 국민의 공분 속에 진행했으나 실패로 끝난 외환은행 헐값 매각 사건 수사를 보자. 당시 의정부지검 고양지청 소속이던 윤석열은 대검에 파견돼 수사팀에 합류했다.

감사원 감사결과를 넘겨받은 수사팀은 변양호 전 재정경제부 금융정책

국장을 배임 혐의로 기소하는 등 관련자들을 재판에 넘겼으나 결과가 신통치 않았다. 특히 검찰이 사건의 핵심 인물로 꼽은 변 전 국장이 1심부터 대법원까지 완벽하게 무죄를 선고받는 통에 무리한 수사였다는 비판이 제기됐다. 그때 변 전 국장을 조사했던 검사 중 한 명이 윤석열이다. 변 전 국장에게 당시 윤석열에 대한 인상을 묻자 "좀스럽지 않은 검사였다"는 답변이 돌아왔다.

2008년 BBK 특검 파견 경력도 논란거리다. 현실적으로 대통령 당선인을 수사해 기소한다는 것이 쉽지 않다는 점을 감안해도, 당시 특검 수사는 '봐주기'로 일관했다는 비판을 받았다. 특히 이명박 당선인이 실질 소유한 자동차 부품 회사 다스의 비자금 120억 원을 발견하고도 수사를 진행하지 않아 고의로 은폐한 것 아니냐는 의심을 받았다. 어쨌든 이 비자금은 뒷날 문재인 정부 검찰이 이 전 대통령의 다스 관련 혐의를 재수사하는 데 실마리가 됐다.

'죽은 권력' 파헤치기

2010년 씨앤(C&)그룹 비자금 수사에 대해서는 '호남 죽이기'라는 논란이 일었다. 김대중-노무현 정부를 거치며 몸집을 부풀린 호남기업 씨앤그룹은 무리한 경영으로 이명박 정부 들어와 파산한 상태였다.

윤석열 대검 중수2과장이 이끄는 수사팀은 임병석 씨앤그룹 회장의 비자금이 정관계 로비자금으로 쓰였다는 혐의를 잡고 수사를 벌였다. 당시 언론을 통해 흘러나온 로비 대상자 중에는 구여권에서 잘나갔던 호남 출신 정치인이 많았다. 임 회장의 경영비리는 밝혀냈지만, 정치인 수사는 변죽만 울린 채 별 성과 없이 끝났다. "금융권 비리에 초점을 맞춘 수사"라는 수사팀의 해명에도 '죽은 권력 파헤치기'라는 비판이 제기된 이유다.

그 시절 그는 검찰 조직의 이익을 최고 가치로 여기는 검찰주의자의 면모를 여실히 드러냈다. 2011년 저축은행 비리를 수사할 때는 입법부의 검찰개혁 추진에 노골적으로 반감을 드러냈다. 국회 사법개혁 특별위원회에서 중수부 폐지에 합의하자 수사 대상자를 모두 돌려보내고 퇴근하는 방식으로 항의를 표출한 것이다. 일부 언론은 이를 검사의 기개를 과시한 영웅담으로 묘사했지만, 삼권분립이 분명한 민주주의 국가에서 행정부 산하 외청의 공무원으로서 선을 넘는 행동이었다.

2012년 서울중앙지검 특수1부장을 지낼 때는 '검란'의 한복판에 서기도 했다. 중수부 폐지를 놓고 한상대 검찰총장과 최재경 중수부장이 충돌하자 중수부 사수론자인 최 부장 편에 서서 한 총장의 사퇴를 이끌어 내는 데 공을 세웠다.

당시 대검 대변인도 아닌 그가 한 총장의 사퇴를 기정사실로 하는 방침을 전파한 것이 논란이 되기도 했다. "대검 차원에서 오전 중에 검찰총장의 용퇴를 관철할 테니 각 지검 차원의 집단행동을 자제해 달라"는 내용이었다. 그런데 고의인지 실수인지 이 내용이 일부 기자들에게도 문자메시지로 전달됐다.

인사도 수사 못지않게 논란거리다. 수사보다 인사를 더 심각하게 보는 시각도 있다. 서울중앙지검장과 검찰총장은 역할이 다르고 무게가 다르다.

군에 비유하면, 서울중앙지검장은 일선 지휘관 중 선임이고, 검찰총장은 참모총장이다. 지검장이 자기 사람을 요직에 앉히는 건 이해할 만하다. 하지만 조직을 총괄하는 위치에서도 자기 인맥만 챙긴다면 눈총을 받을 수밖에 없다. 인사에서 신망을 얻지 못하면 조직이 흔들린다.

'OOO 사단'은 검찰의 특정 인맥을 가리키는 용어다. 역대 정부 검찰에서는 심재륜 사단, 안대희 사단, 우병우 사단 등이 꼽힌다. 심재륜 사단과 안대희 사단은 수사를 통해 형성된 인맥이다. 우병우 사단의 근간은 인사였다.

문재인 정부 검찰의 주류인 윤석열 사단은 수사와 인사를 통해 구축됐다. 수사 인맥은 대검 중수부-서울중앙지검 특수부-국정농단 특검을 통해, 인사 인맥은 서울중앙지검장-검찰총장이라는 최고 권력을 통해 형성됐다. 그래선지 '역대 최강 패밀리'라는 평도 있다.

"주식회사를 1인 회사처럼"

비판론자들은 윤 총장이 검찰을 사조직처럼 이끌었다고 본다. 누구든 '자기 사람'을 쓰려는 속성은 비슷하다. 실력보다 사적 인연을 중시하는 것은 욕먹을 일이지만, 인지상정으로 이해할 면도 있다.

그런데 윤 총장은 그 정도가 심했다는 평가를 받는다. 흔히 그의 장점으로 거론하는 '보스 기질'의 부정적 면이다. 한 법조인은 "윤석열은 검찰이라는 주식회사를 1인 회사처럼 운영했다"고 말했다.

서울중앙지검장을 지낼 때는 과거 한 부서에서 근무하거나 수사를 같이 한 후배들을 요직에 배치했다. 일선 수사 책임자인 부장과 차장은 대체로 그 기수에서 우수하다는 평을 듣는 검사가 맡는 게 관행이다.

그런데 윤석열은 그 자리를 대부분 자기 사람으로 채웠다. 이렇게 치우치면 실력과 별개로 공정하지 못한 인사라는 비판이 나올 수밖에 없다. 법무부 요직에 있던 그의 최측근은 간부 인사는 물론 평검사 인사까지 주물렀다. 서초동 주변에서는 "대윤(윤석열)과 소윤(윤대진)이 검찰 인사를 주무른다"는 얘기가 흘러나왔다.

2019년 7월 윤석열 검찰총장 시대가 열리자 그의 동기들은 서울중앙지검장을 비롯한 주요 검찰청의 검사장 자리를 꿰찼다. 윤 총장의 핵심 측근이자 서울중앙지검 2인자인 차장검사들은 검사장으로 승진해 대검 부장단으로 올라갔다. 지휘부만 놓고 보면 서울중앙지검을 고스란히 대검으로 옮긴 모양새였다. 서울중앙지검 1(형사), 2(공안), 3차장(특수) 자리는 승진한 특수부장들에게 돌아갔다. 신임 특수부장 2명도 '윤석열 라인'이었다.

이렇게 해서 검찰의 수뇌부이자 주력부대인 대검과 서울중앙지검의 특수-공안라인이 윤 총장의 친위부대로 재편됐다. 당시 한 일간지 법조기자는 "기존 특수는 물론 공안까지 특수로 채운 이번 인사를 두고는 검찰개혁에 역행한다는 반응이 나온다"고 지적했다.[6]

장관이나 총장이 바뀔 때 지연이나 학연에 따른 편중인사가 논란이 된 적은 있지만, 이처럼 한 사람의 인맥이 검찰 요직을 휩쓴 사례는 유례를 찾기 힘들다. 윤석열이 총장에 오른 직후 검사 60여 명이 줄사표를 낸 이유 중하나다. 검찰 간부 출신 한 변호사는 "검사들은 윤석열에 대한 신뢰가 약했

---

6) 강희철, 〈검찰외전〉(평사리, 2020.5), 233p.

다. 인사를 그렇게 하니 공정하지 않다고 생각한 것이다"라고 지적했다.

당시 인사는 청와대의 검찰개혁 의지를 의심케 할 정도로 비정상적이었다. 검찰개혁은 대선공약이었다. 수사/기소 분리라는 목표를 달성하려면 검찰의 직접수사권 폐지가 선행돼야 한다. 그 점에서 직접수사를 주도하는 특수라인 검사들이 검찰을 장악하게 내버려 둔 건 모순이자 실책이었다.

문재인 대통령은 철저한 검찰주의자인 윤석열 총장이 친정체제를 구축하도록 허용하고는 측근인 조국 민정수석을 법무부 장관으로 지명했다. 그러면서 조-윤의 검찰개혁 콤비플레이를 주문했다. 조국 수사가 시작된 후 그가 "조국 장관과 윤석열 검찰총장의 환상적인 조합에 의한 검찰개혁을 희망했다. 꿈 같은 희망이 되고 말았다"고 한탄한 것은 듣기 민망했다.

윤석열 검찰이 조국 수사를 강행한 이유를 추론하면, 수사 논리와 수사 외적 논리로 구분할 수 있다. 전자야 군이 말할 필요 없을 테고, 후자로는 ▲정의로운 검찰 이미지 제고로 검찰개혁 견제 ▲친(親)정권 검찰 이미지 탈피 ▲검찰 내부 단합 등을 꼽을 수 있다.[7]

수사 외적 논리 중 첫 번째는 검찰이 얼마나 정의로운 임무를 수행하는지를 부각해 검찰개혁 관련 입법에 영향을 주려는 의도다. 두 번째는 구여권에 치명타를 입힌 적폐청산 수사에 대한 보수진영의 반감과 비난을 의식한 것이다. 세 번째는 특수통 중심의 윤석열 사단이 검찰 요직을 장악한 데 따른 내부 동요와 불만을 잠재우려는 시도다.

첫 번째와 두 번째가 대외적인 이유라면, 세 번째는 검찰 내부 사정과 관

---

7) 이소룡, 〈나도 한때 공범이었다〉(해요미디어, 2020.7), 30p.

련됐다. 조국 수사를 강행할 무렵 검찰 내부에 윤석열 라인의 '인사 독식'에 불만이 쌓였다는 점을 기억할 필요가 있다.

현직 검사의 자살을 불러온 국정원 댓글 사건 재수사 등 적폐수사에 대한 반발과 비난도 고조됐다. 이는 두 번째 이유와도 연결되는데, 뼛속 깊이 보수주의자인 윤 총장으로서는 "좌파정권 코드에 맞춘 수사를 한다"는 우파 또는 보수진영의 비난이 부담스러웠을 것이다. 자신을 정당화하기 위해서라도 '성역 없는' 수사, 즉 여권을 치는 수사가 필요했다.

정권 실세인 조국을 겨냥한 수사는 그런 점에서 승부수이자 탈출구였다. 이후 울산 수사로 정권과 맞짱 뜨자 윤 총장에 대한 검찰 안팎의 비난 목소리는 잦아들고 응원의 함성이 커졌다. 검찰개혁을 추진하는 정권도 싫고 적폐수사로 장단 맞추는 듯한 윤 총장도 꼴 보기 싫던 검사들이 조직을 위해 똘똘 뭉치는 계기가 된 것이다.

측근과 조직 건드리는 수사는 차단

조국 수사 이후 공정이 사회적 화두로 떠오르면서 자연히 그 수사를 지휘한 윤석열은 정의와 공정의 화신이 됐다. 그런데 '검찰총장 윤석열'은 과연 공정했나? 이 질문에 비판론자들은 고개를 갸우뚱한다. 몇몇 사건에서 그가 보인 의심스럽고 석연찮은 행동 때문이다.

부인과 장모가 연루된 사건은 논외로 치더라도 그의 측근 검사들이 관련된 사건, 이를테면 ▲〈채널A〉 기자가 관련된 검언유착 의혹 사건 ▲한명숙 전 총리 뇌물수수 사건과 관련된 모해위증교사 의혹 사건만큼은 꼭 짚어볼 필요가 있다. 전형적인 '제 식구 감싸기'로 비치기 때문이다.

검언유착 의혹 사건에 휘말린 한동훈 검사는 자타가 인정하는 윤 전 총장의 최측근이다. 〈동아일보〉가 주축인 동아미디어그룹은 자체 조사 후 이 사건에 연루된 이모 〈채널A〉 기자를 해고했다. 당시 이 회사가 내놓은 진상조사보고서를 보면, 관련자들의 휴대전화 초기화와 노트북 포맷, 카카오톡 대화 삭제 등으로 진상조사에 한계가 있었음에도 검언유착을 의심할 만한 정황증거가 드러나 있다. 다만 한 검사가 이 기자의 취재에 얼마나 개입했는지는 확인되지 않았다.

기자 해고를 두고 종합편성채널(종편) 재승인과 관련한 선제 조치라는 관측도 있고, 윗선은 빠져나가고 담당 기자에게 책임을 뒤집어씌웠다는 비판도 제기됐다. 언론계 일부에서는 기자를 향한 동정론도 일었다. '가족 협박' 등은 기자로서 선을 넘은 행위지만, 해고는 가혹하다는 시각이었다. 2021년 7월 16일 1심 재판부는 강요미수 혐의로 기소된 이 기자에 대해 취재윤리 위반을 인정하면서도 "공모를 입증할 증거가 부족하다"며 무죄를 선고했다.

이 사건에 대해서는 검언유착을 규탄하는 시각과 실체 없는 의혹을 부풀렸다는 시각이 팽팽히 맞선다. 논란을 더욱 부채질한 것은 윤석열 총장의 '측근 감싸기' 행태였다.

2020년 4월 판사 출신 한동수 부장이 이끄는 대검 감찰부는 한동훈 검사에 대한 감찰을 개시하고 그 사실을 윤 총장에게 알렸다. 그런데 윤 총장은 감찰을 중단시키고 사건을 인권부에 배당했다. 논란의 출발점이었다. 설사 한 검사에게 억울한 면이 있더라도 그와 가까운 윤 총장은 일절 개입하지 말았어야 했다. 그게 올바른 처신이었으나 윤 총장은 아랑곳하지 않았다.

이후 서울중앙지검에서 수사에 착수하자 대검 부장단과 수사 실무팀 의견을 무시한 채 전문수사자문단을 소집해 수사를 방해한다는 의심을 자초했다. 이에 추미애 법무부 장관이 수사지휘권을 발동하는 지경에 이르렀다.

윤 총장이 개입하는 바람에 한 검사 사건은 진실이 밝혀지지 않은 채 정치적 사건으로 변질했다. 한 검사는 휴대전화 조사에 협조하지 않는 '특권적 행동'으로 비난의 빌미를 제공했다. 그의 휴대전화를 압수하려던 수사팀 검사가 폭행 혐의로 재판에 넘겨지는 코미디 같은 상황도 벌어졌다.

나중에 법무부 감찰관실이 공개한 통신기록에 따르면, 검언유착 의혹 사건이 불거진 2020년 2~4월 윤 총장과 한 검사는 매일 몇 차례씩 통화하고 카카오톡으로 200여 회 메시지를 주고받았다. 심지어 한 검사가 윤 총장 부인 김건희 씨의 휴대전화로도 여러 차례 통화하거나 문자메시지를 주고받은 사실이 확인됐다.

모해위증교사 의혹 사건에서도 윤석열은 진실보다는 조직을 선택했다. 모해위증교사 의혹의 당사자인 엄희준 검사도 한동훈과 마찬가지로 윤석열의 핵심 측근이었다. 엄 검사는 2019년 8월 윤 총장이 취임 직후 단행한 인사에서 대검 수사지휘과장에 임명된 바 있다.

이 사건의 쟁점은 2010년 한명숙 전 국무총리의 불법 정치자금 사건 재판 과정에서 검찰이 재소자들에게 위증을 교사했는지였다. 애초 한 전 총리에게 9억 원을 건넸다고 시인했던 한만호 전 한신건영 대표는 1심 재판 도

중 "검찰 회유로 거짓진술을 했다"고 일종의 양심선언을 한다. 이 사건을 심층 취재한 〈뉴스타파〉 보도에 따르면, 이후 수사팀은 한 전 대표의 동료 재소자 3명을 검찰청사로 불러들여 '위증 연습'을 시켰다는 의혹을 받고 있다.

윤석열이 이 사건에 개입한 방식은 검언유착 의혹 사건과 비슷했다. 2020년 6월 〈뉴스타파〉 보도 직후 대검 감찰부가 감찰에 착수하자 윤 총장은 이 사건을 인권부에 배당했다. 검사에 대한 징계 시효가 지났기 때문에 감찰 대상이 아니라 인권 침해 사건이라는 논리였다.[8)]

대검 인권부는 이 사건 기록을 서울중앙지검 인권감독관실로 넘겼다. 하지만 추미애 장관이 이를 문제 삼고, 위증 의혹을 폭로한 재소자 한모 씨도 서울중앙지검 조사를 거부해 다시 대검 감찰부가 맡게 됐다. 이후 대검 감찰부에 합류한 임은정 검사는 이 사건 기록을 검토하고 한 씨 등 관련자들을 조사했다.

모해위증교사의 공소시효는 10년. 2021년 3월 22일이 지나면 죄가 드러나도 처벌할 수 없는 상황이었다. 윤석열은 물러나기 하루 전인 3월 2일 이 사건의 담당 검사를 지정했다. 허정수 감찰3과장에게 사건을 배당함으로써 감찰부장 지시를 받아 사건을 깊이 조사하고 예비공소장까지 준비해놓은 임 검사를 물 먹인 것이다.

다음 날 윤석열 총장은 '자유민주주의 수호'를 외치며 사퇴했다. 검찰주의자 윤석열의 마지막 업무가 '제 식구 감싸기'였다는 점은 의미심장하다. 이틀 뒤 허 과장은 그의 기대에 부응하듯이 사건을 불기소로 종결했다.

---

8) 김경래, "[현장에서] 검찰은 왜 한명숙 사건을 다시 덮었나", 〈뉴스타파〉 (2021.3.11).

이에 박범계 법무부 장관이 수사지휘권을 발동했지만, 대검은 철벽 방어망을 구축했다. 대검 지휘부는 장관이 지시한 부장단 회의에 고검장들을 참여시키는 편법으로 불기소 방침을 확정했다. 이 사건에 사법적 접근을 원천봉쇄한 것이다.

한 가지 흥미로운 것은 그날 회의에 의혹의 당사자인 엄희준 검사가 증인으로 참석했다는 점이다. 이에 대해 임은정 검사는 페이스북에서 "재소자 증인의 기소 여부를 논의하는 자리에, 법무부 장관이 합동감찰을 지시한 마당에 너무 노골적인 진행이었다"라면서 "그럴 거면 민원인 한모 씨나 변호인에게도 발언 기회를 줘 공정한 체라도 해야 하는 게 아닌가 싶어 어이가 없었다"라고 비판했다.

고위공직자범죄수사처(공수처)는 2021년 6월 이 사건과 관련해서 한 시민단체가 직권남용 혐의로 고발한 윤 전 총장을 조사하겠다고 발표했다. 대검 차장으로서 불기소 결정을 주도한 조남관 현 법무연수원장도 조사 대상자다. 두 사람은 비정상적 사건 배당과 임은정 검사 배제 등의 편법으로 이 사건의 수사와 기소를 방해한 혐의를 받고 있다.

3장

친위쿠데타설(說)과
대권 야망

2019년 8월 윤석열은 왜 승부수를 던졌을까? 검찰총장 임기를 시작한 지 한 달밖에 안 되고, 자신을 밀어준 대통령 임기가 절반이나 남은 시점에서 말이다.

이와 관련해 관심을 끄는 것이 서초동과 여의도 주변에서 흘러나온 친위쿠데타설(說)이다. 말이 안 되는 이야기 같지만, 한편으로 보면 그럴듯하다. 당사자는 부인하지만, 관련자들 증언도 있는 걸 보면 한 번쯤 짚어볼 만하다.

정가에 나돈 친위쿠데타설의 개요는 이렇다. 당시 윤 총장은 조국 수사와 관련해 대통령에게 직보하려고 했다. 조국이 법무부 장관에 임명되는 걸 막기 위해서였다. 만일 스스로 사퇴하지 않으면 수사가 불가피하다는 점을 대통령에게 보고하면서 '양해'를 구하려 했다. 대통령과 정권의 성공을 위한다는 명분이었다. 하지만 면담은 불발됐다. 대신 비선 실세가 그의 뜻을 대통령에게 전했다는 것이다.

각료 임명은 대통령의 고유 권한이다. 검증은 청와대 비서진 몫이다. 수사기관인 검찰이 끼어들 틈도 명분도 없다. 더욱이 임명 절차인 국회 인사청문회를 앞둔 상황에서 검찰이 '교통정리'에 나선 것은 아무리 좋게 해석해도 검찰권 남용이자 월권으로 볼 수밖에 없다.

'윤석열 사단'의 자부심

이와 관련해 2020년 박상기 전 법무부 장관은 조국 사태 첫날 윤 총장이 자신과 만났을 때 '조국 낙마'를 주장했다고 증언했다.[9] 윤 총장은 이를 부인하며 "박 장관이 (조 전 장관에 대한) 선처를 요구했다"고 맞받아쳤다. 이에 대해 박 전 장관은 "꼭 수사하려면 (강제수사가 아닌) 임의수사 방식으로 하라는 내 말을 '선처'로 둔갑시켰다"고 반박했다. 누가 더 진실에 가까운 이야기를 하는지는 상식적으로 판단할 일이다.

친위쿠데타란 반란군이 아니라 호위무사가 일으키는 것이다. 최고 권력자의 총애와 신뢰, 자신감이 없으면 불가능하다. 아울러 이를 실행할 수 있는 '무력'이 뒷받침돼야 한다. 국정농단 특검과 적폐청산 수사를 거치면서 단단하게 뭉친 '윤석열 사단'은 자신들이 문재인 정부를 탄생시키고 이끌어 간다는 자부심이 충만했다.

---

9) 한상진, "박상기 최초 증언, '윤석열, 조국 사태 첫날에 '조국 낙마' 요구'", 〈뉴스타파〉(2020.7.2).

1부 부풀려진 영웅신화

윤석열이 이끈 서울중앙지검 특수부는 적폐수사를 명분 삼아 조직과 인력을 한껏 키웠다. 역대 최대 규모였다. 검찰개혁 방향과 어긋났다. 아니, 어긋난 정도가 아니라 정반대였지만, 여권에서 이를 문제 삼는 사람은 거의 없었다. 정권 지지자들도 마찬가지였다. 윤석열이 총장으로 지명될 때 청와대 인사 검증 관계자들은 손을 놓았다.

친위쿠데타설을 주장하는 사람들은 윤 전 총장이 대통령의 총애를 과신했다고 본다. 이런 시각에 따르면, 당시 윤 총장은 대통령이 자기 편이라고 생각하고, 압수수색 들어가면 장관 지명을 철회할 것으로 믿었다. 조국을 치는 것이 곧 대통령을 돕는 길이라고 합리화했다. 조국 수사가 정권의 성공을 위한 충정에서 비롯됐다는 자신의 주장이 먹힐 거라고 믿었다. 그리고 대통령이 무시할 수 없는 강력한 비선 실세가 옆에서 거들었다는 게 음모론의 골자다.

이와 관련해 눈길을 끄는 것이 김의겸 열린민주당 의원의 주장이다. 청와대 대변인을 지낸 김 의원은 2021년 5월 "윤석열 총장이 문재인 대통령에게 '조국만 도려내겠다'고 보고했다"고 주장했다. 자신의 페이스북에 올린 '전두환과 윤석열'이라는 제목의 글에서다. 김 의원은 먼저 전두환의 쿠데타 과정을 복기한 뒤 윤석열의 조국 수사도 비슷한 맥락으로 비판했다.

〈오마이뉴스〉 보도에 따르면, 전직 청와대 민정라인 관계자는 "'조국만 도려내겠다'의 근거는 사모펀드였다"며 김 의원 주장을 부연했다. 조국 수석이 법무부 장관으로 지명된 이후 박형철 반부패비서관을 통해 정경심 교수의 사모펀드 투자를 문제 삼아 조 장관 후보자를 수사하겠다고 대통령에게 보고했다는 것이다. 하지만 박 전 비서관은 〈오마이뉴스〉와 한 통화에서 "(신임 김조원 민정수석에게) 그런 보고를 한 적도 없고 검찰로부터 (사모펀드와 관련해) 압수수색을 한다는 얘기도 사전에 들은 적이 없다"고 부인했다.[10]

김 의원 주장은 최강욱 열린민주당 대표의 증언과도 통한다. 최 대표는 2020년 11월 15일 팟캐스트 '아개정'에 출연해 "조 장관 임명 발표 직전 윤 총장이 당시 김조원 민정수석에게 전화해 '이런 식으로 하면 내가 사표를 내겠다'며 임명 반대 뜻을 밝혔다"고 폭로했다. 최 대표에 따르면 당시 윤 총장은 대통령 독대 요청도 했으나 청와대 측 거부로 성사되지 않았다고 한다. 하지만 윤석열은 독대설과 임명 반대설 모두 부인해왔다.

충청권 비문(非文) 후보

더 심오한 음모론도 있다. 윤석열 대망론이 이미 몇 년 전에 꿈틀거렸다는 주장이다. 윤석열은 충청권으로 분류된다. 본인은 서울에서 태어났지만, 부친이 충남 공주 태생이고, 집안 터전이 논산이기 때문이다. 충청권은 대선 때마다 캐스팅보트를 쥐는 지역이다. 그런데 충청권 유력후보 안희정 전 충남도지사가 성폭력 사건으로 낙마했다. 또 다른 잠룡인 김경수 경남도지사도 드루킹 여론조작 사건에 휘말려 정치생명이 위태롭다.

이런 상황에서 '포스트 문재인'을 구상하는 비선 실세가 윤석열의 정치적 야심을 부추겼을 개연성이 있다는 것이다. 다음 대선에서는 지지층이

---

10) 구영식, "윤석열, 대통령에게 '조국만 도려내겠다' 보고", 〈오마이뉴스〉(2021.5.18).

제한된 친문(親文) 후보보다 중도층을 끌어들일 수 있는 비문(非文) 후보가 유리하다는 정치공학적 계산에서다. 공교롭게도 이 비선 실세는 윤석열과의 친분으로 구설에 오른 적이 있다.

임기 중반까지는 도덕성과 개혁성으로 지지도를 유지할 수 있다. 하지만 후반부로 넘어가면 정책이 관건이다. '촛불민심'을 업고 출범한 문재인 정부는 그 점에서 성적이 별로 좋지 않았다. 지지층은 여전히 단단하지만, 중도층은 흔들리거나 돌아섰다. 권력의 속성상 시간이 지날수록 반대세력의 몸집이 커지게 마련이다.

문재인 정부 탄생에 공을 세운 비선 실세가 자신의 정치적 영향력을 유지하면서 일정한 지분을 확보하는 데도 비문 후보가 나을 수 있다. 거친 진영대결에 물린 사람들에게는 지역갈등을 일으키는 호남이나 영남 후보보다 정치적 색깔이 뚜렷하지 않은 충청 후보가 매력적으로 비칠 수 있다. 그 점에서 윤석열이 해볼 만하다고 판단했을 수 있다. 물론 이는 어디까지나 가정이다.

어쨌든 친위쿠데타는 실패했다. 총장 임명장을 주면서 웃는 얼굴로 "살아 있는 권력에도 엄정한 자세를 유지해 주기를 바란다"라고 당부했던 대통령은 윤석열의 기대와 달리 수사 대상인 조국을 기어이 장관에 임명했다.

그 순간 신뢰와 동맹은 깨졌다. 윤석열은 자신의 판단이 옳았다는 걸 증명하기 위해서라도 더욱 강도 높은 수사로 범죄 가짓수를 늘려 조국을 파렴치범으로 만들어야 했다. 먼지떨이 수사와 별건 수사가 난무할 수밖에 없었던 이유다.

루비콘강을 건너다

작용이 있으면 반작용이 있는 법. 조국 수사로 여권의 검찰개혁 의지는 더욱 강해졌다. 대통령은 중립적 자세를 취하면서도 검찰총장에 대한 신뢰와 기대를 접는 듯한 발언을 했다. 이를 신호로 여권 정치인들의 공격이 시작됐다.

이제는 퇴로가 막혔다. 칼을 뽑은 이상 상대를 베지 못하면 내가 죽는다. 묵혀둔 유재수 사건과 울산 사건을 끄집어내 키웠다. 제2의 승부수였다. '친검(親檢) 언론'이라는 든든한 지원군이 있기에 해볼 만했다. 기대한 대로, 언론은 불러주는 대로 받아쓰고 판을 키웠다. 각계에 포진한 친검 정치인, 법조인, 언론인 등 범검찰패밀리의 공조도 한몫했다. 검찰에 우호적이고 정권에 불리한 여론이 조성됐다. '살권수' 프레임이 먹힌 덕분이다.

법질서 수호자를 자임하는 검찰은 태생적으로 보수정권과 죽이 맞는다. 이념적으로도 그렇지만 실리적으로도 그렇다. 이명박/박근혜 정부는 검찰에 당근과 채찍을 번갈아 안겼다. 장막 뒤에서 수사에 간여하고 인사를 주무르면서 때로 강하게 압박도 했지만, 개혁대상으로 몰아붙이거나 적대하지는 않았다. 검찰은 적당히 정권에 맞춰 주면서 조직의 기득권을 유지했다.

반면, 노무현/문재인 정부는 검찰개혁을 대선공약으로까지 내세우며 과도하고 집중된 권한을 줄이고 쪼개려 했다. 검찰의 강력한 반발과 저항에 노무현 정부는 중도 포기했지만, 문재인 정부는 끈질기고 고집스러웠다. 적폐청산 수사의 공을 생각해서라도 적당히 할 줄 알았는데, 그게 아니었다. 상징적 존재인 조국을 치면 물러설 줄 알았는데, 외려 역효과를 냈다.

윤석열은 울산 사건 수사로 루비콘강을 건넜다. 이제 로마로 진군하는 길뿐이었다. 친위쿠데타든 아니든, 대통령은 더는 한편이 아니었다. 자신의 신념이나 다름없는 검찰 조직을 위협하는 적군의 수장일 뿐이었다. 앉아서 죽으나 싸우다 죽으나 매한가지. 과연 검찰이 울산시장 선거 개입 의혹 사건 공소장에 대통령을 30여 회나 언급한 이유가 뭘까? 그것도 사실보다는 주장과 추론을 잔뜩 넣어서 말이다. 설사 물증이 있다고 해도 상식 밖 일이지만.

〈첫 공개〉 **윤석열**
서울중앙지검장 비공식 인터뷰

2017년 10월 24일 오후 윤석열 서울중앙지검장과 그의 집무실에서 마주 앉았다. 2013년 국정원 댓글 사건 여파로 지방 한직을 돌던 그와 전화로 종종 연락은 했지만, 취재를 위한 대면은 처음이었다.

당시 국정감사장에서 상부의 수사 외압을 폭로한 그의 항명 파동은 깊은 인상을 남겼다. 이후 몇 년간 그의 마음을 두드렸다. 인터뷰 얘기를 꺼낼 때마다 그는 완곡히 거절했지만, 마음 문에 빗장을 지르지는 않았다. 더러 기억에 남을 만한 이야기를 들려줬다.

이를테면 항간에 나돈 정계 진출설에 관해 물어봤을 때는 정치권에서 영입 제안을 받은 사실을 부인하지 않았다. 다만 "나는 검찰에서 열심히 근무하고 있으며 앞으로도 할 일이 많다"고 선을 그었다. 국정원 댓글 사건 이후 팬클럽이 형성된 것에 부담을 슬쩍 내비치기도 했다. "나는 그다지 정의로운 검사가 아니라 그냥 할 일을 했을 뿐"이라는 말이 멋있게 들렸다.

아무리 기자라도 서울중앙지검장과 집무실에서 단둘이 만나 오랜 시간 취재할 기회는 많지 않다. 더욱이 뜨거운 쟁점인 적폐청산 수사의 사령탑 아닌가? 한 시간 가까이 이어진 대화는 딱딱할 수밖에 없었다. 대체로 수사에 관한 질문과 답변이 오갔기 때문이다.

당시 그가 지휘하는 적폐수사의 칼춤은 현란했다. 박근혜 정부의 국정농단을 넘어 이명박 정부의 비리까지 파헤쳤다. 마침내 이명박 전 대통령까지 수사선상에 올랐다. 자동차 부품업체 다스 실소유주 논란이 일면서 BBK 주가조작 관련 의혹이 다시 제기된 탓이다.

이미 전직 대통령 한 사람이 구속돼 재판을 받는 상황에서 또 다른 전직 대통령을 수사해야 하다니. 그로서는 호랑이 등에 올라탄 셈이다. 더욱이 그는 이명박 정부 때 특수부 검사로 전성기를 보내지 않았던가. 이에 맞서 자유한국당(현 국민의힘)은 고(故) 노무현 전 대통령 가족의 뇌물수수 의혹을 수사해 달라며 고발장을 제출했다.

역대 최강 서울중앙지검장

2년째 이어진 적폐수사는 예기치 못한 결과를 낳았다. 가장 강력한 검찰개혁을 추진한 정권에서 아이러니하게도 가장 강력한 검찰이 탄생한 것이다. 윤석열은 역대 최강 서울중앙지검장이었다. 검찰개혁에 역행한다는 비판론이 고개를 들었지만, 청와대는 검찰을 견제할 생각이 전혀 없는 듯했다. 돌이켜 보면 문 대통령의 오판이었다.

검찰이 전 정권 비리를 마구 털어 대자 진보진영은 환호했지만, 보수진영의 불만과 비난은 하늘을 찔렀다. 댓글 사건에서 비롯된 국정원의 정치 개입 관련 수사는 끝이 보이지 않을 정도였다. 도대체 언제까지 어디까지 파헤칠 것인가? 검찰 내부에서도 피로감을 호소하는 목소리가 나오는 상황이었다.

그날 윤석열 서울중앙지검장과 나눈 대화는 녹음파일과 녹취록 형태로 남아 있다. 그동안 공개된 적이 없다. 보도한 적이 없기 때문이다. 3년이 지난 지금 공개하는 것은 공인에 대한 국민의 알 권리와 공익 차원에서다.

그는 첫 검찰총장 출신 대선후보다. 그의 자산 대부분은 검사 경력이다. 이 비공식 인터뷰는 검찰 고위직에 있을 때 그가 어떤 생각을 했는지, 어떤 가치관을 가졌는지 엿볼 수 있다는 점에서 공개 가치가 있다. 그가 문재인 정부 검찰의 아이콘으로서 찬사와 비난을 동시에 받던 서울중앙지검장 시절 인터뷰이기에 더욱 그렇다. 그 시절 그에 대한 인터뷰 기사가 없다는 점에서 기록 가치도 있다.

그가 끝날 때쯤 공식 인터뷰가 아니라고 선을 긋기는 했지만, 공식이든 비공식이든 명백한 취재행위였기에 질문과 답변이 숨가쁘게 이어졌고 나는 취재수첩에 그의 말을 기록했다. 우병우 전 청와대 민정수석 수사와 관련해 법원을 강하게 비판하고, 이명박 전 대통령의 BBK/다스 의혹에 대해서는 매우 신중한 태도를 보였던 것이 기억에 남는다. 노무현 전 대통령 가족에 대한 야당의 재수사 요구에 대해서는 험한 표현까지 쓰며 일축했다.

대화 출발점은 전날 국감장에서 논란이 된 최순실 씨의 태블릿PC 조작 의혹이었다. 국회 법제사법위원회(법사위)가 서울고검과 서울중앙지검을 대상으로 한 이날 국감에서 야당인 자유한국당 의원들은 이를 물고 늘어졌다.

"태블릿PC, 확실히 최순실 것"

- 어제는 무난하게 넘긴 듯싶다.

"특별한 이슈는 없었다. 태블릿PC 갖고 얘기하는데…"

- 근거가 있나?

"정치전술의 일환으로 본다. 사법적으로 뒤집을 가능성은 제로다. 최순실 것이라는 증거가 너무 많다. 정호성(전 대통령비서실 제1부속비서관)도 다 인정하지 않았나? 검찰이 문서를 만들어 집어넣었다고 주장하는데, 말이 안 된다. 포렌식 수사를 하면서 자동으로 생성된 파일이다. 문서파일이 아니라 실행파일이다. 합당하지 않은 주장이라도 정치적 공방으로 만들 수 있다고 생각하는 것 같다. 대응할 필요가 없다. (자유한국당이) JTBC하고 싸울 문제다."

- 4년 전 국감장에서 (국정원 댓글 사건에 대한) 수사 외압을 폭로했다, 만감이 교차했을 듯싶은데.

"(웃음) 어제는 기관장으로서 여야 의원들을 존중하면서 답변했다. 그때는 멀쩡한 수사를 불법 수사라고 하니, 내가 쫓겨나더라도 정당한 수사라는 걸 국민에게 알려야겠다고 생각했다. 어제는 야당 의원들의 합당치 않은 주장도 다 들어줬다."

- 일리 있는 주장은 없나?

"정치보복 수사라고 주장하는데, 우리 수사를 지지하는 국민도 많지만 우려하는 국민도 존재한다는 걸 유념하고 있다. 국정원과 청와대에서 넘겨준다고 다 수사하지는 않는다. 중대한 범죄만 수사한다는 게 우리 원칙이다."

- 한꺼번에 너무 많이 수사하는 것에 대한 우려가 있다.

"다 할 수도 없다. 국정원에서 나쁜 짓을 많이 했으면 그만큼 수사를 받아야겠지만. 어쨌든 상대적인 관점에서 봐야 하니까 그중에서도 죄질이 더 나쁜 범죄를 가려서 수사하려 한다. 민주주의 정치원리를 심각하게 훼손했는지, 인권을 침해했는지 두 가지 기준으로 판단한다. 넘어온다고 다 하지 않는다. 진상규명이 우선이니 자수하거나 자복하고 협조하는 사람은 선처한다는 원칙으로 수사한다."

- 국정원 정치 개입은 건드리면 끝이 없지 않나?

"그렇다. 그렇다고 드러난 문제를 우리가 모른 척할 수는 없다. 중대범죄만 수사한다."

"우병우 봐주기? 싹싹 긁었다"

- 우병우 전 수석에 대한 수사는 잘 안 된 것 같다.

"(국정농단) 특검 수사에 참여해 우병우의 혐의를 8가지 찾아냈다. 엄청 많은 거다. 그 정도면 당연히 구속했어야 하는데, 법원이 왜 기각하나? 우병우는 돈도 많고 어디 가서 뇌물 받아먹을 사람이 아니니 직무상 범죄,

즉 직권남용이나 직무유기를 찾아야 한다. 한 개인에 대해 그 이상 할 수 없을 만큼 특검에서 싹싹 긁어 찾았다. 더 없냐고 하는데 할 만한 건 다 했다. 우리가 신도 아니고…

우병우가 일한 공간에서 관련 문서를 압수했다면 더 많이 수사했을지 모른다. 하지만 청와대가 거부해 압수수색도 하지 못했다. 삼성과 최순실 주변 인사들, 문화계 블랙리스트를 수사하면서 우병우와 관련된 혐의를 전부 끄집어낸 게 8개다. 우병우 진술을 보면, 완전히 부인하지도 못했다. 거의 반(半)자백이었다. 그런데도 떡하니 영장을 기각하니…"

우병우 전 수석 이야기가 이어지면서 그의 목소리가 높아졌다. 법원에 대한 불만이 큰 듯싶었다.

-법원도 우병우의 영향력에서 자유롭지 못한 것일까?

"약점 잡힌 게 있다고 봐야지. 우병우가 까면 행정처장도 대법원장도 개망신당할지 모른다. 우병우가 워낙 센 사람이었기 때문이다. 뭔가 있다고 봐야지. 그게 아니라면 담당 판사와 개인적 친분이 있거나. 떠도는 소문은 입증하기 어렵다. 가장 합리적으로 추론해보자면 이렇다. 우병우가 민정수석 할 때 법원은 양승태 대법원장이 이끌었다. 양승태는 김기춘의 경남고 후배다. 검찰은 채동욱 총장을 날리면서 장악했으니 다음 차례는 법원이었다. 사법부를 확실히 통제하려고 김기춘을 비서실장에 앉혔다는 소문이 있었다. 증거는 없지만."

- 통제라는 게 결국 인사 아닌가?

"1980년대까지만 해도 판사가 청와대 파견근무도 했다."

- 추명호(전 국정원 국익정보국장)의 혐의가 인정되면 우 전 수석에게도 직권남용 혐의를 적용할 수 있는 것 아닌가?(당시 검찰은 추 전 국장을 우 전 수석에게 민간인 불법 사찰 내용을 보고한 혐의 등으로 조사하고 있었다).[11]

"추명호와 관련된 혐의보다 더 센 혐의를 찾아 놓았다. 특검에서 공소장을 내가 썼는데 한 50쪽 된다. 검사 2, 3명이 (특검 수사) 막판에 20일 동안 수사해 나온 혐의를 다 모은 거다. 우병우를 처음부터 수사하면 나올 게 없었다. 특검법에 수사 범위와 기준이 정해져 있었다. 먼저 최순실의 국정농단 관련 범죄부터 찾아야 했다. 그다음이 김기춘, 우병우의 혐의였다. 김기춘은 블랙리스트 사건으로 걸렸는데, 혐의가 무겁다."

"다스도 피해자"

특검 수사 당시 우병우 전 수석과 윤석열 수사팀장의 친분이 화제였다. 검사 우병우와 윤석열은 근무 인연이 꽤 깊다. 검찰 경력으로는 대학 재학 중 사법시험에 합격한 우병우(사시 29회/사법연수원 19기)가 '9수생' 윤석열(사시 33회/연수원 23기)의 4년 선배다. 하지만 나이는 1960년생인 윤석열이 여섯 살 많다(우병우의 주민등록상 출생연도는 1967년이지만, 실제로는 1966년생으로 84학번이다).

2009년 초 대검 중수1과장으로 노무현 전 대통령을 직접 수사했던 우병우는 그해 8월 대검 범죄정보기획관(차장검사급)으로 영전했다. 이때 윤

---

11) 이 인터뷰가 있은 지 열흘쯤 지난 2017년 11월 4일 검찰은 추명호 전 국장을 국정원법상 정치관여, 직권남용 등의 혐의로 구속했다. 12월 15일에는 우병우 전 수석이 직권남용, 직무유기 등의 혐의로 구속됐다. 이에 앞서 법원은 검찰 특별수사본부와 특검이 각각 우 전 수석에 대해 청구한 구속영장을 두 차례 기각한 바 있다.

석열이 그 휘하인 범죄정보2담당관으로 발탁됐다. 윤석열의 직전 보직은 우병우가 2004년 머물렀던 대구지검 특수부장이다. 2010년 7월 우병우가 대검 중수부 수사기획관에 오르자 윤석열은 대검 중수2과장에 임명돼 1년간 호흡을 맞췄다.

　－ BBK까지 건드리게 됐다. 다스와 분리해 볼 필요도 있나?

　"김경준한테 피해당한 사람들은 두 그룹이다. 한쪽은 옵셔널벤처스(옵셔널캐피탈의 전신) 주가조작 피해자들이다. 김경준이 옵셔널벤처스 경영권을 인수한 후 주가를 조작해 소액주주들에게 수백억 원대 손해를 끼친 사건이다. 다른 한쪽은 김경준이 만든 아비트리지(arbitrage·차익거래) 펀드에 투자했다가 피해를 본 사람들이다. 고액 배당을 약속하며 700억 원을 끌어당겼는데, 피해금액 중 일부는 변상하고, 나머지는 미국으로 들고 튀었다. 다스는 두 번째 피해자 그룹에 속한다."

　－ 다스가 나중에 김경준 씨로부터 돌려받은 140억 원은 정당한 몫이라는 얘기인가?

　"돌려받을 권리는 있다. 삼성도 돌려받지 않았나?"

　이명박 전 대통령은 한때 김경준 씨의 동업자였다. 다스의 대주주는 이전 대통령의 형 이상은 씨다. 하지만 이 전 대통령의 아들 시형 씨가 다스 중국법인 대표이사로 선임된 사실이 알려지면서 실소유주 문제가 다시 불거졌다. 이 전 대통령 재임 중 다스 문제에 공적 라인이 개입했다는 의혹도 제기됐다. 다스가 김경준 씨로부터 140억 원을 돌려받는 데 청와대 및 외교부 관계자가 관여했다는 의혹이다.

– 이 전 대통령이 BBK 주가조작에는 가담하지 않았나?

"그런 증거는 없다."

"다스는 사실상 이명박 것"

– BBK에 투자한 다스의 실소유주가 이 전 대통령이라는 의혹이 제기됐다. 전에 BBK 특검 수사에 참여하지 않았나?

"주가조작과 사기에 이명박이 가담했느냐? 그건 확실히 아니다."

– 지금 다시 수사해도 바뀔 수 없나?

"그건 논할 게 없다. 이미 사법부에서 김경준 짓이라고 징역 10년을 선고했다. 140억 원은 옵셔널벤처스가 (김경준에게) 소송을 걸어 찾아올 돈인데 다스가 중간에서 가로챈 거다. 물론 다스도 받을 돈이 있다. 채권을 회수하는 데 어느 돈은 누구 거니 안 된다는 법은 없다. 그렇지만 사기업의 채권 회수에 국가 공권력을 투입했다면, 그건 별개 문제다."

–그렇게 할 만한 동기가 있을 것 아닌가?

"다스가 자기 게 아니라 자기 형(이상은) 거라도 동기는 될 수 있다. 어제 국감장에서 의원들이 다스가 누구 것이냐고 물어보기에, '사실상 누구 것으로 보이냐의 문제가 아니라 법적인 소유권이 누구에게 있는지를 확인해야 하기에 (수사하기가) 쉽지 않다'고 답변했다. 그 말이 언론에는 '법적인 소유를 밝히겠다'고 보도됐더라.

다스가 이상은 것이 아니라 이명박 것이라면, 이명박이 이상은에게 주식명도 소송을 걸어 승소할 수 있어야 한다. 그래야 법적 소유권이 생기는 것이다. 사실상 이명박 거라는 건 국민이 다 안다. 그런데 차명재산을 반환하라고 소송했을 때 법원에서 이명박 손을 들어줄 수 있는지를 확인해야 하는 법적 문제가 있다. 대통령 될 때도 차명재산 보유가 문제가 되지 않았나? 그걸 공직선거법 위반으로 처벌하려면 먼저 법적 소유권이 인정돼야 한다. '차명재산이 맞지만, 대통령 되는 마당에 자꾸 문제 삼으니 포기하겠다, 저 사람(이상은) 게 맞다'고 해버리면 그만이다.

법적 소유권 증거는 청구하는 사람이 제시해야 한다. 수사기관이 차명이냐 아니냐를 밝히기는 힘들다. 국세청에서 위장증여로 과세하려면 본인이 자기 거라고 인정해야 한다. 죽어도 내 것이 아니라고 버티면 방법이 없다.

민사문제는 당사자 의사에 달린 거다. 그만큼 어렵다는 뜻을 국감장에서 밝힌 거다. 법적 소유를 규명한다는 건 불가능에 가깝다는 것을. 우리는 법률가이니 법적 관점에서 이야기해야지 일반 국민처럼 사실상 누구 거라고 말할 수는 없지 않은가? 그래서 법적 소유권을 밝히기가 쉽지 않다고 말했는데 언론이 그렇게 보도한 것이다. 그러잖아도 오늘 아침 회의 때 그 얘기가 나왔다. 언론은 원래 그런 거니 뭐…"

"노무현 가족 재수사에 반대"

화제를 야당이 요구한 노무현 전 대통령 가족에 대한 재수사로 옮겼다. 여권을 의식한 건지, 야당을 의식한 건지, 그는 이 문제에 대해 뜻밖에도 한참 동안 설명했다.

– 노무현 전 대통령 가족에 대한 재수사가 현실적으로 가능한가?

"그게 쉽겠나? 이명박/박근혜 정권에서도 안 하지 않았나? 그 사건 주임 검사가 민정수석으로서 검찰을 쥐고 흔들었는데 안 하지 않았나? 그런데 이제 자기들이 야당 됐다고 재수사를 요구하는 건 말이 안 되지.

검사가 어떤 사건을 수사하던 중 주요 피의자가 죽었다면 공소권이 없어진다. 가족 중에 공범이 있지만, 수사를 안 했어. 죽은 사람 관련된 것만 수사하고, 나머지 혐의에 대해서는 기소 가능성이 있는데도 수사를 안 했어. 이후 8년이 흘렀다. 그걸 다시 꺼내서 하면 욕먹는 거지. 법질서에는 신뢰 원칙이란 게 있다. 수사를 안 했다면 그 상태로 확정된 거나 마찬가지다. 당사자도 그런 줄 알고 사회생활을 영위했는데 갑자기 그걸 뒤집겠다면 누가 법을 신뢰할 수 있겠나?

오래전 사건이라도 혹시 그때는 몰랐던 걸 새로 찾아냈다면 공소시효가 남아 있으니 수사해볼 수도 있다. 야당 의원들은 우리는 (가족의 혐의를) 몰랐다고 하는데, 말이 안 된다. 그 사건 주임검사가 민정수석을 했는데. 수사할 수 있는 사건이지만 캐비닛에 넣어뒀다. 인제 와서는 수사해도 죄가 되기 어렵다. 가족이 '돈 받은 건 맞지만 고인은 모르는 일이었다'고 하면 알선수재죄밖에 안 된다.

뇌물로 걸기가 어렵다. 가족이 대통령 직무와 관련성 있는 사람한테 돈을 받았다고 치자. 그런데 가족은 공직자 신분이 아니기 때문에 공직자인 대통령과 공범이어야만 뇌물수수죄가 성립한다. 대통령은 몰랐다고 하면 (죄가) 안 되는 거다. 만약 최순실도 박근혜 몰래 해먹었다면 뇌물죄가 아니라 알선수재죄에 해당한다.

어차피 시효 문제 때문에 수사해도 실효성이 없다. 야당 의원들이 하도 얘기하니 다시 한번 생각해 보겠다고 한 거지. (서울중앙지검) 형사1부에서 그 건을 각하한 이유는 이명박 정부도 알고 박근혜 정부도 안다. 8년간 덮었다는 건 불기소 처분한 거나 마찬가지다. 그걸 지금 수사하라는 건 떼 쓰는 거다. 맞불을 놓자는 거지. 자기들도 다 알면서. 태블릿PC 건처럼 그냥 얘기해 보는 거다. 하려면 이명박/박근혜 정부 때 했어야지.

검사가 인지수사 하다가 기소도 불기소도 안 하는 경우가 있다. 일부만 처리하고 일부는 안 건드린다. 무혐의 처분하는 게 아니라 그냥 놔둔다. 입건유예가 그런 것이다. 죄가 안 된다는 게 아니라 기소할 가치가 없다는 뜻이다. 가벌성도 떨어진다. 1, 2년도 아니고 8년이나 지났다면.

예를 들어 수원지검 특수부가 어떤 건설업체를 수사해 대표이사를 뇌물공여죄로 기소했다고 치자. 수사 과정에서 탈세와 횡령 혐의를 잡았지만, 고위공직자한테 뇌물 건넨 사실을 자백하자 그건 덮었다. 회사 대표는 어차피 처벌을 피할 수 없다고 보고 검찰에 협조한다는 자세로 고위공직자에게 돈 갖다준 걸 자백한 것이다. 그는 뇌물공여로 2년 형을 살았다. 탈세와 횡령이라면 자금담당 이사 등 비자금 조성과 관련된 공범이 있을 것 아니냐. 그런데 한 사람도 입건하지 않았다. 대표이사가 징역 살고 나와 암에 걸려 죽는 바람에 그 부인과 자식이 회사를 맡았다.

그런데 8년쯤 지나 수사기관이 '이거 옛날에 수사 안 했네. 탈세와 횡령에 따른 불법 수익으로 잘 먹고 잘사는데 환수해야겠다'고 하면 욕먹지 않겠는가? 수원지검 사건을 서울지검이 갖고 와서 '우리는 그때 사정은 잘 모른다'면서 다시 수사하겠다고 하면, '개새끼' 소리 듣는다. 국가 수사기관이 할 짓이 아니다. 야당에서 하도 난리 치니 더 들여다보겠다는 거지. 야당은 '한 번 더 생각해 보겠다'는 데 만족하는 거고.'"

－ 채동욱 전 검찰총장 혼외자 사건 배후도 재수사하나?

"수사 의뢰서를 받아 보고 판단하겠다. 구체적 내용을 봐야지, 뭐든 깐다고 다 할 수는 없다. 수사 인력도 제한됐고."

－ 채 전 총장은 자주 보는가?

"서로 바빠 못 본다. 개업식 때 가려다 사람들 보는 눈도 있고 변호사 활동에 도움도 안 될 것 같아 안 갔다."

－ 채 전 총장 사건은 검찰에 재앙이었다.

"그게 아니라 사건 이후가 더 재앙이었다."

국정감사장 항명 파동 이후 나는 그에게 채 전 총장과의 친분에 관해 물어봤다. 그의 답변은 조금 뜻밖이었다. 그는 "알려진 바와 달리 채 총장과 그렇게 가까운 사이가 아니다"며 자신을 '채동욱 라인'으로 분류하는 것을 경계했다.

박영수와 우병우

윤석열 서울중앙지검장을 인터뷰한 지 며칠 지나 이번에는 박영수 국정 농단 특검을 모처에서 만났다. 우병우 전 수석 관련 수사에 대한 궁금증을 풀기 위해서였다.

그해 2월 특검이 우 전 수석에 대해 청구한 구속영장이 기각되자 검찰

안팎에서 '봐주기 수사'라는 의혹이 제기됐다. 첫째, 검찰 내 우 전 수석의 영향력이 살아 있어 세게 수사하기가 부담스러웠을 거라는 시각이다. 그가 검찰의 약점을 많이 쥐었다는 얘기도 들렸다. 둘째, 박영수 특검 및 수사팀장이던 윤석열 서울중앙지검장과 우 전 수석의 친분이 작용했다는 의혹이다. 특검이 우 전 수석 수사를 맨 뒤로 돌려 시간에 쫓기는 모습을 보인 것도 그 때문이라는 분석이다.

박 특검은 나와 만난 자리에서 그런 의혹을 강하게 부인했다.

"뭘 모르는 사람들이 떠드는 얘기다. 수사한 양과 성과를 보고 판단하라. 짧은 기간에 죽을힘을 다해 수사했다. '윤갑근 검찰'이 다 망쳐놓은 걸 그 정도로 밝혀낸 것만 해도 대단한 거다."

2020년 12월 라임 사태와 관련해 로비자금을 받은 혐의로 구속된 윤갑근 변호사는 우병우 사단으로 분류된다.[12] 2016년 8월 우병우 민정수석에 대한 갖가지 비리 의혹이 제기되자 대구고검장 재직 중 '우병우 특별수사팀' 팀장을 맡았는데, '부실수사' 논란을 빚었다.

박 특검은 또 일부러 막판에 수사 일정을 잡아 부실수사를 자초한 것 아니냐는 의혹도 일축했다. "우병우 수사는 다른 국정농단 비리들을 먼저 수사한 후 진행하는 게 효율적이었다"고 설명했다. 그러면서 "수사기간 연장을 요청했지만 안 받아주지 않았느냐"며 시간이 부족해 더 파고들지 못한 데 아쉬움을 드러냈다.

---

12) 2019년 10월, 편법거래 의혹이 제기된 라임자산운용이 자사 펀드에 들어 있던 주식 가격이 하락하면서 뱅크런(펀드런) 위기에 몰리자 환매중단을 선언함으로써 투자자들에게 큰 피해를 준 사건이다. 수사과정에서 검사들에 대한 룸살롱 접대 의혹이 불거져 논란이 커졌다.

박 특검과 우 전 수석은 1994년 수원지검에서 같이 근무한 이후 사적으로 친했던 사이로 알려졌다. 우병우 라인의 핵심 중 한 사람인 최윤수 당시 국정원 2차장은 '박영수의 양아들'로 통했다.

이에 관해 묻자 박 특검은 우 전 수석과의 친분을 부인하지 않았다. 다만 그것이 수사하는 데 어떠한 영향도 끼치지 않았음을 강조했다. "우병우가 나한테 상당히 섭섭해 하고 분개한다는 얘기를 전해 들었다"면서.

PART **02**

비극의 탄생
'윤석열 검찰'

청와대-검찰 밀월과 인사 파행

2019년 7월 25일 오전 청와대.

윤석열 신임 검찰총장 임명장 수여식이 열렸다. 윤 총장은 부인 김건희 씨와 함께 청와대에 들어왔다. 노영민 대통령 비서실장, 강기정 정무수석, 김상조 정책실장 등 청와대 핵심 인사들이 한달음에 달려와 윤 총장을 축하했다. 조국 민정수석도 뒤늦게 뛰어 들어와 윤 총장의 손을 맞잡았다. 조 수석 뒤로 박형철 반부패비서관이 따라붙었다. 문재인 대통령은 윤석열 총장에게 한껏 애정을 발산했다.

"검찰총장 인사에 국민들의 관심이 크게 모인 적은 아마 역사상 없지 않았을까 싶습니다. 그만큼 국민들 사이에 검찰의 변화에 대한 요구가 크고 우리 신임 윤석열 총장에 대한 기대가 더 높다는 뜻이라고 생각합니다."

'우리 윤석열 총장'. 대통령의 의중과 인사 배경이 아로새겨진 말이었다. 언론은 대통령의 이 말에 주목했다. 대통령 발언이 끝나고 윤 총장이 마이크를 잡았다. 발언 시간은 1분 남짓, 윤 총장은 이 짧은 시간에 '헌법과 국민'이란 단어를 강조하며 검찰총장으로서의 포부를 밝혔다.

"저희(검찰)는 본질에 더 충실하고, 그리고 검찰권도 다른 모든 국가권력과 마찬가지로 국민에게서 나온 권력인 만큼 국민을 잘 받들고 국민 입장에서 어떻게 우리가 고쳐 나가고 어떤 방식으로 이 권한 행사를 해야 하는지, 헌법정신에 비춰서 깊이 고민을 하겠습니다."

나는 이날 분위기가 어땠는지 궁금했다. 여러 참석자에게 연락해 물어봤다. 마냥 좋았을까? 어떤 사람은 "윤 총장의 발언이 마치 정치인의 출사표처럼 느껴졌다"고 말했다. 누군가는 "싸늘했던 김건희 씨의 표정이 기억난다"고 했다. 인상평은 이렇게 사람마다 달랐다.

그런데 하나 공통점이 있었다. "임명식장에서 가장 화제가 됐던 에피소드는 김건희 씨의 말이었다"는 것이다. 다들 "김건희 씨가 임명식장 분위기를 한층 부드럽게 만들었다"고 했다. 김건희 씨의 말? 나는 한 청와대 관계자에게 자세히 묻고 들었다.

"오래전에 김건희 씨가 무슨 사진전을 기획한 적이 있는데, 거기에 문재인 대통령(당시 국회의원)이 가서 사진을 찍었대요. 그런데 김 씨가 문 대통령이 사진 찍던 포즈를 보고 느꼈던 점을 얘기한 거예요. '보통 사람들은 점프할 때 앞을 보며 제자리 뛰기를 하는데, 문 대통령은 하늘을 보고 뛰더라. 그렇게 뛰는 사람은 오바마와 문재인밖에 없었다'고요. 자기는 그걸 보고 문재인 대통령 당선을 예견했다는 거예요."

이날 김건희 씨는 가로 1m, 세로 1.5m짜리 대형 액자를 문 대통령에게 선물했다. 문 대통령이 하늘을 보고 뛰는 모습이 담긴 사진이었다.

'Jumping with Love'

사진 찍는 모습을 보고 대통령이 될 걸 예견했다니… 선무당이나 할 만한 립서비스였지만, 문재인 대통령은 물론 청와대 인사들로서는 기분 좋은 말이 아닐 수 없었다. 게다가 이런 말을 해 준 사람이 바로 '우리 총장님'의 부인이었으니, 임명식장 분위기가 어땠을지 짐작됐다.

조 수석은 임명식이 끝난 후 민정수석실로 돌아와 직원들에게 "윤석열 검찰총장 부인이 대통령님을 아주 기분 좋게 해 주고 갔다"고 말했다. 그리고 민정수석실 직원들과 김건희 씨가 얘기한 사진을 공유했다. 민정수석실의 한 직원은 당시를 이렇게 회상했다.

"윤석열 신임 검찰총장 임명식에 갔다 오자마자 조국 수석이 신이 나서 '김건희 씨가 문재인 대통령 기분을 좋게 만들어주고 갔다'고 말하는 거예요. 그래서 제가 '그게 무슨 소립니까' 물으니 '문재인 대통령이 예전에 무슨 사진전에서 사진 찍는 걸 보고 대통령 되실 걸 확신했다고 김건희 씨가 말하더라'는 거예요. 그리고는 사진 한 장을 (민정수석실 직원들이 쓰는) 텔레그램 단체방에 올리더라고요. 대통령이 제자리 뛰기를 하며 하늘을 보는 사진이었어요."

이 사진은 2013년 12월 김건희 씨가 운영하는 전시전문기업 코바나컨텐츠가 개최한 사진전 '점핑 위드 러브(Jumping with Love)'를 방문한 문재인 당시 민주당 의원이 주최 측 부탁을 받고 찍은 것이었다.

사진을 찍을 당시 정치인 문재인은 대선 패배의 아픔으로 가슴 저미는 시간을 통과하고 있었다. 국회의원에 당선되며 재기 발판은 마련했지만, 정치생명이 오락가락했다.

검사 윤석열의 처지도 마찬가지였다. 당시 그는 국정원 댓글 사건 수사팀장으로 일하다 직무에서 배제되고(2013년 10월 18일), 징계를 기다리는 처지였다. '칼잡이 검사'에서 졸지에 '문제적 검사'가 돼버린 것이다. 검찰을 떠나느냐 마느냐 하는 절체절명의 상황이었다. 문재인 의원은 사진을 찍고 전시장을 떠나며, 스스로에게 하는 말인지 윤석열 검사에게 하는 말인지 모를 말을 방명록에 남겼다.

'젊음은 날마다 아프고 날마다 아름답습니다.'

문재인 정부와 검찰의 갈등이 2019년 8월 27일 시작된 이른바 조국 사태에서 비롯됐다고 생각하는 사람이 많다. 검찰 수사가 무리했다고 보는 사람도, 문재인 정부가 법무부 장관을 잘못 뽑았다고 보는 사람도 시각은 비슷하다.

여기서 질문을 던져 본다. 그럼 조국 사태 전에는 문제가 없었을까? 문재인 정부는 올바르게, 국민이 원하는 방향으로 검찰개혁을 진행했던 것일까? 문재인 정부와 검찰 사이에는 어떤 일들이 있었나?

나는 이 궁금증을 가지고 2020년 초부터 꾸준히 문재인 정부 핵심 인사들을 찾아다녔다. 엉망이 된 퍼즐을 하나씩 맞추는 기분으로 이것저것 물었다. 주로 검찰 인사와 제도 개혁에 관한 질문이었다. 취재에 도움을 준 청와대와 민주당 관계자 중에는 자신의 이름이 공개되는 것을 원치 않는 사람이 많았다.

공직기강비서관실의 반대

그럼 먼저 윤석열 서울중앙지검장이 검찰총장에 지명되던 2019년 6월로 돌아가 보자. 그해 6월 13일, 검찰총장후보추천위원회(위원장 정상명)가 회의를 거쳐 차기 검찰총장 후보 4명을 박상기 당시 법무부 장관에게 추천했다. 봉욱 대검 차장검사(54, 연수원 19기), 김오수 법무부 차관(56, 연수원 20기), 이금로 수원고검장(54, 20기), 윤석열 서울중앙지검장(59, 연수원 23기)이었다. 같은 날 오후 2시, 박상기 장관은 이 중 한 명을 낙점해 대통령에게 제청했다. 윤석열 서울중앙지검장이었다.

검찰총장후보추천위원회와는 별개로, 2019년 3월경부터 청와대는 조용히 문무일 검찰총장의 뒤를 이을 차기 검찰총장 인사검증에 들어갔다. 10여 명이 대상에 올랐다. 이미 검찰을 떠났거나 검찰 출신이 아닌 법조인도 있었다. 인사검증은 공직기강비서관실이 맡았다. 책임자는 최강욱 비서관(현 열린민주당 대표)이었다.

하지만 10명이 넘는 후보자 중 인사검증을 통과한 사람은 한 명도 없었다고 전해진다. 윤석열 서울중앙지검장도 마찬가지였다. 최 비서관은 '윤석열 불가'라는 인사검증 결과를 세 번이나 조국 민정수석에게 보고했다고 한다. 당시 청와대 관계자는 "10여 명의 후보를 검증했는데 다들 문제가 많았다. 윤석열 검사장은 그중에서도 문제가 많은 축에 속했다"며 말을 흐렸다.

   - 윤석열 서울중앙지검장도 불가였어요?

"당연하지."

   - 제일 큰 이유는 뭐였어요?

"말아 먹은 사건이 많다는 이유도 있었고, 윤우진 전 용산세무서장 관련 문제도 있었어요, 아는 사람은 다 아는 사건이었으니까. 장모나 처 문제도 심각하다고 봤고요. 그게 다 보고서에 담겼어요."

   - 구체적으로 어떻게 판단했던 건가요?

"인사청문회 통과하기가 어려울 수 있다. 정부에 부담이 된다는 판단이었죠. 눈 문제(부동시)로 군 면제받은 것도 그렇고…"

   하지만 공직기강비서관실의 이런 검증 결과는 '윤석열 검찰총장 임명'에 별다른 걸림돌이 되지 못했다. 한 청와대 관계자는 나와 한 인터뷰에서 "청와대 내에 윤석열을 미는 세력이 너무 셌다"고 그 이유를 설명했다.

   - 그런데 결국 윤석열 검사장을 차기 검찰총장 후보로 낙점했잖아요?

"공직기강비서관실에서 세 번이나 조국 수석에게 '윤석열 부적격' 보고를 올렸는데도 안 되더라고… 청와대 내에 윤석열을 미는 세력이 워낙 세서…"

－ 대통령 뜻도 반영된 건가요?

"대통령의 뜻이라기보다는 '윤석열을 미는 힘이 너무 셌다'고 하는 게 맞아요. 하여간 나중에 부적격 결론을 보고한 최강욱 비서관에게 조국 수석이 '어쩔 수 없다. 윤석열로 갈 수밖에 없게 됐다' 이렇게 얘기한 걸로 압니다. 그 문제로 조 수석과 최 비서관이 다퉜다는 얘기도 있고…"

청와대가 진행하는 고위공직자 인사검증은 철저히 시스템에 의해 돌아간다. 인사검증을 위한 기초자료를 모아 문제를 정리하고, 세평(여론)을 청취해 덧붙인 뒤 정치, 법률 검토를 거치고, 마지막으로 인사청문회를 통과할 수 있는지를 정무적으로 판단하는 것이다. 그런 점에서 인사검증 책임을 맡은 공직기강비서관실이 반대 의견을 낸 사람을 '센 세력'이 밀어올렸다는 건 그 자체로 비정상이다. 청와대 인사시스템에 오작동이 발생한 것이다.

공직기강비서관실이 반대 의견을 내면서 입장이 난감해진 조국 민정수석은 급히 박형철 반부패비서관을 국회로 보내 여당인 더불어민주당 내부 분위기를 점검했다. '윤석열 검찰총장 카드'에 대한 민주당 내 동향, 의원들의 호불호를 파악하기 위해서였다.

하지만 민주당 사정도 청와대와 다를 바 없었다. 윤 총장 임명을 두고 찬반 기류가 확연히 갈렸다. '절대 안 된다'는 세력과 '반드시 임명해야 한다'는 세력이 맞섰다. 초반 기세를 굳이 표 대결로 따진다면 '윤석열 불가'로 약간 기울어진 상태였다. 특히 검찰 출신 의원들의 반대가 극심했다고 한다.

2020년 7월, 김종민 더불어민주당 의원은 나와 한 인터뷰에서 당시 여당 내부 상황을 이렇게 설명했다.

   – 민주당 내부 분위기는 어땠나요? 윤석열 검찰총장 임명에 대해.

"반대하는 사람이 많았어요."

   – 이유는요?

"검사로서는 원칙적으로 높게 평가할 수 있는데 검찰총장감은 아니다. 서울중앙지검장까지다. 리더십에 문제가 있다, 비합리적이다, 보편성이 떨어진다, 뭐 이런 평가들이었어요. 반면에 강한 원칙주의자인 건 맞는데, 비합리적인 사람은 아니라는 의견도 많았고요."

   – 어느 쪽이 많았나요?

"반대하는 사람이 조금 더 많은 수준? 검찰총장에는 부적합하다고 생각하는 사람이 많았죠. 그래도 개혁을 하려면 이런 사람이 필요하다는 의견도 상당히 강했으니까…'검찰 리더십 교체'라는 명분이 있었기 때문에 시간이 갈수록 임명하자는 쪽으로 의견이 모였죠. 하여간 당시 민주당 내부 분위기는 '윤석열이냐, 아니냐'였어요. 다른 카드는 없었고…"

   – 누가 제일 반대했나요?

"OOO 의원이 제일 반대를 많이 했어요. 검찰 출신이어서 윤석열을 잘 아는 분이니까."

   – 박형철 청와대 반부패비서관이 여론 수렴을 위해 많이 움직였다고 들었는데요.

"의견수렴하러 다닌 거죠, 민정수석의 명을 받아서. 난 통화만 했어요."

– 그러면 박형철 비서관을 통해서 부정적인 의견도 올라갔겠네요?

"그렇죠. 누가 찬성했고 반대했는지 다 알고 있었으니까."

윤석열의 아이덴티티

그럼 이렇게 녹록지 않은 상황에서 윤석열은 어떻게 여당과 청와대의 반대 기류를 뚫고 검찰총장에 올랐을까? 단순히 윤석열을 세게 미는 청와대 세력의 도움이었을까? 그럴 수 없다. 아무리 옆에서 도와준다 해도 스스로 발전하지 않으면 불을 밝힐 수 없는 것이 공직의 생리다. 윤석열은 스스로를 위해 최선을 다해 뛰었다.

'윤석열을 미는 청와대 세력' 외에도, 윤석열의 '자가발전'에는 든든한 조력자들이 있었다고 많은 사람이 입을 모은다. 핵심은 부산지검 2차장이던 윤대진 검사와 박형철 비서관이었다. 이들은 윤석열을 미는 청와대 세력과 강한 네트워크를 구축했다. 물론 윤석열의 자가발전도 감동적이었다.

차기 검찰총장 인사검증이 막바지로 가던 2019년 5, 6월, 조국 민정수석은 검찰총장 최종후보로 올라온 사람들과 일일이 면접하고 마지막 인사검증에 나섰다. 윤석열도 그중 한 명이었다. 조 수석이 직접 나선 면접은 청와대 외부에서 극비리에 진행했다. 윤석열 개인과 관련된 각종 의혹은 물론 문재인 정부 '검찰개혁' 구상에 관한 생각을 확인하는 자리였다.

조 수석은 이미 '윤석열 불가'를 세 번이나 보고했던 공직기강비서관실이 작성한 검증보고서를 면접자료로 들고 갔다. 한 청와대 관계자는 당시 검증보고서를 "붉은 글씨로 뒤덮여 있었다"고 표현했다. 부정적인 내용이 많았다는 뜻이다.

당연히 면접은 꽤나 빡빡하게 진행됐다. 면접을 마친 뒤 윤석열 검사장이 측근들에게 "너무 심하게 검증한다. 기분이 좋지 않다"는 말을 했다는 얘기가 들릴 정도다. 윤 검사장이 승부수를 던진 건 그 즈음이었다. 민주당과 문재인 청와대 인사들에게 일종의 '충성맹세'를 하고 다녔다. "검사로서 나(윤석열)의 아이덴티티는 국정농단 사건이다. 그런 생각을 하는 내가 문재인 정부에 등을 돌릴 일이 있겠냐"는 식이었다고 한다.

나는 같은 증언을 복수의 문재인 정부 측 인사로부터 들었다. 내가 들은 증언은 2020년 11월 윤석열 검찰총장 검증을 담당했던 최강욱(현 열린민주당 대표) 전 공직기강비서관이 한 팟캐스트에서 한 말과 비슷했다.

"윤석열이 '국정농단과 사법농단 수사를 자신의 아이덴티티로 인식, 끝까지 마무리 하고 싶다'고 민주당과 청와대에 어필했는데, 그게 먹혔다. 국정원 댓글 수사도 자기 아이덴티티에 포함해, 확정판결이 나올 때까지 마무리하고 싶다는 얘기를 여러 요로 에 전했다.[1]"

인사검증 과정에서 조 수석은 '윤석열 검찰총장' 카드에 대해 시종일관 부정적이던 것으로 전해진다. 윤석열 서울중앙지검장을 서울고검장에 승진 전보하는 카드를 만지작거렸다는 얘기도 들었다. 가까운 후배이자 인사검

---

1) 팟캐스트 '아개정'(2020.11.15).

증 책임자인 최강욱 비서관의 반대 의견을 무시할 수 없는 상태에서 생각해 낸 궁여지책이었다는 것이다. 하지만 앞서 얘기한 대로, '윤석열을 세게 미는 세력'의 힘은 감당하기 힘들 정도로 강력했다.

자신의 거취를 두고 청와대와 여당 내에서 심각한 갈등이 벌어진 사실을 알아서였을까? 검찰총장에 지명된 직후, 윤석열은 가장 적극적으로 반대했던 최강욱 비서관에게 전화를 걸어 감사를 표했다고 한다. 나는 한 청와대 관계자로부터 당시 두 사람이 나눈 대화 내용을 복기해 들었다.

"윤석열 총장이 취임 직후 최 비서관에게 전화해서 '고맙다'고 말했다고 들었어요. '정말 감사하다. 제가 정말 잊지 않겠다'고 했다는 거예요. 윤석열이 누군가로부터 '최강욱이 반대한다'는 말을 들었고, 그래서 일부러 전화한 거라고 생각합니다. 윤석열 총장은 또 최 비서관에게 '앞으로 뭐 혹시라도 지시할 게 있으시면 말씀하시고, 저는 뭐 하여튼 문재인 정부의 성공을 위해서 분골쇄신할 각오가 돼 있다'고 말한 걸로 알고 있습니다."

그럼 윤석열을 검찰총장에 임명하는 과정에서 진행한 청와대 인사검증은 철저히, 법과 원칙에 따랐을까?

앞서 말한 것처럼, 윤석열은 청와대 공직기강비서관실의 인사검증에서 세 번이나 '부적격' 판정을 받았다. 그런데 그런 결정이 나오기까지의 과정은 그다지 아름답지 않았다. 한마디로 표현하자면 '어설픈 인사검증'이었다.

공직기강비서관실의 인사검증은 인사혁신처 출신 모 국장이 지휘하고 산하 행정관 등이 실무를 맡아 진행했다고 한다. 검증결과를 담은 보고서는 최강욱 비서관에게 보고했고, 최 비서관은 조 수석에게 넘겼다. 최 비서관이 1차 인사검증 결과를 받아본 건 윤석열이 검찰총장에 지명(2019년 6월)되기 한 달쯤 전인 5월 초였다.

그런데 당시 최 비서관이 받은 검증보고서엔 결정적인 하자가 있었다. 나중에 인사청문회에서 가장 큰 논란거리가 됐던, 윤우진 전 용산세무서장 뇌물 사건 관련 내용[2]이 통째로 누락됐다는 것이다. 오래전부터 이 사건을 알고 있던 최 비서관으로서는 이해하기 힘든 일이었다.

최 비서관은 1차 검증보고서를 받은 뒤, 실무책임자인 인사혁신처 국장 출신 인사에게 윤우진 뇌물 사건 관련 의혹이 윤석열 검증보고서에 누락된 이유를 물었다고 한다. 담당 국장은 "2012년 윤우진 사건 당시 윤석열 검사가 변호사를 소개했다는 내용의 기사에 윤 검사의 이름이 실명이 아닌 영문 이니셜로 돼 있어 확인하지 못했다"고 해명했다고 전해진다. 청와대 인사검증 과정이 얼마나 허술했는지를 보여주는 상징적인 말이다. 한 청와대 관계자는 이렇게 말했다.

"나중에 인사청문회에서 윤우진 사건이 주요 이슈가 되는 걸 보고 실무자들이 최강욱 비서관에게 '비서관님, 큰 건인데 큰일 날 뻔했습니다'라고 말했다는 얘기도 들었어요. 우리 편이라고 생각해서 실무자들도 인사검증

---

2) 2012년 뇌물수수 혐의를 받던 윤우진 전 용산세무서장에게 윤석열 당시 대검 중수1과장이 변호사를 소개하는 등 부적절하게 사건에 개입했다는 의혹. 이 책 4장에서 자세히 소개한다.

을 설렁설렁했던 거죠."

"내가 석열이 형을 보필해야겠다"

문재인 정부가 출범하고 얼마 뒤인 2017년 7월 초, 청와대 민정수석실에 윤대진 부산지검 2차장에 대한 보고가 올라왔다. "윤대진 검사가 최강욱 변호사를 통해 청와대에 검찰 인사안을 전달했다"는 황당한 내용이었다. 사실이라면 그냥 넘길 수 있는 일이 아니었다. 검찰 인사에 아무 권한이 없는 사람의 주제넘은 짓이기 때문이다.

보고를 받은 즉시 조국 수석은 가까운 후배인 최 변호사에게 전화해 사실관계를 물었다. 문재인 정부가 출범하고 나서 두 사람이 한 첫 통화였다. 최 변호사는 인천공항에서 유럽행 비행기를 기다리다 전화를 받았다. 아래는 취재를 통해 확인한, 당시 두 사람의 대화 내용이다.

"혹시 최근 2~3일 전에 윤대진 검사 만난 적 있나?"

"만난 지 한참 됐어요. 몇 주 전에 만났어요. 왜 그러세요?"

"정보 보고가 하나 올라왔는데, 윤대진 검사가 검찰 인사 관련한 명단을 만들어서 나에게 넘겼다는 얘기가 돈다는 거야. 최강욱 변호사를 통해서…"

"전에 (윤대진이) '만나자'고 해서 만났더니 그런 비슷한 얘기를 해서 제가 잘랐어요. '왜 나에게 그런 걸 얘기하냐'고. 형한테는 제가 일부러 말씀을 안 드렸죠. 말도 안 되는 일이라고 생각해서요."

취재 결과, 최강욱 변호사가 윤대진 차장을 만난 건 문재인 정부가 출범하고 두 달쯤 지난 2017년 6월 중순이었다. 윤 차장이 느닷없이 최 변호사에게 전화를 걸어 성사된 자리였다.

윤 차장은 휴가까지 내고 서울에 올라와 강남역 인근에서 최 변호사를 만났다. 그리고 그 자리에서 검찰 인사 자료, 말하자면 '검찰 살생부'를 최 변호사에게 전달했다. 조국 수석과 가장 가까운 사람 중 한 명인 최 변호사를 통해 검찰 인사에 영향력을 미칠 생각이었던 걸로 추정된다.

조 수석과 통화한 지 얼마 안 돼 최 변호사는 또다시 윤 차장으로부터 전화를 받았다고 한다. 이번에는 자기 인사에 관한 얘기였다. 윤 차장은 "내가 서울중앙지검 1차장으로 가서 석열이 형을 보필해야겠다"고 말했다고 한다. 최 변호사는 이번엔 조 수석에게 이 사실을 알리고 윤대진 차장을 서울중앙지검 1차장으로 보내려 하는지를 물었다. 조 수석은 "그럴 사정이 있다"고 말했다.

그리고 얼마 뒤, 윤대진 검사는 자신의 바람대로 서울중앙지검 1차장에 임명됐다. 2017년 8월 10일이었다. 혹시 이것도 '윤석열을 세게 민 세력'이 만든 작품은 아니었을까, 하는 의심이 더해진다. 한 청와대 관계자는 "윤대진 검사가 당시 여권 인사 다수에게 자기 인사청탁을 하고 다닌 걸로 안다"고 말했다. 현재 법무연수원 기획부장인 윤 검사는 위 내용과 관련한 내 질문에 아무런 답변을 하지 않았다.

널리 알려진 대로, 윤대진 검사는 윤석열 전 총장의 최측근 인사다. 지금은 두 사람 관계가 어떤지 알 수 없지만, 문재인 정부 출범 당시만 해도

이 두 사람은 대한민국 검찰을 대표하는 쌍두마차 같은 존재였다. '대윤'(윤석열)과 '소윤'(윤대진), 혹은 '쌍윤'으로 불렸다.

어떤 면에서는 윤석열보다 문재인 정권에 영향력이 더 큰 사람이 윤대진이었다. 일각에서는 윤석열이 문재인 정부와의 소통창구로 측근인 윤대진을 활용했다는 말도 들린다.

윤대진 검사는 대학 시절 학생운동을 한 인연으로 문재인 정부 핵심 인사들과 가까운 것으로 알려졌다. 노무현 정부에서 청와대 사정비서관실에 근무하며 보폭을 더 넓혔다는 얘기도 들린다. 김경수 경남도지사, 김종민 더불어민주당 의원 같은 이른바 386세대와 특히 가깝다.

나는 문재인 정부 초기 검찰 인사와 관련된 취재를 진행하면서 복수의 관계자로부터 '윤대진 역할론'에 대해 다양한 증언을 들었다. 앞서 소개한 '윤대진 살생부'나 '본인 인사청탁'도 그중 하나다.

윤대진 검사가 문재인 정부 핵심 인사에게 청와대 민정수석실 인사안까지 전달했다는, 믿기 힘든 말도 들을 수 있었다. 사실이라면, 문재인 정부 초기 '윤석열- 윤대진- 청와대 386'으로 이어지는 부적절한 핫라인이 공고하게 작동했음을 보여주는 증거다. 청와대와 검찰 인사가 시스템이 아닌 지극히 사적인 인연과 청탁으로 가동됐다는, 인사시스템이 총체적으로 고장났다는 얘기나 다름없었다.

그런데 더 비극적인 건 이런 식의 인사 참사가 윤석열과 윤대진 인사에서만 벌어진 게 아니라는 점이다. 조국 사태 이전 문재인 정부의 검찰 인사 전반이 비슷했다.

'동종교배'의 비극

2020년 7월, 나는 김종민 민주당 의원과 두 번에 걸쳐 장시간 인터뷰를 진행했다. 주제는 '조국 사태와 문재인 정부 3년 검찰개혁의 성과와 과제'. 총 인터뷰 시간은 5시간이 넘었다. 그런데 김 의원은 조국 사태의 배경, 문재인 정부 검찰개혁의 아쉬운 점을 얘기하다 느닷없이 검찰 인사 얘기를 꺼냈다.

"문제의 핵심은 7월 인사예요, 사실은."

"7월 인사?"

"2019년 7월 인사, 윤석열 검찰총장 임명 이후 나온 후속 인사, 그 인사가 사실은 비극의 핵심 원인이죠. 검사 출신인 백혜련 의원이 약간 뚜껑이 열려서 '어떻게 특수통들로 다 이렇게 일방적인 인사를 하느냐'고 투덜투덜 댔어요, 기자들도 같은 얘기를 하고. 제가 아는 검사들도 '이건 유례가 없는 거다'라고 비판적으로 얘기하고… 수십 년 검찰 역사에서 있어 본 적이 없는 인사예요."

신임 검찰총장이 임명된 다음 날인 2019년 7월 26일, '윤석열 검찰'의 첫 검찰 간부인사가 단행됐다. 예상대로였다. 이른바 '윤석열 사단'으로 불리던 검사들이 대검과 서울중앙지검의 핵심 보직을 싹쓸이했다. 형사, 공안, 특수, 기획 등으로 나뉘어 온 검찰 인사시스템이 한 방에 무너졌다. 역대 어느 정부에서도 상상하지 못한 일이었다. 이 인사를 전후해 60명 넘는 검사가 옷을 벗었다. 김종민 의원은 이렇게 말했다.

"검찰총장과 가까운 사람들로 대검 부장단을 구성한다고 해도, 쓴소리 하고 견제할 수 있는 사람도 일부 넣어서 균형을 맞췄어야 하는데 서울중 앙지검 차장 전부, 중앙지검장과 대검 부장 전체를 윤석열 총장과 가까운 특수검사 일색으로 만들어 버렸잖아요. 이 사람들이 스스로 절제하지 못 하도록 빌미를 준 거죠. '조국 사태'도 결국은 권력을 끝까지 행사해 보고 싶은 일부 검사들의 욕망이 만들어낸 참사라고 봐요."

그럼 대체 이런 인사는 어떻게 가능했을까? 나는 김 의원에게 이 인사의 배경, 당시 상황을 물었다. 예상치 못한 답이 김 의원의 입에서 나왔다. "검 찰개혁의 주체인 윤석열을 보호하기 위한 인사였다"는 말이었다. 김 의원 은 '동종교배의 비극'이라고 평가했다. 하지만 너무 늦은 반성이었다.

- 그런 인사는 처음 봤습니다.

"그때만 해도 저희(민주당)가 윤석열 총장한테 좀 우호적이었으니까 '윤 총장이 개혁을 이끌고 가려면 뒷받침을 해줘야 한다'고 생각했죠. 그래서 인사에 문제가 있다고 하는 백 의원 같은 분을 오히려 설득하고… 검찰을 잘 몰랐던 거예요."

- 어떻게 청와대가 이런 인사를 하게 된 건가요?

"윤석열 총장이 검찰개혁의 주체라고 생각했거든요. 기존의 검찰 수뇌 부가 윤석열 신임 검찰총장을 공격할 거라고 생각을 한 거예요."

- 윤석열 총장이 조직 내에서 소수파다?

"네, 검찰 조직 내에서 비주류고 소수파여서 이 사람을 총장만 시켜 놓고 뒷받침을 안 해주면 공격당할 것이다. 그래서 호위무사들을 다 배치해 놓은 거지. 조국 수석이 법무장관으로 가고 박상기 장관이 그만두는 약간 과도기 같은 때여서 권력 공백이 생긴 것도 이유였고요."

– 지금 와서 보면 어떻습니까. 당시의 판단이…

"전혀 사실이 아니죠. 윤석열 총장 그룹이 소수는 맞아요, 소수는 맞는데… 이들에게 자리를 주고 모아놓으니 다수가 된 겁니다. 기득권이 된 거예요. 말하자면 '동종교배의 비극'이 벌어진 거죠."

– 특수부와 특수부의 동종교배, 절묘한 표현이네요.

"동종교배는 아주 치명적인 비극을 낳는다…"

나는 김종민 의원의 설명을 더 구체적으로 확인했다. 검찰 인사에 직·간접적으로 관여했던 전·현직 청와대 관계자들에게 연락해 물었다. 내가 제일 궁금했던 건 이 문제의 인사안을 윤석열 총장이 짠 것인지, 청와대와 윤석열 검찰 간에 어떤 논의가 진행됐는지였다.

그런데 막상 취재해 보니, 문제가 생각보다 심각했다. 당시 청와대가 윤석열 신임 총장이 들고 온 검찰 인사안을 딱 하나를 제외하고 모두 받아 줬다는 사실이 확인된 것이다. 청와대가 바꾼 딱 한 자리는 바로 서울중앙지검장이었다. 윤 총장이 최측근인 한동훈 서울중앙지검 3차장을 서울중앙지검장으로 승진시키는 안을 청와대에 올렸지만, 청와대의 거부로 뜻을 이루지 못했다는 것이다.

그런데 이 말은 거꾸로 하면, 한 검사장 한 사람을 빼고는 윤 총장이 들고 온 인사안을 다 받아 줬다는 의미가 된다. 이런 사실은 얼마 전 조국 전 법무부 장관이 낸 책 '조국의 시간'에도 등장한다.

2020년 11월 15일 최강욱 열린민주당 대표는 더불어민주당 우상호 의원 등이 진행하는 팟캐스트 '아개정'에 출연해 밝혔다. '윤석열 총장이 임명된 후 한동훈 검사(당시 서울중앙지검 3차장)의 서울중앙지검장 임명을 요청했다'라고. 이는 사실이다. 나는 이 요청을 단호히 거절했다. 솔직히 어이가 없었다. 한 검사의 경력이나 나이가 서울중앙지검장으로는 부족하다고 생각했다. 더 중요하게는 서울중앙지검장을 검찰총장의 최측근으로 임명하는 것은 옳지 않다고 판단했다."[3]

결국 이런 과정을 거치며 문재인 정부 검찰은 윤석열 총장 개인의 사조직으로 변질됐다. 김종민 의원의 표현에 따른다면, 검찰 인사가 사실상 '윤석열 호위무사 선발과정'으로 추락한 것이다. 인사권을 공정하게 행사할 책임이 있는 청와대가 만든 나쁜 선례였다.

잘못 끼운 첫 단추

검찰개혁은 문재인 대통령이 대선후보 시절부터 강조한 제1 국정과제였다. 국민 열망이 담긴 시대적 과제이기도 했다.

검찰개혁에는 여러 가지 제도적 과제가 들어 있다. 공수처 설치, 검경수

---

3) 조국, 〈조국의 시간〉(한길사, 2021.6), 350p.

사권 조정, 법무부의 탈검찰화 등이다. 제도적 과제는 아니지만, 공정한 인사, 탈정치 인사도 중요한 과제다.

과거 정부에서 정치권력과 유착해 사건을 비틀고 왜곡했던 검사들, 이 과정에서 국민의 인권을 내팽개치고 검찰에 대한 불신을 자초했던 검사들을 정리하는 일은 제도적인 과제 달성 못지않게 중요한 검찰개혁 과제인지도 모른다. 하지만 앞서 소개한 것처럼, 검찰개혁을 금과옥조처럼 여기며 출범한 문재인 정부의 검찰 인사는 그러지 못했다. 안타까운 일이 아닐 수 없다.

결과만 놓고 보면, 문재인 정부는 수십 년간 지연된 검찰개혁을 완성한 정부로 남게 됐다. 공수처를 설치해 검찰의 기소독점주의를 깼고, 검경수사권 조정이라는 시대적 과제도 어느 정도 달성했다. 수사권과 기소권을 나누는, 형사사법체계의 대전환에 시동을 건 것이다.

하지만 과정은 매끄럽지 못했다. '정치적 명분'이 약해지고 국민은 분열됐다. 시대적 소명이던 검찰개혁을 이루는 과정에서 절반 가까운 국민으로부터 비난받고 의심받는 처지가 됐다. '문재인 정부를 지키기 위한 검찰개혁이냐'는 비난이다. 나는 이 문제가 잘못 끼운 첫 단추에서 비롯된 결과가 아닌가 생각한다.

2018년 1월 26일, 문재인 정부는 검찰조직 개편안을 발표했다. 특수수사 부서인 서울중앙지검 3차장 산하 수사팀을 늘리고, 역시 특수수사를 담당할 4차장을 신설하는 등의 내용이었다. 검찰개혁에 대한 구체적인 로드맵도 나오기 전에 느닷없이 나온 결정이었다. 검찰 권한을 축소해야 한다는 국민적 열망과도 역행하는 내용이었다. 언론 역시 의아하다는 반응을 보였다.

> 검·경 수사권 조정 등 정부의 검찰개혁 기조와는 달리 검찰이 힘을 더욱 강화한 게 아니냐는 지적을 낳는다. (중략) 이번 서울중앙지검 개편 결과를 보면, 기존 특수수사 부서는 그대로 유지하는 가운데 경제범죄 관련 수사부서가 늘었다는 점에서 향후 검찰의 수사량에 큰 변동이 없거나 오히려 증가하는 게 아니냐는 우려가 법조계 일각에서 나온다.[4]

문재인 청와대와 검찰의 이해관계가 맞아떨어진 결과였다. 박근혜 국정농단 수사 등 적폐청산 수사를 통해 정치적 실리를 얻고자 했던 정권과 검찰개혁이라는 벼랑에서 탈출해야 하는 검찰이 어느 지점에서 손을 잡은 결과였다. 검찰의 특수수사 축소, 나아가 수사권과 기소권의 분리 등 검경 수사권 조정 같은 시대적인 과제는 안개 속에 묻혔다.

5개월 후인 2018년 6월 21일, 이낙연 국무총리가 정부서울청사에서 검경수사권 조정 합의문을 발표했다. 박상기 법무부 장관, 김부겸 행정안전부 장관, 조국 민정수석이 합의한 내용이었다.

그동안 검찰의 하부조직처럼 운영돼 온 경찰에 1차 수사권과 수사종결권을 부여하고, 검찰의 직접수사 범위를 대폭 축소하는 등의 획기적인 내용이 담겼다. 검찰의 직접수사 범위는 '중대범죄'로 한정됐다. 수사권과 기

---

4) 고동욱, "수사총량 줄인다는 檢, 중앙지검은 키워…검찰개혁 엇박자", 〈연합뉴스〉(2018.1.26).

소권의 분리라는, 검찰개혁의 핵심 과제를 달성하는 데 중요한 의미를 지닌 한 걸음이었다. 합의안에는 검찰이 직접수사할 수 있는 범죄가 이렇게 설명돼 있었다.

부패범죄	▶ 뇌물, 알선수재, 배임수증재, 정치자금, 국고 등 손실, 수뢰 관련 부정처사, 직권남용, 범죄수익 은닉 등
경제범죄	▶ 사기, 횡령, 배임, 조세 등(기업·경제비리 등)
금융·증권범죄	▶ 사기적 부정거래, 시세조정, 미공개정보이용 등 ▶ 인수합병비리, 파산·회생비리 등
선거범죄	▶ 공직선거, 공공단체 등 위탁선거, 각종 조합 선거 등
기타	▶ 군사기밀보호법 ▶ 위증, 증거인멸, 무고 등

하지만 여기에는 보이지 않는 결정적인 맹점이 하나 있었다. 검찰이 직접수사할 수 있는 범죄 목록에 들어 있는 한 글자, '등'이 문제였다. '등'이 들어가면서 검찰의 직접수사 가능 범죄는 문구와는 상관없이 무한대로 늘어나는 고무줄이 될 소지가 있었다.

타협과 왜곡

나는 2020년 6월 검경수사권 조정 합의에 참여한 박상기 전 법무부 장관을 인터뷰하면서 문제의 '등'에 대해 장시간 대화를 나눴다. 왜 '등'자를 넣어 검찰의 직접수사 범위 축소 혹은 폐지라는 검찰개혁 핵심 과제를 회석했는지 집중적으로 물었다.

– 검·경이 합의한 검찰의 직접수사 대상에 '등'자가 포함돼 논란이 있었
죠?

"검찰청법에 검찰의 직접수사 대상을 쭉 써 놓고 '등'자가 들어갔죠. 그
거 솔직히 윤대진 검찰국장이 나한테 와서 사정사정해서… (그렇게 한 거
예요). 나중에 구체화할 때는 수사 범위를 축소해야 해요."

– 그 '등'자 하나 때문에 사실상 검찰의 직접수사 범위는 과거와 비슷해
졌습니다.

"그렇게 생각하면 안 돼요. 시행령 만들고 할 때는 구체적으로 축소해
서… 검찰청법 개정의 본래 취지를 살려야죠."

– 그 '등'자를 넣어달라고 윤대진 국장이 그렇게 (요구를?)

"그게 (윤대진 국장) 개인 생각이겠어요?"

결국 개혁 대상인 검찰의 요구, 윤석열 당시 서울중앙지검장은 물론 문
재인 정부와도 특수관계를 형성했던 윤대진 법무부 검찰국장의 요구를 거
절하지 못해 벌어진 일이라는 것이다.

그럼 이렇게 끼어 들어간 '등'자는 이후 검찰청법이 개정되는 과정에서
어떻게 작용했을까. 박 전 장관의 말대로 시행령을 만들고 검찰청법을 개정
하는 과정에서 본래의 취지대로 검찰의 직접수사 대상이 축소됐을까?

2020년 8월, 문재인 정부는 '검사의 수사 개시 범죄 범위에 관한 규정 제

정안'을 공고했다. 같은 해 1월 국회를 통과한 검찰청법 개정안을 뒷받침할 시행령이었다. 내용을 확인한 나는 깜짝 놀랐다. 2년 전에 나온 검경수사권 조정 합의문에서 정한 것보다 검찰의 직접수사 범위가 훨씬 커졌기 때문이다.

심지어 마약범죄는 경제범죄라는 이유로, 농협조합법(172조)이나 수산업조합법(178조) 등은 공직범죄라는 이유로, 정보통신기반보호법 위반은 뜬금없이 대형참사 범죄라는 이유로 목록에 버젓이 들어 있었다. 모두 '등' 자 하나로 시작된 나비효과였고, 잘못 끼운 첫 단추가 가져온 참사이자 예상된 결과였다.

2부 3장에서 자세히 다루겠지만, 문재인 정부의 초대 법무부 장관 박상기는 윤석열 서울중앙지검장이 검찰 수사 피의자이던 방상훈 조선일보 사장과 사적으로 만난 사실을 확인하고도 아무런 조치를 하지 않았다. 박 전 장관은 "왜 경고하거나 징계하지 않았는지"를 묻는 나의 질문에 "당시는 적폐청산 수사가 한창일 때여서…"라고 말을 흐렸다. 정상적인 행정처리가 아니었다.

4부에서 자세히 다루겠지만, 윤석열 총장 후보자 인사청문회에서 〈뉴스타파〉가 '녹음파일'을 공개하면서 윤석열의 위증 의혹이 불거졌을 때도 상황은 비슷했다. 딱 떨어지는 위증 의혹이 제기됐지만, 여당은 윤석열을 감싸는 데만 열을 올렸다. 이 정부에 속한 누구도 사실관계를 따지거나 확인하려 들지 않았다. 역시 정상적인 정치행위가 아니었다.

지난 4년간의 '문재인 청와대'와 '윤석열 검찰'의 관계를 취재하는 내내,

내 머릿속에는 떠나지 않는 질문이 하나 있었다. 조국 사태 이전에 문재인 청와대가 윤석열 검찰을 '정상적으로' 지휘하고 관리했더라면 어땠을까, 하는 것이다.

'윤석열 사단'의 진군

2020년 2월, 〈뉴스타파〉 데이터팀은 문재인 정부에서 단행한 주요 검찰 인사를 분석해 보도했다.[5] 이 분석으로 '윤석열 사단'에 어떤 검사들이 포함되는지, 문재인 정부 검찰 인사의 문제는 무엇이었는지를 파악했다.

계기는 2020년 1월 추미애 법무부 장관 취임 직후 단행한 대규모 검찰 인사였다. 당시 법무부는 '정상적인 정기인사'라고 인사 배경을 설명했지만, 검찰과 야당에선 '살아 있는 권력 수사에 대한 보복성 인사'라고 비난했다.

---

5) 최윤원, "'윤석열 사단' 실체 데이터 분석…요직에다 승승장구 확인", 〈뉴스타파〉 (2020.2.25). (https://newstapa.org/article/RfHrJ)

"사화에 가까운 숙청입니다. 어제 문재인 정권은 검찰 검사장급 이상 간부인사를 단행했습니다. 내용을 보면 문재인 정권의 비리 수사 검사들에 대한 보복인사였습니다."

– 황교안 자유한국당 대표

이런 주장이 과연 사실에 맞는지를 검증하는 것, 이것이 〈뉴스타파〉가 데이터 분석에 나선 이유였다.

2020년 1월 인사에서 교체된 대검 소속 검사는 41명이었다. 부장검사 7명 전원, 그리고 검찰연구관 3분의 2가 대상이었다. 서울중앙지검 검사도 80명이 교체됐다. 검사장은 물론 차장검사 4명과 특수부 부장검사 6명이 모두 교체됐다.

대검과 서울중앙지검에서만 모두 121명의 검사가 바뀌었다. 이들 중 상당수는 과거 윤석열 총장과 같은 수사팀에서 특수수사를 한 적이 있기에 윤석열 사단이라고 불리는 검사들이었다.

데이터 분석으로 본 윤석열 사단

〈뉴스타파〉는 먼저 윤석열 사단에 속한다고 볼 수 있는 검사가 얼마나 되는지, 이들의 인사이동에 어떤 유형이 있는지 살펴봤다. 언론보도와 한국법조인대관, 검사 인사이동 내역, 검사 배치표 등을 참고했다.

우선 윤석열 검사가 그동안 맡았던 주요 사건과 수사에 참여한 검사 명단을 찾아 정리했다. 결과는 아래와 같다.

2003년 SK그룹 분식회계 사건, 불법대선자금 사건

(대검 중수부– 윤석열, 박찬호, 한동훈)

2006년 현대차그룹 비리 사건

(대검 중수부– 윤석열, 윤대진, 한동훈, 이복현)

2006년 외환은행 헐값 매각 사건

(대검 중수부– 박영수, 채동욱, 최재경, 윤석열, 이동열, 이두봉, 조상준, 한동훈, 오광
수, 이복현)

2007년 삼성그룹 비자금 및 로비 의혹 사건

(특별수사팀– 박한철, 김수남, 이원석, 윤석열, 이경훈, 이주형, 윤대진, 이원곤, 박찬
호, 조재빈)

2008년 BBK 특검

(특별수사팀– 박정식, 유상범, 차맹기, 최경규, 윤석열, 김헌범, 조재빈, 신봉수, 조현
호, 신현성)

2011년 부산저축은행 비리 사건

(대검 중수부– 김홍일, 우병우, 윤석열, 윤대진, 노승권)

2013년 국정원 대선 개입 사건(댓글 사건)

(서울중앙지검– 윤석열, 진재선, 김성훈, 이복현, 단성한, 박형철, 이상현, 이춘)

윤석열과 검찰개혁

2016년 박근혜/최순실 국정농단 사건

(특검— 윤석열, 한동훈, 신자용, 양석조, 고형곤, 김창진, 이복현, 박주성, 배문기, 김영철, 문지석, 김태은, 조상원, 이방현, 이지형, 강백신, 김해경, 최순호, 최재순, 호승진)

모두 74명의 검사가 윤석열과 함께 수사에 참여한 경험이 있는 것으로 확인됐다. 2020년 1월 기준으로 이들 중 41명이 현직 검사로 재직 중이었다. 명단은 아래와 같다.

강백신 고형곤 김민아 김성훈 김석우 김영철 김창진 김태은 김해경 단성한 문지석 박주성 민병권 박찬호 배문기 신봉수 신자용 신현성 안동건 양석조 여환섭 윤대진 이광석 이두봉 이방현 이복현 이상현 이원석 이주형 이지형 이춘 조상원 조상준 조재빈 조재연 진재선 최경규 최순호 최재순 한동훈 호승진

〈뉴스타파〉 데이터팀은 문재인 정부 출범 이후 윤석열 검사가 서울중앙지검장과 검찰총장에 오른 뒤 단행된 후속 인사에서 이들 41명이 검찰 내 어떤 보직으로 이동했는지도 확인해 봤다.

2017년 8월 10일, 윤석열 서울중앙지검장 임명 이후 처음 단행된 검찰 정기인사에서 41명 중 14명이 서울중앙지검의 핵심 보직으로 이동한 사실이 확인됐다. 14명 중 10명은 지방의 지검이나 지청에 있다 서울중앙지검으로 모였다. (괄호는 직전 보직)

서울중앙지검 1차장 윤대진 (부산지검 2차장)

2차장 박찬호 (서울중앙지검 방위사업수사부장)

3차장 한동훈 (서울중앙지검 공정거래조세조사부장)

특수1부장 신자용 (서울중앙지검 형사4부장)

특수3부장 양석조 (대검 사이버수사과장)

특수4부장 김창진 (대구지검 부부장)

첨단범죄수사1부장 신봉수 (광주지검 해남지청장)

특수2부 부부장 이복현 (춘천지검 검사)

특수4부 부부장 배문기 (인천지검 검사)

특수1부 단성한 (대구지검 검사)

공안2부장 진재선 (대전지검 공안2부장)

공공형사수사부장 김성훈 (대전지검 홍성지청 부장)

특별검사실 파견 조상원 (서울남부지검 검사)

특별검사실 파견 박주성 (대전지검 검사)

한동훈, 신자용, 양석조, 김창진, 이복현, 배문기, 조상원, 박주성 검사는 박근혜 정부 국정농단 특검에서 윤석열 검사와 손발을 맞춘 사람들이다. 진재선, 김성훈, 단성한은 국정원 선거 개입 수사팀에서, 윤대진, 박찬호는 삼성 비자금 특별수사팀 등에서, 신봉수는 BBK 특검에서 각각 윤석열과 함께 수사했던 검사들이다.

2018년 1월 26일에는 외환은행 헐값 매각 사건을 윤석열 검사와 함께 수사했던 이두봉 검사가 서울중앙지검 4차장에 임명됐다. 2018년 7월 13

일 인사에서도 1차장, 공안2부장, 특수1부장, 첨단범죄수사1부장, 공안2부 부부장에 이른바 '윤석열 사단'으로 분류할 수 있는 검사들이 배치됐다. (괄호는 직전 보직)

서울중앙지검 1차장 이두봉 (서울지검 4차장)

공안2부장 김성훈 (서울지검 공공형사수사부장)

특수1부장 신봉수 (서울지검 첨단수사1부장)

첨단범죄수사1부장 김태은 (서울지검 사이버수사부장)

공안2부 부부장 이상현 (제주지검 형사1부 검사)

김태은 검사는 박근혜 정부 국정농단 특검에서, 이상현 검사는 국정원 선거 개입 수사팀에서 윤석열 총장과 함께한 경력이 있었다. 2019년 1월 30일 검찰 인사 때는, 역시 박근혜 정부 국정농단 특검팀이던 김영철 검사가 특수2부 부부장이 됐다.

윤석열이 검찰총장이 된 이후에도 비슷한 유형이 반복됐다. 2019년 7월 26일 검찰 고위간부 인사이동 내역을 보면 대검찰청 기획조정부장, 반부패강력부장, 형사부장, 공안부장, 과학수사부장 자리에 윤석열 사단으로 분류되는 검사들이 대거 임명됐다. 윤 총장과 함께 수사한 이력은 없지만 연수원 동기인 강남일 검사가 대검 차장검사, 대학 1년 후배이며 사법고시를 함께 준비한 배성범 검사가 서울중앙지검장에 올랐다. (괄호는 이전 보직)

대검 기획조정부장 이원석 (서울고검 검사)

반부패강력부장 한동훈 (서울지검 3차장)

형사부장 조상준 (부산지검 2차장)

공안부장 박찬호 (서울지검 2차장)

과학수사부장 이두봉 (서울지검 4차장)

차장검사 강남일 (법무부 기획조정실장)

서울중앙지검장 배성범 (광주지검장)

2019년 7월 31일 인사에선 법무부 검찰과장에 진재선, 법무부 형사기획과장에 김창진 검사가 배치됐다. 진재선 검사는 국정원 대선 개입 수사팀, 김창진 검사는 박근혜 정부 국정농단 특검팀에서 윤 총장과 함께 수사한 바 있다. 김 검사는 윤 총장 후보자 인사청문회 준비팀장을 맡기도 했다.

대검 공안1과장에는 김성훈, 선임 검찰연구관에는 양석조 검사가 배치됐다. 그리고 이들이 대검 부장 자리로 이동하면서 공백이 생긴 서울중앙지검 요직도 윤석열 사단으로 분류할 수 있는 또 다른 검사들로 대부분 채워졌다. (괄호는 이전 보직)

서울중앙지검 1차장 신자용 (법무부 감찰과장)

2차장 신봉수 (서울지검 특수1부장)

공안2부장 김태은 (서울동부지검 사이버수사부장)

특수2부장 고형곤 (남원지청 지청장)

특수3부장 이복현 (원주지청 형사2부장)

특수2부 부부장 이광석 (법무부 감찰담당관실 검사)

특수2부 부부장 강백신 (울산지검 검사)

특수3부 부부장 김민아 (대구지검 검사)

특수4부 부부장 김해경 (서울지검 검사)

그럼 이들이 과거 윤석열 검사와 손발을 맞췄던 사건들은 어떤 평가를 받을까? 정당한 수사, 법과 원칙에 따른 법집행, 성공적인 실체 규명이란 평가를 받았을까?

참여연대 사법감시센터는 이명박 정부 때인 2008년부터 매년 검찰보고서를 작성해 공개한다. 검찰이 축소하거나 과장·왜곡한 사건, 정치권과 유착해 의혹을 무마한 것으로 의심되는 사건 등을 낱낱이 정리한 기록이다. 특히 이명박/박근혜 정부 시절 부실하게 수사했거나 적절치 못하게 처리한 사건 155건이 소개돼 있다.

그런데 〈뉴스타파〉가 위에서 소개한 검찰인사안과 이 사건 기록을 검토해 보니, 155건의 문제사건 중 31건에서 윤석열, 그리고 윤석열 사단으로 분류되는 검사들이 수사와 공판에 참여한 사실이 드러났다.

이명박 전 대통령에게 면죄부를 준 것으로 평가받는 BBK 특검, 과잉 표적수사로 비판받은 노무현 전 대통령 관련 사건, 검찰과 이명박 청와대가 축

사건	시기	'윤석열 사단' 검사
노무현 전 대통령 관련 수사	2009	이주형 조재연
강희락 전 경찰청장 등 뇌물 수수 수사 (함바 비리)	2010	여환섭
스폰서 검사 금품향응 수수와 부패행위 묵살 사건 감찰	2010	박찬호 신봉수
청와대와 국무총리실 민간인 불법사찰 및 증거인멸 수사	2010	신자용
오리온 담철곤 회장 횡령 혐의 수사	2011	이원석
한상률 전 국세청장 인사청탁 및 태광실업 수사	2011	조재연
최태원 SK그룹 회장의 회사자금 유용 사건 수사	2011	조상준
4대강 사업 관련 건설사 담합행위 수사	2013	여환섭
국정원 18대 대통령 선거 불법 개입 수사	2013	김성훈 단성한 윤석열 이복현 이상현 이춘 진재선
국정원 대선 개입 폭로한 퇴직 국정원 직원 수사	2013	윤석열 진재선
서울시 공무원 유모 씨 간첩 조작 사건 수사	2013	김창진 최순호
김용판 서울경찰청장 등의 국정원 대선 개입 은폐 수사	2013	윤석열 진재선
박원순 제압 등 국정원의 정치공작 문건 수사	2013	윤석열 진재선
신한금융지주 라응찬 회장 차명계좌 비리 등 수사	2013	배문기 한동훈
이명박 대통령의 사돈인 효성그룹 총수 일가의 탈세 수사	2013	윤대진
이재현 CJ 회장 탈세, 전군표 전 국세청장 뇌물수수 수사	2013	신봉수 윤대진
4.16 세월호 참사 책임규명 수사	2014	윤대진
김무성 의원 자녀 교수 채용 특혜 의혹 수사	2014	김성훈 이주형
경찰의 물대포 직사로 인한 백남기 농민 사망 사건 수사	2015	이춘
금품 수수 의혹 여권 실세 8인 '성완종 리스트' 수사	2015	김석우 한동훈
이명박 정부의 해외자원개발 비리 수사	2015	최재순
포스코 비리 의혹 수사	2015	김석우 김창진 조상준
롯데그룹 비자금 의혹 수사	2016	조재빈
삼성물산/제일모직 합병 관련 국민연금공단 배임혐의 수사	2016	강백신 고형곤 김영철 김창진 김태은 김해경 문지석 박주성 배문기 신자용 양석조 이방현 이복현 이원석 이지형 조상원 최순호 최재순 한동훈 호승진
우병우 민정수석의 개인비리 및 박근혜 게이트 관련 수사	2016	김석우
이석수 청와대 특별감찰관의 감찰정보 누설 혐의 수사	2016	김석우
최유정 변호사 및 김수천 부장판사 등에 대한 수사	2016	이원석
청년유니온의 최경환 의원 공천 반대 1인 시위 수사	2016	조재연
청와대 서별관 회의의 대우조선해양 지원 결정 과정 수사	2016	한동훈
최순실 국정농단 사태 등 박근혜 게이트 수사	2016	강백신 고형곤 김영철 김창진 김태은 김해경 문지석 박주성 배문기 윤석열 신자용 양석조 이방현 이복현 이지형 조상원 최순호 최재순 한동훈 호승진
홍만표 전 검사장의 전관비리 의혹 수사	2016	이원석

소/왜곡 수사한 사실이 뒤늦게 드러나 사회적 논란이 됐던 국무총리실 민간인 불법사찰 및 증거인멸 사건 등이 대표적이다.

3장

언론사 사주 회동 내막

① 조선 방상훈

'윤석열 서울중앙지검장이 언론사 사주들을 만나고 다닌다.'

오래전부터 검찰 출입기자들과 정치권에 떠돌던 소문이었다. 실체가 확인된 적이 없어 그저 소문으로만 남아 있었다. 하지만 소문은 언젠가는 떠오르기 마련. 이 소문 역시 기필코 세상구경을 했다. 윤석열 지검장이 검찰총장이 되고 나서 조국 일가에 대한 검찰 수사가 시작된 지 보름쯤 지난 2019년 9월 9일이었다.

물밑 소문을 물 밖으로 끄집어낸 건 〈경향신문〉이었다. 오랫동안 법조기자로 활동하고 이 신문 편집국장을 지낸 박래용 논설위원이 쓴 칼럼. 제목은 '윤석열의 나라'.

윤석열은 서울중앙지검장 재직 시절 보수언론 사주를 잇달아 만난 적이 있다. 그를 만나고 온 한 사주는 "저 친구, (검찰)총장 이상을 꿈꾸는 것 같다"고 했다고 한다. 윤 총장 임기는 2021년 8월(2년)까지다. 그가 마음만 먹으면 앞으로 총선, 대선에서도 이러한 정치행위는 얼마든지 재연될 수 있다. 정치행위의 동기는 갖다 붙이기 나름이다. 중요한 건 지금의 윤 총장과 검찰에는 그런 막강한 힘이 있다는 점이다.[6]

한 달여 뒤인 10월 15일, 이번엔 〈한겨레〉가 나섰다. 역시 칼럼이었다. 글 쓴이는 이 신문 편집국장을 지낸 김이택 대기자. 제목은 '이제는 윤석열의 시간'이었다.

윤 총장 행보에 관심이 집중되면서 지난해 서울중앙지검장 시절 그가 보수언론 사주들을 잇달아 만난 사실에 주목하는 이들이 적잖다. 특히 〈조선일보〉는 사법농단 사건에서 법원행정처와의 의심스러운 돈거래에다 칼럼 대필의 당사자로, 공개 문건에만 9차례나 등장하는데도 아무 탈 없이 넘어갔다. 편집국 책임자까지 배석한 당시 만남을 이번 수사와 연관 짓기는 어려울 것이다. 그러나 국회 검증 국면에 생뚱맞게 '수사'를 촉구해온 보수언론·야당 주장에 장단 맞춘 결과가 된 것은 여전히 꺼림칙하다.[7]

비슷한 시기에 나온 비슷한 내용의 기사였다. 법조계와 정치권의 눈 밝은 독자들은 이 두 기사에 주목했다. 윤석열 검찰총장이 서울중앙지검장

---

6) 박래용, "윤석열의 나라", 〈경향신문〉 (2019.9.9).

7) 김이택, "이제는 윤석열의 시간", 〈한겨레〉 (2019.10.15).

시절 언론사 사주를 만나고 다녔다는 소문은 2019년 12월 추미애 법무부 장관 후보자의 국회 인사청문회에서도 논란이 됐다. 이재정 더불어민주당 의원이 묻고 추미애 후보자가 답했다.

"윤석열 검찰총장이 거대언론 사주와 만났다는 항간의 문제 제기가 있습니다. 관련된 내용, 정치인 이외에 다른 루트를 통해서 들은 적 있으십니까?"

"들은 바 없습니다."

추미애 후보자는 "만약 사실이라면 부적절한 일"이라고 덧붙였다.

"내가 확인했습니다"

〈경향신문〉이 첫 기사를 내기 전부터, 나는 이 희한한 소문의 실체를 확인하기 위해 노력했다. 시간이 날 때마다 알만한 법조계 인사들에게 연락하고 찾아가 물었다. 개중엔 윤석열 총장과 막역한 사람도 있었다. 칼럼을 썼던 박래용 〈경향신문〉 논설위원에게도 전화해 물었다. 성과는 없었다. 박 위원은 그저 "취재로 확인된 얘기다"라고만 답했다. 그는 "윤석열 총장이 언론사 사주를 만난 것이 왜 문제라고 생각하느냐"는 내 질문에는 이런 말을 들려줬다.

"검찰 기관장이 언론사 편집국장이나 사회부장을 만나는 일은 종종 있었죠. 하지만 언론사 사주를 만나는 것은 매우 이례적인 일입니다. 오랫동안 법조기자로 일했지만, 검찰 내 누구도 언론사 사주와 만났다는 얘기는 들어본 적이 없어요. 특히 문재인 정부에서 검찰 기관장이 조중동 사주를 만났다는 것은 눈에 띄는 일이죠."

그럼 누가 이 소문의 실체를 알고 있을까? 혹시 윤석열 검찰총장이 서울중앙지검장을 지낼 때 감독자이던 박상기 전 법무부 장관은 알고 있을까? 나는 2020년 6월 박 전 장관과의 인터뷰를 준비하면서 이 질문을 꼭 해야겠다고 마음먹었다. 조심스레, 하지만 큰 기대는 하지 않고 물었다. 예상치 못한 답이 나왔다.

– 윤석열 씨가 서울중앙지검장이던 시절에 언론사 사주들을 만나고 다녔다는 언론보도가 나온 적 있습니다. 기억하시죠?

"네, 네."

– 보고받으신 바 있으세요?

"그런 이야기를 듣고 내가 확인을 했죠."

– 맞던가요? 사실이던가요?

"네, 사실이라고 그랬어요."

– 그런데 왜 만났대요? 서울중앙지검장이 언론사 사주를 만나는 건 굉장히 이례적인 일 아니에요? 생각할 수도 없는…

"나도 그렇게 생각했기 때문에 그렇게 물어봤죠. 상식적으로 봤을 때 말이 안 되잖아요."

나는 박 전 장관에게 누구에게 확인했는지도 물었다. 그는 답하지 않았다.

- 본인한테 확인했나요?

"아니요."

- 그럼 누구한테… 검찰국장에게?

"어쨌든 내가 확인을 해서… 확인을 했습니다."

나는 조바심에 계속 질문을 던졌다.

- 왜 만났다고 하던가요?

"과거 변호사 시절에 그 회사 변호인을 했었다. 그런 인연으로 만났다는 얘기를 들은 것 같습니다."

- 여러 언론사 사주를 만났다고 하던가요?

"내가 다 확인한 건 아니고… 한 군데만."

박 전 장관이 확인한, 윤석열 총장이 만난 언론사 사주는 방상훈 〈조선일보〉 사장이었다.

- 어느 언론사 사주인가요?

"조선일보 사장."

- 조선일보 사장…

"그 외에 (언론사 사주를) 만난 건 나도 몰랐어요."

- 아, 언론사 한 곳? 얘기를 듣고 화가 많이 나셨을 것 같습니다.

"화가 났다기보다는… '뭐 저런 놈이 있나' 이런 느낌을… 좀 어이가 없었죠."

- 언론보도 나온 걸 보시고 확인하신 거예요?

"그건 아니에요."

- 언제 확인하신 건가요?

"내가 정확하게 시점이 언제인지는 잘 모르겠는데… 윤석열 지검장이 '정계 진출한다' 이런 소문이 들리고 그랬거든요. 그래서 물어봤죠."

- 얘기를 들었을 때 '아, 이 사람이 정치에 뜻이 있구나. 대권에 뜻이 있구나' 이런 생각을 하셨던 건가요?

"언론사 사주를 만났을 뿐 아니라, 대통령 후보 어쩌고저쩌고하는 이야기까지 내가 들었거든요. '이게 가능한 건가, 상식적으로 말이 안 된다' 그런 생각을 했죠."

- 어떻게 만났다고 그래요?

"〈조선일보〉 쪽에서 먼저 연락이 와서 만났다고 얘기했어요, 나한테는."

그럼 윤석열 총장이 언론사 사주를 만난 사실을 박 전 장관에게 확인해준 법무부 간부는 대체 누굴까. 나는 추가 취재로 그 사람이 바로 법무부 검찰국장을 지낸, 윤석열 총장의 최측근인 윤대진 검사장(현 법무연수원 기획부장)이라는 사실을 확인했다.

피의자와의 만남

주요 정치 및 언론 관련 사건 수사를 진두지휘하는 서울중앙지검장이 언론사 사주와 사적인 만남을 가졌다는 건 그 자체로 논란의 소지가 있다. 검찰과 언론의 부적절한 유착, 수사기관과 언론의 공정성에 대한 불신을 키울 수 있기 때문이다. 박 전 장관의 의심대로, '정계 진출' 같은 소문과 관련된 만남이었다면 문제는 더 심각하다.

그런데 윤 전 총장과 방 사장의 만남에는 단순히 '부적절하다'는 말로 넘어갈 수 없는 이유가 또 있다. 두 사람이 비밀회동을 했다고 추정되는 시기에 윤 전 총장이 수장으로 있던 서울중앙지검에서 〈조선일보〉, 특히 〈조선일보〉 사주 일가와 관련된 여러 고소 고발 사건을 접수해 수사하고 있었기 때문이다.

나는 박상기 전 장관과의 인터뷰가 끝난 뒤, 윤 전 총장이 서울중앙지검장으로 재직하던 시기 서울중앙지검이 맡았던 〈조선일보〉와 관련된 고소·고발 등 사건 목록을 확인해 정리해 봤다. 총 5건이었다.

2018년~

고(故) 장자연 씨 사건 관련, 방상훈 사장의 아들 방정오 〈TV조선〉 전 대표와 동생인 방용훈 코리아나호텔 사장에 대한 수사.

2018년 3월

민주언론시민연합 등 4개 단체가 '박근혜 국정농단 사태 무마를 위한 불법거래 의혹'

을 수사해 달라며 〈TV조선〉 간부를 서울중앙지검에 고발한 사건.

2019년 2월

민생경제연구소 등이 고발한 방상훈 사장의 아들 방정오 씨의 횡령, 배임 의혹 사건.

2019년 3월

〈뉴스타파〉 보도로 알려진 '로비스트 박수환 문자' 관련 형사 고발 사건.

2019년 6월

전국언론노동조합 등이 〈조선일보〉 방상훈 사장과 경영진을 배임 등의 혐의로 고발한 사건.

윤 전 총장이 서울중앙지검장으로 재직한 기간은 2017년 5월~2019년 7월이다. 그런데 이 5건의 〈조선일보〉 관련 사건이 시작된 것도 같은 시기였다. 그의 재임 기간 내내 〈조선일보〉, 특히 방상훈 사장 일가는 서울중앙지검의 수사대상이었다. 윤석열과 방상훈 두 사람의 비밀 회동, 혹은 사적인 만남은 결국 수사책임자와 피의자의 만남이었던 것이다. 여러 차례 〈조선일보〉 사주 일가 비리를 고발해 온 민생경제연구소 안진걸 소장은 이렇게 말했다.

"최고 수사책임자가 고발인도 아니고 심지어 더 문제가 되는 피고발인, 주요 피의자, 혐의자를 만났다? 그것도 독대해서 무슨 말을 나눴는지도 모른다? 이건 정말 심각한 직무윤리 위반에다 중대한 직무유기 범죄에 해당합니다. 검찰의 신뢰를 완전히 뿌리 끝까지 흔드는, 국기문란 못지않은 검찰의 기강 문란, 검기 문란 사건이라고 볼 수 있죠."

박상기 전 장관의 '윤석열과 방상훈 회동' 증언은 2020년 7월 24일 보도했다.[8] 나는 보도 직전 윤석열 총장의 입장을 듣기 위해 대검찰청에 질의서를 보냈다. '서울중앙지검장 시절 〈조선일보〉 방상훈 사장을 만난 사실이 있는지' '왜 만났는지' '부적절하다고 생각지 않는지' 등을 묻는 내용이었다. 하지만 질문에 대한 답은 하나도 듣지 못했다. 대검은 "공개된 일정 외에는 윤석열 총장의 일정과 관련된 사항을 확인해 줄 수 없다"는 서면답변만 보내 왔다.

"윤대진도 방상훈 만났다"

여기서 잠깐. 하나 따지고 넘어가야 할 중요한 문제가 남아있다. 방상훈 〈조선일보〉 사장과 만난 검사가 윤석열 서울중앙지검장뿐이었는지다. 혹시 다른 검사가 더 있었다면, 이 만남의 성격은 더욱 명확해질 것이다.

박 전 장관과의 인터뷰로 돌아가 보자. 그는 "누구를 통해 '윤석열- 방상훈 회동'을 확인했냐"는 나의 질문에 이렇게 말했다.

– 장관님께 그 사실을 확인해 준 사람은 누굽니까?"
"같이 참석했던 사람이에요."

---

8) 한상진, "윤석열, 서울중앙지검장 시절 조선일보 방상훈과 '비밀 회동'", 〈뉴스타파〉(2020.7.24).

– 아, 같이 참석했던 사람이… 법무장관이 직접 그 사실을 확인했다는 걸 윤석열 총장이 알게 됐을 것 같은데, 윤 총장이 해명하거나 설명하진 않았나요? '오해하지 마시라'거나 하는 식으로…

"그건(해명) 안 했고, 내가 그 자리에 참석했던 사람을 통해 직접 확인했던 거기 때문에… 본인이 알았는지는 잘 모르겠어요."

"동석자에게 들었다." 이쯤 되면 다들 눈치챘을 것이다. '윤석열 중앙지검장이 방상훈 사장과 만나는 자리에 자신의 최측근인 윤대진 검사를 데리고 나갔다'는 사실을.

방상훈 〈조선일보〉 사장을 만날 당시 윤대진 검사는 서울중앙지검 1차장이었다. 1차장은 서울중앙지검의 형사부와 공판부 등을 관할하는 자리다.

문제는 여기에 있다. 바로 〈조선일보〉와 방상훈 사장 일가와 관련된 사건들 대부분을 1차장 산하 수사팀인 서울중앙지검 형사부가 맡았기 때문이다. '윤석열-방상훈 회동'이 도저히 단순 만남이 될 수 없는 이유가 확인된 것이다. 어떤 식으로 변명해도 '수사 실무책임자와 피의자의 사적 만남'이란 점은 확인됐다고 볼 수 있다. 검사들이 금과옥조처럼 여기는 '검사윤리강령' 위반 행위다. 검사윤리강령에는 이런 조항이 있다.

〈제14조〉 직무 수행의 공정성을 의심받을 우려가 있는 자와 교류하지 아니하며 그 처신에 유의한다.

〈제15조〉 자신이 취급하는 사건의 피의자, 피해자 등 사건 관계인 기타 직무와 이해 관계가 있는 자와 정당한 이유 없이 사적으로 접촉하지 아니한다.

이쯤 되면, 윤대진 검사장의 입장을 꼭 들어야 하는 상황이 됐다. 나는 윤대진 검사장에게 전화를 걸고 문자를 보내 입장을 물었다. 윤 검사장은 전화는 받지 않은 채 문자로 답을 해 왔다. "본인은 잘 모르는 일"이라는 내용이었다. 2020년 7월 23일 윤 검사장과 내가 주고받은 문자 전문은 이랬다. (굵은 글씨가 윤대진 검사장 답변)

"검찰국장 시절 검사장님께서 윤석열 당시 서울중앙지검장과 조선일보 방상훈 사장의 사적 회동을 박상기 장관에게 보고, 혹은 설명한 것으로 알고 있습니다. 윤석열 당시 지검장이 변호사 시절 조선일보 사건을 맡은 인연으로 만남을 갖게 됐다고 보고하신 걸로 들었습니다. 이에 대한 설명을 부탁드립니다. 그리고 윤석열 지검장이 언론사 사주들을 두루두루 만나는 자리에 검사장님이 배석했다는 주장도 나오고 있는데, 이에 대한 입장을 듣고자 합니다."

"윤 총장이 언론사 사주들을 두루두루 만났는지는 저는 모르는 일이고 따라서 두루두루 만나는 자리에 제가 배석한 사실 또한 없습니다. 대검 쪽에 문의해 보시지요."

"두루두루 빼고 조선일보 케이스만 답변 부탁드립니다."

② 중앙 홍석현

윤석열이 '두루두루 만났다'는 언론사 사주 가운데는 〈중앙일보〉와 〈JTBC〉 사주인 홍석현 중앙홀딩스 회장도 있었다. 윤석열과 홍석현의 회동을 처음으로 보도한 것은 〈고발뉴스〉의 이상호 기자다.[9] 다만 당시 〈고발뉴스〉는 윤석열의 실명을 보도하지는 않고 '서울중앙지검 삼성 수사라인 검사'라고만 표현했다.

윤석열과 홍석현의 회동에 대해 들은 건 우연이었다. 친한 취재원이 단골 술집 사장으로부터 "윤석열과 홍석현이 와서 함께 술을 마셨다"는 얘기를 듣고 귀띔해 준 것이다. 나도 한두 번 가본 술집이었다. 취재원에게 함께 술집에 가보자고 졸랐다. 술이 몇 잔 돌아가고 나자 술집 사장은 담담하게 2018년 11월 하순 어느 날 밤의 일을 털어났다.

"걔 (윤석열) 대학교 2학년 때 이화여대 앞에서 우리 누나가 카페를 운영했는데 석열이가 거길 드나들면서 알게 됐지. 내가 졸업하고 화실을 차렸는데 석열이가 그때 심심하면 화실에 놀러왔어. 걔 졸업하고 고시 떨어지고 하던 시절에… 윤석열이 변호사 하다가 광주 고검 가고 나서는 연락을 안 했는데 십몇 년 만에 갑자기 찾아왔어."

오래전부터 아는 사이였지만 연락이 끊어진 지 오래였다. 윤석열은 법조계에 있는 술집 사장의 친인척에게 술집의 위치를 수소문했다고 한다. 그러니까 뭔가 중요한 일이 있어 과거 지인이 운영하는 술집을 십여 년 만에 '마음먹고' 찾아온 것이다.

---

9) https://www.youtube.com/watch?v=2P62vaqMXVM, 〈고발뉴스〉(2018.12.4).

윤석열은 밤 11시가 되어서야 나타났다. 양복 상의를 입지 않은 와이셔츠 차림이었고, 비가 와서 우산을 씌워 주던 운전기사를 제외하면 혼자였다. 이미 술을 많이 마신 상태로 보였다.

"도착해 가지고 여기를 못 찾으니까 저 앞에서부터 '형, 형' 하고 부르는 거야. 비오는데 부르는 거야. 기사는 막 와서 우산 씌워 주려고 하고 애는 와이셔츠 입고 이러면서 그 덩치에 '형, 형' 이러면서…"

그리고 잠시 뒤 술집 사장은 윤석열이 왜 십여 년 만에 일부러 자신의 술집을 찾아왔는지 알게 된다. 〈중앙일보〉와 〈JTBC〉의 사주인 홍석현 회장이 나타난 것이다. 윤석열과 달리 홍석현은 술을 마시지 않은 상태로 보였고, 양복이 아닌 갈색 가죽 점퍼 차림이었다. 당시 한국에서 가장 잘나가던 특수부 검사와 신문과 방송을 오가며 한국 미디어를 주무르던 언론사주의 만남. 비밀은 지켜지지 않았다. 술집 사장도 이 만남이 워낙 인상 깊었던지 여러 단골손님에게 이날의 얘기를 전했다.

나는 술집 사장의 증언을 토대로 2020년 8월 19일 두 사람의 만남을 보도했고[10] 석 달 뒤인 11월 24일 추미애 당시 법무부 장관은 윤석열에 대한 징계를 청구했다. 8가지 징계사유 가운데 첫 번째가 바로 홍석현과의 부적절한 만남이었다. 이에 윤석열은 "공개된 장소에서 우연한 1회적 만남"이었다고 해명했다. 그러나 위에서 본 것처럼 이 해명은 사실과 다르다. 윤석열과 홍석현 두 사람은 우연히 만난 것이 아니라 사전에 약속을 잡았고, 윤석열이 약속 장소를 지정했다.

---

10) 심인보, "윤석열과 홍석현의 심야회동…목격자들 '홍, 역술가 대동했다'", 〈뉴스타파〉(2020.8.19).

윤석열과 검찰개혁

해당 술집은 누구나 드나들 수 있는 대중적인 술집이긴 하지만, 밤 11시라는 늦은 시각이어서 술집 사장 부부와 함께 술을 마시던 이들을 제외하면 손님이 없었다. 술자리는 새벽 1시까지 이어졌다. 맥주 7병과 소주 1병 반으로 폭탄주를 만들어 마셨다. 이 자리에서 홍석현은 "대한민국 최고의 칼잡이"라고 윤석열을 치켜세웠다고 한다. 윤석열은 술집 사장의 기타 반주에 맞춰 노래를 불렀다.

"이야기할 시간도 없었어. 계속 노래 부르고. 나 노래 안 부르면 지가 일어나서 '아베마리아'를 막 부르고. 옛날에 나하고 기타 치면서 많이 노래 부르고 그랬거든. 걔가 팝송을 되게 좋아해."

술자리를 마치고 홍석현 회장이 술값을 계산했다. 안주로 먹은 파전과 맥주, 소줏값으로 7만 원 정도가 나왔는데 홍 회장은 직접 지갑을 꺼내 "기분이 좋아서 그런다"며 현금 20만 원을 줬다고 한다.

두 사람의 만남에서 민감한 대화가 오가지는 않았다는 게 술집 사장의 증언이다. 술자리는 공개된 장소였고, 윤석열이 술에 취해 그런 얘기를 할 만한 상황도 아니었고, 노래를 부르느라 얘기를 할 시간도 없었다는 것이다. 그러나 그렇게 안면을 트고 친밀감을 쌓게 된 두 사람이 그 뒤로 다시 만나거나 연락을 주고받지 않았는지는 두 사람 외에 누구도 모를 일이다.

홍석현과 관상가

그런데 홍석현은 윤석열을 만나러 혼자서 오지 않았다. 관상가를 대동했다. 다음은 술집 사장과 내가 나눈 대화다.

"석열이는 혼자 오고… 기사하고 자기 차 타고 왔대. 기사는 차에서 기다리고. 홍석현은 점 보는 애 있어. 사주팔자 하는 애. 개하고 같이 왔더라고. 그러니까 세 사람이지, 그 점술가까지 해서."
　- 그 점술가는 이름이 뭐예요?
"알았는데 까먹었어. 턱수염이 이렇게 나고."
　- 그 점술가는 홍석현이 데리고 왔고?
"어. 같이 다니는 것 같은데."

술집 사장은 '점술가'라고 표현하고 나는 기사에 '역술인'이라고 썼지만, 기사가 나가고 난 뒤에야 들은 바로는 관상가였다. 점술가와 관상가는 다르다. 점술가가 생년월일시 같은 사주로 미래를 예측한다면, 관상가는 얼굴 생김새를 보고 사람의 성격과 특징, 운명을 추측하는 사람이다.

그러니까 대화가 많이 오가지 않은 그날 술자리를 감안하면 역시 점술가보다는 관상가가 훨씬 어울리는 인물이라고 할 수 있겠다. 앞에서 말한 대로 윤석열이 계속 노래를 부른 탓에 윤석열과 홍석현 두 당사자는 대화를 많이 나누지도 못하는 상황에서, 홍석현이 데리고 온 관상가가 노래하는 윤석열을 지켜보는 기묘한 상황이 벌어진 것이다.

기사가 나간 뒤 제보 전화가 한 통 걸려 왔다. 그 관상가가 누구인지 알려주는 전화였다. 아마도 그 관상가가 윤석열을 만나고 난 뒤 주위에 자랑

한 모양이었다. 관상가에게 바로 전화를 걸었으나 받지 않았다. 이미 기자들의 전화를 받았던 모양인지 문자메시지에도 답이 없었다. 비록 본인에게 확인은 하지 못했지만, 술집 사장이 말했던 인상착의와 같고 무엇보다 "〈중앙일보〉에 칼럼을 쓴 적이 있다"는 증언과도 일치하는 인물이었다.

문제의 관상가가 윤석열에 관해 쓴 칼럼을 찾아봤다. 두 개가 있었다. 윤석열을 만나기 전에 쓴 것이 하나 있고, 다른 하나는 그날 회동 이후, 그러니까 윤석열을 만나고 난 뒤에 쓴 것이었다. 윤석열을 만나기 전에 쓴 칼럼은 윤석열을 '공포의 악어' 관상이라고 평하면서 장단점을 두루 나열했다. '야성 강한 악어 관상을 지휘하며 개혁을 완수하려면 위엄 있는 관상을 지닌 인물이 법무부 장관, 검찰총장에 어울린다'고도 주장했다.[11]

윤석열을 만나고 난 뒤 쓴 두 번째 칼럼은 더욱 흥미로웠다. 문무일 검찰총장의 임기가 끝나기 한 달 전이어서 차기 검찰총장 하마평이 무성하던 때에 쓴 글이다. 관상가는 이 칼럼에서 차기 검찰총장 후보 4명의 관상을 평했는데, '관상으로만 보면 윤석열이 가장 유리하다'고 편들더니 일방적인 칭찬을 장황하게 늘어놓았다.

악어 관상 윤석열은 합리적인 사고를 지녔으며 명석하기에 어설픈 짓은 안 통한다. 또한 직분에 충실한 걸 좋아하고 편중된 사고 자체를 싫어한다. 변함없이 믿음직하고 우직한 악어다. (중략) 악어는 못생겼지만 세상을 정화하는 고마운 동물이다. 또한 악어는 아무리 배고파도 자기 배를 채우기 위해 동료나 친구를 물지 않는다. (중략)

11) 백재권, "윤석열 서울중앙지검장 '공포의 악어' 관상", 〈중앙일보〉(2017.6.3).

대의를 위해 세상을 위해 자기 자신을 기꺼이 희생하는 관상이다. 문재인 정부에서 '악어'를 앞세우면 국정 동력을 잃지 않고 추진하는 일에도 버팀목이 될 수 있다. 윤석열은 시대가 원하는 관상을 지녔다. 세상이 악어를 부르고 있다.[12]

세상에, 이게 중앙 일간지에 실린 칼럼이라니. 얘기를 듣고 직접 찾아보지 않았다면 믿지 못할 수준의 내용이다. 이런 칼럼을 쓰는 관상가와 이런 관상가를 데리고 서울중앙지검장을 만나는 언론사주와 이런 언론사주를 심야에 만나 폭탄주를 마시며 노래를 부른 서울중앙지검장, 모두 정상은 아닌 것 같다. 그러나 분명한 것은 이 칼럼이 윤석열에게는 도움이 됐을 거라는 점, 이 칼럼으로 그들의 관계는 더 돈독해졌을 거라는 점이다.

오랫동안 재벌가 문제를 연구해 온 정선섭 〈재벌닷컴〉 대표는 "이병철 회장이 직원을 뽑을 때 관상가를 활용했다든가 삼성그룹이 서초동 사옥터를 정할 때 지관의 조언을 받았다는 얘기는 이미 잘 알려진 얘기"라면서 "삼성을 비롯한 재벌가가 중요한 의사결정을 할 때 역술인들에게 의존해 온 경우가 많았다"고 말했다. 홍석현은 이건희의 처남이다. 홍석현이 윤석열을 만날 때 역술인을 데려간 이유에 대해서 정 대표는 이렇게 추측했다.

"앞으로 그 사람의 미래가 어떻게 펼쳐질지 역술인 관점에서 예상하고 견해를 물어보기 위해 대동했을 가능성도 있죠. 윤석열이 사회적으로 중요한 위치에 올라 주목을 받으면서 과연 이 사람이 앞으로 어떤 일들을 펼쳐 나갈 수 있을지 예측하는 면에서 말이죠."

---

12) 백재권, "'악어相' 윤석열, 검찰총장 될 것인가", 〈중앙일보〉(2019.6.14).

홍석현이 관상가를 데리고 윤석열을 '면접 봤다'는 얘기다. 그 뒤에 나온 칼럼으로 미루어 보건대, 윤석열은 아마 그 면접을 통과한 것 같다.

나는 기사에서 두 사람이 만난 날짜를 2018년 11월 20일로 추정했다. '11월 하순'이라는 증언과 '비가 왔다'는 증언을 토대로 기상청 데이터를 확인해 보니, 밤 11시에 비가 온 날이 11월 20일밖에 없었기 때문이다.

그러나 보도 이후 이상호 〈고발뉴스〉 기자는 만난 날짜를 11월 20일이 아니라 11월 6일이라고 주장했다. 기상청 데이터를 살펴보니, 11월 6일에도 밤에 비가 왔다. 술집 사장에게 간접적으로 확인해 보니, 11월 6일이 맞는 것 같다고 했다. 11월 하순이라는 본인의 기억이 틀렸던 것 같다고. 비록 '추정'이었지만 이 글을 통해 내가 기사에서 추정한 11월 20일보다는 11월 6일일 가능성이 더 크다는 걸 밝힌다.

당시는 금융위원회 산하 증권선물위원회가 삼성바이오로직스의 고의 분식회계 혐의를 조사하던 시기다. 증권선물위원회는 11월 20일 삼성 바이오로직스 관련자들을 검찰에 고발했고, 다음 날인 11월 21일 서울중앙지검 특수 2부에 사건이 배당됐다.

"나도 만났는데?"

홍석현은 '범삼성가' 원로다. 방상훈과의 만남과 마찬가지로 두 사람의 만남이 검사윤리강령에 위배될 소지가 있다고 본 이유다. 삼성바이오로직스 사건만 있는 건 아니었다. 당시는 〈JTBC〉가 보도한 '최순실 태블릿PC'에 대한 재판이 진행 중이었다. 추미애 법무부 장관이 윤석열에 대한 징계를 청구하면서 홍석현을 '사건 관계자'라고 표현한 것도 〈JTBC〉가 연루된 태블릿PC 사건 때문으로 보인다.

그런데 이 같은 비판은 모두 홍석현 관점에서 나올 수 있는 얘기다. 홍석현은 왜 윤석열을 만났을까. 〈JTBC〉나 삼성바이오로직스 사건을 잘 봐달라고 만났을까? 아니면 대통령이 될 만한 관상인지 확인하려고 만났을까?

윤석열 관점에서는 어떨. 서울중앙지검장 윤석열은 도대체 왜 대형언론사 사주인 홍석현과 방상훈을 만났을까? 이와 관련해 흥미로운 뒷얘기가 있다. 어느 신문사 기자가 사주에게 "윤석열이 방상훈을 만났다"고 정보 보고를 했다. 그런데 그 사주의 반응은 이랬다고 한다. "나도 만났는데?"

윤석열이 사건 관계인인 방상훈과 홍석현을 만난 건 물론 검사윤리강령 위반이다. 그런데 너무나 당연한 얘기지만 윤석열은 방상훈이나 홍석현을 단순한 사건 관계인으로 보지는 않았을 것이다. '더 큰 꿈'을 도와줄 사람들이라고 생각했을 것이다. 방상훈과 홍석현뿐 아니라 다른 언론사 사주를 '두루두루' 만난 게 사실이라면 아마 그 때문이었을 것이다.

4장

윤석열의 '말말말'

고위공직자와 정치인이 가진 가장 큰 권력은 '말'이다. '말'에는 생각과 인간성이 담겨있고, 여기에 상상력이 더해져 정치철학도 만들어지고 정책도 나온다. 고위공직자와 정치인을 검증할 때 '말'을 빼놓을 수 없는 이유다.

검찰총장에서 대선후보로 점프한 윤석열은 어떤 사람일까? 〈뉴스타파〉 데이터팀은 윤석열의 '말'을 찾아 정리해 봤다.

이를 통해 대선주자 윤석열이 입버릇처럼 말해 온 법과 원칙이 무엇인지, 시대적 과제인 검찰개혁에 대해선 어떤 생각을 하는지 확인했다.[13] 2013

---

13) 이 글은 2020년 2월 19일 뉴스타파가 보도한 '검사 윤석열의 법과 원칙, 그리고 이중잣대'의 원고를 수정 보완한 것이다. (https://youtu.be/CTTF7jfaHcc)

년 국정원 댓글 사건 수사팀장 시절 국회 국정감사, 서울중앙지검 검사장이 된 후 두 차례 국감, 그리고 2019년 검찰총장 인사청문회와 이후 국감장 발언, 대선 출마 선언 때 나온 말 등이 주요 분석 대상이다.

표범과 사냥감

윤석열은 검찰 수사를 사냥에 비유했다. 그는 '표범'이고, 피의자는 '사냥감'이다. 2013년 서울고검 국감 때 이렇게 말했다.

"수사라고 하는 것이 초기에 어떤 사태를 딱 장악해 가지고 어느 정도까지 갈 때는 그것은 정말 표범이 사냥하듯이 할 수밖에 없는 상황이고, 그렇게 해서 이 사건이 잘 마무리된다면 저는 어떤 불이익이라도 감수할 용의가 있고 그런 생각으로 한 것은 사실입니다."

윤석열은 언제나 입버릇처럼 법과 원칙, 그리고 절차를 강조했다.

"원래 검찰이라는 데는 검사들이 상관한테 어떤 중대범죄 혐의를 포착해서 가면 거기에 관심을 보이고 그다음에 즉시 수사하는 게 필요하다고 하면 특별한 경우가 없는 한 수사를 시키는 게 원칙입니다. 그렇게 되지 않을 때 늘 검찰에서 말썽이 일어났습니다. 늘 시끄러웠고요."
    - 2013년 서울고검 국감

윤석열과 검찰개혁

"정치적 고려에 흔들리지 않고 저희가 법과 원칙대로 어떠한 사건이든지 철저하게, 엄정하게 처리하도록 그렇게 약속드리겠습니다… 저희는 대한민국의 공직자로서 어떠한 경우에도 흔들림 없이 법과 원칙에 따라 일을 해 왔고 그렇게 하겠습니다… 제가 25년 동안 검사 생활을 하면서 정권은 변했지만, 저희는 어떤 경우에도 법대로 사건을 처리했다고 그 부분은 제가 말씀드릴 수 있습니다."

– 2019년 검찰총장 인사청문회

그렇다면 검사 윤석열이 말하는 법과 원칙의 기준은 대체 무엇일까?

(정성호) "제8조에 있는 구체적 사건에 대한 법무부 장관의 지시 관련해서, 총장에게 지시를 하면 총장이 들어야 됩니까, 안 들어야 됩니까?"

(윤석열) "원칙적으로 검찰청법의 해석상 장관이 총장에게 직접 지휘권을 행사해야 되고요. 그리고 그 지휘가 또는 그 지시가 정당하면 따라야 되고 정당하지 않으면 따를 의무가 없다고 생각합니다."

(정성호) "그러니까 그런 지시가 정당한지 정당하지 않은지 그 판단을 또 사실 누가 하겠습니까?"

– 2019년 검찰총장 인사청문회

'법과 원칙'의 기준은 자신의 판단이라는 얘기다. 한마디로 이중잣대다. 법과 원칙에 따라 검사직을 수행했다는 윤석열은 주변 사람들을 보호하기 위해선 '거짓말'도 서슴지 않았다.

"아침부터 줄곧 얘기한 것은 저 말의 뉘앙스가 아니고… 그리고 제가 기자한테 말할 때도 무슨 문자, 저 문자 자체가 지금 전제가 잘못됐는데 제가 당시에 저런 전화를 받고, 제가 또 여러 군데 전화를 받았기 때문에, 제가 또 윤대진 검사를 좀 보호해야 된다는 마음도 있을 수 있기 때문에 저 말이 팩트가 아닐 수도 있고…"

　－2019년 검찰총장 인사청문회

윤석열은 2019년까지는 '검찰의 정치적 중립성 보장'과 '검찰권 분산'이 검찰개혁의 양대 축이라고 말했다.

(정점식) "소위 검찰개혁이라는 화두가 우리 국민들 사이에서 계속 회자되어 왔습니다. 그 이유가 무엇 때문이라고 생각을 하십니까?"

(윤석열) "제가 생각하기에는 어떤 권력형 비리, 그러니까 살아 있는 권력에 대해서 국민들이 생각하시기에 검찰이 좀 떳떳하지 못했다 하는 점하고, 또 한편 국민들이 갖고 있는 생각은 검찰이 너무 많은 권한을 가지고 있다, 이 두 가지를 생각하시는 것으로 저는 알고 있습니다."

　－2019년 검찰총장 인사청문회

하지만 2020년이 되면서 그의 '말'은 조금씩 바뀐다. 검찰권 분산은 어딘가로 사라지고 줄곧 '검찰의 중립성 보장'만을 강조했다. 당시는 윤석열 총장이 여론조사에서 차기 대권 후보 1위를 달리던 시점이었다. 그를 지지하는 사람들은 대검 앞으로 축하 화환을 보냈다. 2020년 10월 국감에서 윤석열 총장은 이렇게 말했다.

'검찰권 분산'에서 '산 권력 수사'로

(윤한홍) "검찰의 살아 있는 권력에 대한 수사, 이 부분에 대한 청와대나 대통령이나 추미애 법무부 장관의 태도를 보면 사실은 수사를 하지 말라는 압력이에요. 그렇다면 검찰개혁이 뭡니까? 이런 수사를 제대로 하자는 게 검찰개혁 아닙니까? 총장님은 검찰개혁에 대해서 어떻게 생각하세요?"

(윤석열) "그렇습니다. 검찰개혁을 과거에 대통령께서도 강조하실 때 과거 정부에서 검찰이 힘 있는 사람, 살아 있는 권력에 대해서 너무 움츠러들었기 때문에 그것을 제대로 만들어 놓자 하는 그런 뜻으로 저희도 새기고 있습니다… 어쨌든 검찰개혁이라든가 검찰이 나아갈 방향은 살아 있는 권력만 수사하라는 것은 아닙니다마는 거기에도 굴하지 않고 법 집행을 해야 국민들이 볼 때도 살아 있는 권력 또한 국민들에게 정당성을 받을 수 있기 때문에 정권 차원에서도 검찰의 엄정한 수사는 꼭 필요하다고 저는 개인적으로 느끼고 있습니다."

- 2020년 10월 22일 대검 국감

윤석열은 2019년 8월 시작된 이른바 조국 사태에 대해서도 "법과 원칙에 따라서 엄정하게 수사하겠다"고 말했다. 검찰만이 '정의의 기준'을 세울 수 있다는 속내를 드러낸 말이었다.

"하여튼 오늘 여야 위원님들께서 패스트트랙 사건과 또 조 장관 관련 사건에 대해서 많은 말씀을 저희들에게 주셨는데 아마 저희가 혹시나 이 수사를 제대로 하지 못할까 하는 걱정 때문이 아닌가 싶습니다. 제가 오늘 드릴 수 있는 말씀은 그런 걱정 마시고 저희가 어떤 사건이든지 간에 법과 원칙에 따라서 엄정하게 수사하고 거기에 따라서 드러난 대로 결론을 내드리겠습니다. 다른 말씀은 제가 더 드릴 말씀이 없습니다."

- 2019년 10월 17일 대검 국감

그랬던 윤 총장은 2020년 국정감사에서는 그동안 자신이 단 한 번도 사용하지 않았던 새로운 단어를 들고나왔다. '재량'과 '룸'이었다. 〈뉴스타파〉가 2020년 7월 2일 보도한 박상기 전 법무부 장관의 증언, 즉 "조국 사태가 시작된 당일, 윤 총장이 박 장관에게 '조국 낙마'를 요구했다"는 보도와 관련한 질의응답에서였다. 윤 총장의 이 말은 자신이 오랫동안 강조해 온 '법과 원칙'에 어긋나는 말이었다.

"박 장관님께서 압수수색 당일 저를 좀 보자고 해서 청에서 가까운 데서 뵀는데 제가 임명권자도 아닌 그분한테 그런 말씀을 드린 것이 아니고 '어떻게 하면 선처가 될 수가 있겠냐'라고 여쭤보셔서 제가 조심스럽게 지금 이게 야당이나 언론에서 이렇게 자꾸 의혹을 제기하고 이러고 나오는데 만약에 여기서 그냥 사퇴를 하신다면 좀 조용해져 가지고 저희도 일 처리하는 데 '재량'과 '룸'이 좀 생기지 않겠나 싶습니다, 하는 (말씀을 드렸다)… 저 자신도 굉장히 사실 그때 힘들고 어려웠습니다. 그 말씀은 꼭 좀 드리고 싶습니다."

- 2020년 10월 22일 대검 국감

박범계 의원이 "윤석열의 정의는 선택적 정의"라고 말하자 윤 총장은 "선택적 의심"이라고 맞받아쳤다.

(박범계) "윤석열 정의는 본 위원이 느낄 때, 너무나 우리 윤석열 총장을 잘 아는 본 위원이 느낄 때 선택적 정의라고 생각합니다."

(윤석열) "저는 그렇게 생각하지 않습니다. 그리고 삼성 수사 철저하게 했습니다."

(박범계) "그건 오후에 계속 질의를 이어가겠습니다. 안타깝게도 윤석열이 갖고 있는 정의감, 공정심 이 부분에 대한 의심을 갖게 되었습니다. 유감스럽습니다."

(윤석열) "그것도 선택적 의심 아니십니까? 과거에는 안 그러셨지 않습니까? 과거에는 저에 대해서 안 그러셨지 않습니까?"

- 2020년 10월 22일 대검 국감

"정치할 생각 없다"

2019년 검찰총장 인사청문회에서 윤석열은 정치에 소질도 없고 정치할 생각도 없다'고 말했다.

(주광덕) "그때 총선 인재 영입 과정에서 인연을 맺었다고 양정철 원장은 말씀하시는데…"

(윤석열) "맞습니다."

(주광덕) "총선에 출마할 의사를 물어봤습니까?"

(윤석열) "그렇습니다."

(주광덕) "그래서 어떻게 대답했습니까?"

(윤석열) "저는 정치에 소질도 없고 정치할 생각은 없다 그렇게 얘기를 했고…"

- 2019년 7월 8일 검찰총장 인사청문회

2020년 대검 국감에서 윤석열의 퇴임 후 정치 활동 여부가 또다시 논란이 됐다. 이번엔 답변이 달라졌다. "말씀드리기가 어렵다"는 것이다.

(김도읍) "총장님, 지금 대검 주변에 소위 총장님 응원하는 화환들이 몇 개쯤 있습니까?"

(윤석열) "글쎄, 아침에 보니까 많이 있는 것 같은데 세 보지는 않았습니다."

(김도읍) "일선에는 150개 정도 있다는데요. 어떻게 생각하십니까?"

(윤석열) "하여튼 제가 그분들 뜻을 생각해서 또 해야 될 일 열심히 하겠습니다."

(윤석열) "글쎄, 저는 뭐… 지금 제가 제 직무를 다하는 것만으로도 다른 생각을 할 겨를도 없고 제가 또 향후 거취에 대해서 얘기하는 것도 적절하지 않습니다. 다만 퇴임하고 나면, 제가 소임을 다 마치고 나면 저도 지금까지 살아오면서 우리 사회의 많은 혜택을 받은 사람이기 때문에 우리 사회와 국민들을 위해서 어떻게 봉사할지 그런 방법은 퇴임하고 나서 좀 천천히 한번 생각해 보겠습니다. 지금은 제가…"

(김도읍) "그 봉사의 방법에는 정치도 들어갑니까?"

(윤석열) "글쎄, 그것은 제가 지금 말씀드리기가 어렵습니다."

– 2020년 10월 22일 대검 국감

"더 이상 지켜보기 어렵다"

2021년 3월 4일 윤석열은 검찰총장직을 사직한다고 발표했다. 총장 임기가 142일이 남은 시점이었다. 그는 "상식과 정의가 무너지는 것을 더 이상 지켜보고 있기 어렵다"고 말했다. 사실상의 정치 참여 선언이었다.

"저는 오늘 총장을 사직하려고 합니다. 이 나라를 지탱해 온 헌법정신과 법치 시스템이 지금 파괴되고 있습니다. 그 피해는 오로지 국민에게 돌아갈 것입니다. 저는 우리 사회가 오랜 세월 쌓아 올린 상식과 정의가 무너지는 것을 더 이상 지켜보고 있기 어렵습니다. 검찰에서의 제 역할은 지금 이제까지입니다. 그러나 제가 지금까지 해왔듯이 앞으로도 제가 어떤 위치에 있든지 자유민주주의와 국민을 보호하는 데 온 힘을 다하겠습니다. 그동안 저를 응원하고 지지해 주셨던 분들, 또 제게 날 선 비판을 주셨던 분들 모두에게 감사드립니다. 감사합니다."

그리고 석 달 뒤인 6월 29일, 윤석열은 대선 출마를 선언했다. 서울 서초구 양재동에 있는 매헌 윤봉길기념관에서였다. 그의 대선 출마 선언문은 문재인 정부에 대한 비판으로 가득 차 있었다. 윤석열은 문재인 정부 4년을 '분노' '좌절' '고통' '약탈'로 표현했다. 전직 검찰총장이 정치에 나서 검찰의 독립성과 정치적 중립성을 훼손했다는 지적에 대해서는 "본인의 출마는 특별한 경우"라고 말했다.

(기자) "노태우 정부 때 김기춘 검찰총장하고요. 김영삼 정부 때 김도훈 검찰총장 이후 첫 검찰총장의 정치 참여인데요. 그동안 검찰총장을 역임했던 분들이 정치를 하지 않았던 것은 검찰의 독립성을 지키기 위해서라고 생각을 하는데 이런 견해에 동의하시는지 궁금하고요. 또 총장님의 대선 출마로 인해서 검찰의 독립성이 훼손된다는 지적에 대해서는 어떻게 생각하시는 궁금합니다."

(윤석열) "검찰총장을 지낸 사람이 선출직에 나서지 않는 관행이라는 것은 저는 의미가 있다고 생각합니다. 그러나 그것이 절대적인 원칙은 저는 아니라고 생각하고 있고요. 제가 정치에 참여하게 된 계기에 대해서는 아까 국민께 드리는 말씀에서 어느 정도 설명을 드렸고, 국민들의 어떤 법치와 상식을 되찾으라고 하는 그런 여망을 제가 외면할 수 없고 또 제 헌신을

다해서, 혼신을 다해서 제가 이 일을 해야 된다는 그런 생각을 하게 됐습니다. 그래서 사법 검찰 공무원이 선출직에 나서는 것이 맞냐 안 맞냐에 대한 논란은 제가 볼 때는 일반적으로는 관행상 하지 않아 왔지만 특별한 경우에는 또 국민이 기대하고, 결국 국민이 판단하실 문제가 아닌가 그렇게 생각을 하고 있습니다."

PART 03

'살권수' 칼춤

1장

선택적 정의

'모든 죄는 걸린 죄'라는 말이 있다. 인간의 죗값을 흥정해 먹고사는 법조계 사람들이 쓰는 말이다. 이런 관점에서 보면 모든 수사는 선택이고 표적이다. 수사의 임의성이다. 그래서 범죄를 수사하고 단죄할 때는 객관성과 합리성을 갖춰야 한다. 공정성과 형평성을 고려해야 한다. 적어도 정의라는 잣대를 들이대려면 말이다.

우리나라 검찰처럼 '절대반지'를 낀 수사기관이 '선택적 정의'를 구현하려 들면 사회가 혼란에 빠질 수밖에 없다. 예컨대 정치인이나 고위공직자, 기업인 또는 일반인은 추상같이 단죄하고, 검사와 검사 출신 변호사나 정치인, 그 가족과 친족 등이 어우러진 '검찰패밀리'는 봐준다면 정의가 심하게 뒤틀릴 수밖에 없다. 비슷한 잘못을 저질렀는데 검찰의 선택에 따라 누군가는 수사 대상이 되고 누군가는 제외된다면, 정의를 내세워 정의를 짓밟는 결과가 된다. 공정을 구현한다면서 불공정을 빚게 된다.

이를 범죄를 감싸려는 논리로 받아들인다면, 오해이자 왜곡이다. 당연히 위법한 행위에는 수사가 필요하고, 법을 어겼다면 처벌을 받아야 한다. 논점은 선택과 기준이다. 선택적 정의인지 아닌지는 수사 의도와 시기, 방법, 내용 등을 보면 어느 정도 가늠할 수 있다. 공정하지 않은 정의는 위태롭다.

범(汎)조국 사태에[1] 관해서는 그간 숱한 논의가 있었다. 검찰 수사를 지지하는 세력과 비판하는 세력 간 논쟁은 수사와 기소가 마무리되고 재판이 진행되는 중에도 끝날 기미가 없다. 어쩌면 대법원 판결로 사법 절차가 종결된 다음에도 계속될지 모른다.

어느 쪽이 더 문제인가

이념 지향성에 따른 정치적 주장을 배제하고 논점을 간소화하면, 결국 어느 쪽이 더 문제인지를 따지는 게 아닐까 싶다. '진보의 위선'에 분개한 쪽은 조국 전 법무부 장관 또는 정권을, 선택적 정의에 분노한 쪽은 검찰을 비판한다.

정경심 교수에 대한 1심 판결이 나온 뒤로는 법원까지 논란에 휘말렸다. 사실논쟁이라기보다는 가치논쟁에 가깝기에 양쪽 주장은 평행선을 달릴 수밖에 없다. 이견을 좁히는 게 쉽지 않다.

---

[1] 검찰은 유재수 전 부산시 부시장 감찰 무마 의혹 사건과 울산시장 선거개입 의혹 사건, 최강욱 허위인턴 증명서 발급 의혹 사건 수사를 통해 조국 전 장관의 비리를 추가로 캐내려 했다. 나는 이들을 하나로 묶어 범조국 사태라고 부른다.

전선이 한층 복잡하고 혼란스러운 까닭은 범조국 사태가 검찰개혁 논쟁과 맞물렸기 때문이다. 표적이 된 사람이 문재인 정부의 검찰개혁을 설계하고 주도한 사람이기에 한층 치열한 논쟁이 벌어질 수밖에 없었다.

'조국 수호' 찬반과 별개로 검찰 수사를 비판하고 검찰개혁을 지지하는 사람들에게 조국 사태의 본질은 검찰권 남용이다. 유무죄 다툼은 그다음 문제다. 국회 인사청문회를 앞둔 장관 후보자에 대한 전면적인 고강도 수사는, 아무리 수사 논리를 인정한다 해도 정도(正道)가 아니었다.

그때까지는 첩보 수준이지 구체적인 수사내용이 없었다. 뇌물수수 같은 권력형 비리를 포착한 것도 아니어서 수사 명분도 약했다. 일단 국민 대표인 국회의원들이 진행하는 청문회를 지켜보고 나서 권력형 비리가 명백하게 드러나 수사가 불가피하다고 판단할 때 착수했더라면 그나마 명분을 인정받았을지도 모른다.

그런데 청문회가 열리기도 전 압수수색으로 포문을 열었다. 수사기관이 입법부의 판단에 앞서 미리 어떤 기준을 제시한 셈이다. 수십 군데 압수수색을 당할 정도로 '나쁜 놈'이라는 프레임을 만든 것이다. 이 전례 없는 기이한 수사는 앞으로 대통령이 장관을 임명하기 전에 행정부 산하기관인 검찰 승인을 받아야 하는지를 고민해야 하는 숙제를 남겼다.

수사 방식도 문제였다. 조국 사태는 검찰 특수부 수사의 문제점과 더불어 수사권/기소권 독점의 폐해를 여실히 보여준 교훈적인 사건이다. 장관될 자격이 없음을 입증하겠다고, 이념과 생활이 다른 '강남좌파'의 위선과 부도덕성을 까발리겠다고, 자녀의 논문과 표창장, 인턴증명서, 성적표, 일

기장 등을 뒤지고, 심지어 죽은 부친의 사학재단 운영 문제와 이혼한 동생 부부의 사생활까지 들추는 데 특수부의 모든 화력을 쏟아부은 건 과잉수사이자 수사권 남용으로 볼 소지가 있었다.

100여 차례나 압수수색을 벌인 것은 강력한 수사 의지로 비쳤지만, 실은 미리 정한 방향에 맞춰 목표물을 향해 돌진하는 표적수사임을 뜻했다. 환부만 깔끔하게 도려내는 외과수술식 수사와는 거리가 멀어도 한참 멀었다. 어디가 아픈지를 정확히 모르는 상태에서 일단 배를 갈라서 손길 가는 대로 이곳저곳 들쑤시는 셈이었다. 그런 수술방식은 위험하기 짝이 없다. 죄가 아닌, 사람을 겨냥한 수사에서 나타나는 현상이다. 허위/왜곡/과장/편파보도가 판칠 수밖에 없었던 배경이기도 하다.

희대의 편법, 두 개의 공소장

기소 과정도 매끄럽지 않았다. 특히 조국 전 장관의 국회 인사청문회 당일인 2019년 9월 6일 부인 정경심 교수를 기소한 명분으로 내세운 사문서(동양대 표창장)위조 공소시효(7년) 만료 논리는 엉터리였다.

실제로 표창장을 대학원 입시에 활용한 위조사문서행사 공소시효는 살아 있었던 데다, 재판이 시작된 후 검찰이 새로 제출한 공소장에서는 핵심 증거인 위조 방식과 시점을 바꿔 사문서위조 공소시효가 늘어났기 때문이다.[2] 증거도 확실하지 않고 수사도 제대로 안 된 상태에서 표창장 발급일

---

2) 검찰은 표창장 위조 시점을 2012년 9월 7일에서 2013년 6월로, 장소도 동양대에서 주거지(서울 서초동)로 바꿨다. 위조 방식도 '직인 임의 날인'에서 '스캔/캡처 후 삽입(이미지 붙이기)'으로 바뀌었다.

윤석열과 검찰개혁

(2012년 9월 7일)에 맞춰 기소부터 한 것이다.

재판부가 공소장 변경을 받아들이지 않자 검찰은 이중기소라는 희대의 편법을 저질렀다. 즉 한 사건에 두 가지 공소장을 제출해서 재판받은 것이다. 검찰 수사의 신뢰성에 금이 가는 순간이었다. 1심 재판부는 사문서위조 혐의와 관련해 첫 번째 공소사실은 무죄, 두 번째 공소사실은 유죄라고 판결했다.

조 전 장관 부부의 범죄 여부는 법정에서 가려질 일이기에 유무죄 예단은 적절치 않다. 그런데 비슷비슷한 혐의를 잔뜩 갖다 붙여 놓은 걸 보면, 검찰은 진실게임이 아니라 확률게임을 하는 듯싶다. 공소장에 욱여넣은 정 교수의 범죄혐의가 자그마치 14가지다. 조 전 장관은 11가지인데, 나중에 유재수 전 부산시 부시장 감찰 무마 의혹과 관련해 직권남용 혐의가 추가됐다.

사실 가짓수만 많지, 유형별로 보면 입시비리와 사모펀드 크게 두 가지다. 증거 조작/은닉 혐의, 차명 주식거래 등은 부수적으로 딸린 것이기 때문이다.

수사 당위성을 인정하더라도 허위/날조와 과장은 구별해야 한다. 정 교수에 대한 1심 판결에는 이런 게 뒤섞였다. 문제 될 게 없다는 얘기가 아니라, 입시현장에서 학교와 교사와 학부모가 암묵적으로 공모 또는 협조해 온 '스펙 부풀리기' 관행을 감안해야 한다는 얘기다. 여기에 사법 잣대를 들이대면 수많은 학부모와 학생이 잠재적 피의자가 된다. 체험활동이나 봉사활동 등 비교과 활동의 실제 시간을 문제 삼아 '허위'라고 판결하는 건 합리적이지 않다.

이명박 정부 때 자녀를 대학에 보냈던 서울 모 대학 교수는 법원이 조 전 장관 부부의 입시 관련 의혹을 모두 유죄로 인정한 것에 대해 "입시 현실을 도외시한 판결"이라고 비판했다.

"입학사정관제 초기에는 논문 대필도 많았다. 고3 입시를 지원하는 대학교수가 지도 명목으로 대신 써주거나 자기 논문에 학생 이름을 넣어줬다. 학교는 그런 사정을 알면서도 학교생활기록부(생기부)에 기재했다. 지금도 그렇지만, 체험활동이나 봉사활동을 곧이곧대로 적는 경우는 드물다. 제도가 허용한 거다. 그걸 활용하지 못한 부모는 무능하다는 소리를 들었다. 교사가 늘려주기도 한다. 그 시기 판검사나 교수 자녀들 입시 서류를 조사해 정경심 재판부의 잣대를 들이대면 걸리는 사람이 한둘이 아닐 거다. 특히 자기소개서(자소서)의 경우 많은 학부모와 교사가 공범이다."

다만 표창장 위조 혐의는 국민 정서를 크게 자극했다는 점에서 좀 더 신중하게 바라볼 필요가 있다. 그런데 이중기소 논란에서 보듯이 수사내용이 깔끔하지 않은 데다 동양대 PC 데이터를 불법으로 수집했다는 의혹이 제기된 데 이어 1심 재판부의 유죄판결 이후 검찰이 컴퓨터 접속기록, IP 등과 관련한 유죄증거를 조작했다는 논란이 일면서 혼란이 가중됐다.

사모펀드 관련 혐의도, 설령 재판에서 정 교수에 대한 공소사실이 다 인정된다고 하더라도 권력형 비리라기보다는 개인 비리에 가깝다. 조 전 장관의 혐의는 정 교수의 공범으로서 재산을 허위 신고하는 한편 관련 증거를 위조하고 감추도록 교사했다는 것이다. 이는 정 교수가 1심에서 차명계좌로 주식투자를 하고 미공개 정보를 사전에 취득해 이익을 봤다는 혐의에 대해 유죄를 선고받은 것과는 별개다.

'조국 펀드'는 허구

지금까지 진행된 재판 내용을 보면, 검찰 수사가 '침소봉대(針小棒大)'나 '견강부회(牽强附會)'가 아니냐는 의구심이 든다. 이 사건의 실질적 주범이라 할 만한 조 전 장관의 조카 조범동 씨에 대한 1심 판결에 따르면, 정 교수가 투자회사 코링크PE의 실소유주 또는 실질적 지배자라는 검찰 수사 내용과 언론보도는 허구에 가깝다. 대선자금 용도라는 이른바 '조국 펀드'는 과장과 억측의 결정체였다.

검찰은 정 교수와 조범동 씨가 공금 횡령의 공범이라고 주장했다. 공소장에 따르면, 정 교수는 코링크PE와 허위컨설팅 계약을 맺어 매달 자문료 형식으로 총 1억 5000여만 원을 받음으로써 조 씨가 회사자금을 횡령하는 데 가담했다. 하지만 재판부는 조 씨의 자본시장법 위반 혐의를 유죄로 인정하면서도 정 교수와의 공모 혐의는 인정하지 않았다. "권력형 범죄의 근거가 없다"는 친절한 해설과 함께.

언론이 외면해서 그렇지, 사실 이 판결은 매우 중요하다. 펀드 비리는 검찰이 조 전 장관에 대한 수사에 착수한 동기이자 명분이기 때문이다. 펀드 비리의 핵심은 정 교수와 조 씨의 공모이고, 그 결과물이 횡령이다. 그런데 그것이 인정되지 않았다는 것은 검찰이 애초 무리수를 뒀거나 표적을 잘 못 짚었다는 뜻이다.

정 교수 사건을 맡은 재판부도 같은 취지의 판결을 내놓았다. 다만 조 씨 사건 재판부와 달리 코링크PE로 들어간 정 교수의 자금 10억 원은 대여금 이 아니라 투자금이라고 봤다. 어쨌든 사모펀드와 관련해 검찰이 주장한 핵심 범죄혐의가 인정되지 않은 것이다. 그런데도 언론은 상대적으로 경미 한 유죄 부분만 잔뜩 부각했다.

범조국 사태에 해당하는 유재수 부산시 전 부시장에 대한 감찰 무마 의 혹과 울산시장 선거 개입 의혹 사건도 유무죄를 떠나 표적수사 논란에서 자유롭지 못하다. 조 전 장관의 비리를 추가로 캐내려는 목적에서 비롯된 수사라고 보는 것이 합리적이기 때문이다.

특히 감찰 무마 사건은 조 전 장관에 대한 구속영장 청구용이었다는 시 각이 많다. 법조계 안팎에서 별건 수사라는 비판이 나온 이유다. 2019년 1 월 자유한국당이 수사를 의뢰했는데, 조국 수사가 한창인 그해 9월 뒤늦게 나섰다는 점도 이를 뒷받침한다. 법원이 영장을 기각하는 바람에 검찰은 조 전 장관을 포박하는 데 실패했다.

그해 12월 입시비리와 사모펀드 관련 혐의로 조 전 장관을 재판에 넘긴 검찰은 이듬해인 2020년 1월 감찰 무마 의혹에 직권남용권리행사방해죄 를 적용해 추가 기소했다. 그런데 직권남용죄는 우병우 전 청와대 민정수석 에 대한 재판에서도 드러난 바지만, 코에 걸면 코걸이, 귀에 걸면 귀고리 식 으로 일률적인 법적 잣대가 없다.

사라진 하명수사 의혹

울산시장 선거 개입 의혹 사건 역시 오랫동안 캐비닛에서 잠자던 서류를 꺼내 뒤늦게 칼을 빼 들었다는 점에서 '오해'를 살 만했다. 게다가 울산지검에서 수사하던 사건을 서울중앙지검으로 이첩하면서 표적수사 논란은 더욱 거세졌다.

알려진 대로 애초 이 사건의 출발점은 하명수사 의혹이었다. 즉 시장 선거를 앞두고 황운하 당시 울산지방경찰청장이 조 전 장관이 지휘하던 청와대 민정수석실 지시를 받아 자유한국당 소속 김기현 울산시장의 동생과 비서실장의 비리를 수사했다는 혐의였다. 김 시장은 2018년 6월에 실시한 제7회 전국동시지방선거에서 낙마했다.

하지만 검찰은 민정라인과 황 전 청장의 연결고리를 찾는 데 실패했다. 공소장에도 청와대와 울산경찰의 '직거래' 의혹을 뒷받침하는 증거는 보이지 않는다. 검찰은 황 전 청장에 대해 선거법 위반 혐의를 적용해 기소했다. 공무원의 정치적 중립 의무를 어기고 선거에 영향을 끼치려 표적수사를 벌였다는 것이다. 거기에 직권남용 혐의를 덧붙였다. 수사에 미온적인 경찰관들에게 인사 불이익을 줬다는 것이다. 황 전 청장 주장대로라면 허위보고에 따른 문책 인사였지만.

경찰이 지방선거를 8개월 앞두고 현직 시장 측근들을 수사한 것이 선거 개입이라면, 이명박 정부 때 서울시장 선거에 출마한 야권 유력후보 한명숙 전 총리를 수사하고 기소한 데 이어 선거가 두 달밖에 남지 않은 1심 선고일 전날 별건으로 압수수색을 벌여 이를 언론이 대대적으로 보도하게 한 특수부 검사들은 같은 혐의에서 자유로울 수 있을까?[3] 더하면 더하지, 덜하지는 않을 텐데 말이다.

아울러 검찰은 백원우 전 민정비서관을 비롯한 청와대 관계자 5명을 공직선거법 위반 혐의로 기소했다. 대통령의 '오랜 지인'인 송철호 시장을 당선시키기 위해 공천 및 선거 과정에 개입해 불법을 저질렀다는 혐의다.

송 시장을 비롯한 울산시청 공무원 및 선거캠프 관계자 7명도 함께 기소되면서 이 사건은 대표적인 '살권수'로 주목을 받았다. 흥미롭게도 이 사건 주역인 황운하 전 청장과 김기현 전 울산시장은 나란히 2020년 4월 총선에 출마해 국회의원에 당선됐다.

사건 관련자들의 법 위반 여부는 재판에서 가려지겠지만, 법조계 일부에서는 수사 의도를 떠나 수사내용을 문제 삼는다. 사실만으로 채워야 할 공소장에 주장과 추론이 많다는 지적이다. 그만큼 증거가 부실하다고 해석할 수도 있다. 증거가 깔끔하면 굳이 수사 명분을 구구절절 강조할 필요가 없기 때문이다.

검찰이 공소장에서 지방선거의 중요성과 공무원의 정치 중립 의무를 역설하면서 문재인 대통령을 30여 차례나 언급한 것은 다른 의도가 있다는 의심을 받을 만했다. 검찰개혁을 강력히 추진하는 정권에 대한 필사적 저항이라는 해석과 더불어 '살권수'라는 수사 명분에 지나치게 집착한 탓이라는 비판이 제기됐다.

---

3) 결국 한명숙은 애초 제기된 뇌물수수 혐의에 대해서는 무죄를 선고받았지만, 별건 수사의 산물인 정치자금 수수 혐의로 유죄판결을 받았다.

조국 수사의 '불가피성'을 주장한 검찰 특수통 출신 변호사도 울산 사건에 대해서는 고개를 내저었다. 그는 "조국 수사는 타이밍이 문제였다면, 울산 사건은 무리한 수사가 문제였다"라고 꼬집었다.

그의 지적이 아니더라도 사실상 대통령을 겨냥한 듯한 이 수사는 여기저기서 문제점을 드러냈다. 수사가 덜 된 상태에서 덜컥 기소부터 하는 바람에 재판이 1년 가까이 진행되지 못했다.

당사자 조사도 안 한 상태에서 강행한 '날림기소'의 후유증이었다. 살아 있는 권력을 수사한다는 공명심에 사로잡혀 무모한 수사를 벌인 건 아닌지 의심스럽다.

범조국 사태의 마지막을 장식한 최강욱 열린민주당 대표의 인턴확인서 부정 발급 의혹도 권력형 비리와는 거리가 멀뿐더러 그야말로 먼지떨이 수사를 벌였다는 느낌이 들게 한다.

이 사건은 이른바 '날치기 기소'로도 화제가 됐다. 새로 부임한 이성윤 서울중앙지검장이 '당사자 조사 후 기소'를 주장하자 윤석열 총장이 실무자에게 직접 기소를 지시해 관철했다.

1심 재판부는 유죄를 선고했다. 최 대표가 변호사 시절 지인인 조국 전 장관 아들의 대학원 진학에 도움을 주려고 인턴확인서를 허위로 발급했다는 검찰 공소사실을 인정한 것이다. 하지만 이 판결은 인턴 활동 자체는 인정하면서도 실제 근무 시간을 문제 삼아 허위로 판단했다는 점에서 논란을 일으켰다.

'살권수'에 기울어진 언론보도

범조국 사태는 법적 잣대를 들이대기 전에 검찰 수사의 적절성부터 짚어 보는 것이 올바른 관전법이다. 그런 만큼 언론은 검찰 수사를 객관적으로 지켜보면서 차분히 평가해야 했다. 수사내용 못지않게 수사 의도와 수사 방식에도 관심을 기울여야 했다. 검찰권 남용에 대해서는 마땅히 견제하고 비판해야 했다.

하지만 '살권수'에 기울어진 언론은 그렇게 하지 않았다. 외려 검찰의 강력한 우군으로 나서서 '조국 죽이기'에 앞장섰다. 주된 무기는 '사실보도'였다. '한 버스에 올라탄 법조기자들'⁴⁾은 좋게 얘기하면, 그저 '팩트 프레임'에 충실한 모습을 보였다.

그들에게 수사내용이나 검찰발 수사 정보는 곧 사실보도였다. 더러 선보이는 독자적인 취재내용도 그 테두리를 벗어나지 않았다. 수사 관련 내용을 꼼꼼히 검증하거나 피의자 주장을 성의 있게 반영하는 매체는 드물었다. 다들 검찰 수사 과정에서 흘러나온 개별 의혹을 확대재생산하고 수사에 보조를 맞추는 '단독'을 띄우는 데만 매달렸다.

그런데 언론의 팩트 프레임은 사실과 허구가 뒤섞인 것이었다. 진실에 부합하지 않는 사실보도는 그 가치가 떨어질 수밖에 없다. 범조국 사태 때 많은 기자가 사실보도를 한다는 명분으로 진실을 가렸다. 확증편향에 빠진 일방 보도가 난무했다. 부분적으로는 사실이지만 전체 맥락에서는 사실이 아닌 보도가 많았다. 억측과 편견과 과장과 왜곡이 사실을 포위했다. 위장

---

4) 외국 언론학계에서는 팩(pack) 저널리즘에 빠진 기자들을 'boys on the bus'라고 표현한다.

매매, 위장전입, 논문 제1저자, 웅동학원 채권채무, '조국 펀드', '버닝썬' 사건 등 공소장에서 빠져나간 그 숱한 의혹에 대한 보도만 봐도 그렇다.

언론은 공공연히 사실과 거짓의 경계선을 넘나들었다. 가짜뉴스가 버젓이 인터넷 공간을 활보했다. 기자들은 '우리는 수사 의도나 수사 방식은 관심 없고 오로지 수사내용에만 관심 있다'는 태도를 보였다. 사실 너머 진실을 보도해야 할 언론으로서 무책임하기 짝이 없는 태도였다.

기자가 사실로 진실을 왜곡하는 것은 대중을 속이고 자신도 속는 짓이다. 침소봉대와 '견문발검(見蚊拔劍)'. 다 죄가 아닌 사람을 겨냥한 탓이다. 진실을 밝히려는 의지보다 단죄의식이 앞서면 그런 오류에 빠진다. 나도 기자 시절 비슷한 경험을 했기에 하는 얘기다.

게다가 검찰총장의 처가와 측근 검사들의 비리 의혹에는 조국 사태 때와는 사뭇 다른 태도를 보여 불신과 비난을 자초했다. 조 전 장관 가족과 친척에 대해서는 자잘한 의혹까지 한껏 부풀려 자세히 보도했지만, 총장 주변 인물들의 비리 의혹에는 철저한 '거리두기'를 실천했다.

사실관계가 확정되지 않은 상태에서 피의자 혐의는 신중하게 보도해야 한다는 점에서 언뜻 바람직한 자세로 볼 수도 있다. 문제는 비슷한 사안인데도 접근방식을 달리하는 이중성이다. 그토록 강조하는 팩트 프레임조차 일관성이 없었던 것이다. '사실'이 아닌 '시각'의 문제라는 것을, 선택적 정의에 따른 선택적 보도를 한다는 것을 언론 스스로 입증한 셈이다.

수사 대상이 중요한 게 아니라 수사내용이 중요하다. 살아 있는 권력을 겨눈 수사라고 다 손뼉을 쳐줄 수는 없다. 치밀하고 깔끔하고 공정한 수사라야 그 가치를 인정받는다. 수사내용이 좋으면 수사 의도와 방식의 문제점이 어느 정도 덮일 수도 있다. 그런데 그렇지 못했다. 이것이 언론이 지적하지 않는, '윤석열 검찰'의 진짜 문제점이다.

2장

박상기 전 법무장관
'분노의 증언'

〈뉴스타파〉가 박상기 전 법무부 장관과의 인터뷰 내용을 공개한 건 2020년 7월 2일 오후 3시경이었다. 제목은 "박상기 최초 증언 '윤석열, 조국 사태 첫날에 조국 낙마 요구'."

이 기사가 공개되던 시간, 나는 국회에서 김종민 더불어민주당 의원과 인터뷰를 하고 있었다. 김 의원은 20대 국회부터 죽 법사위 소속으로 활동해 온 검찰통이다. 나는 김 의원에게 문재인 정부 3년 동안 있었던 검찰 관련 각종 논란, 이른바 조국 사태에 관한 생각을 묻고 들었다. 알려지지 않은 비화가 많았다.

김 의원에 따르면, 2019년 6월 조국 법무부 장관 후보자가 지명될 때만 해도 청와대와 '윤석열 검찰' 사이에는 핑크빛 기류가 흘렀다. 김 의원과 내가 나눈 대화 중 일부다.

"윤석열 총장이 조국 지명자에게 전화해 '진심으로 축하한다'고 말했다는 얘기도 제가 들었어요. 당시 대검 간부들 얘기를 쭉 들어보면, 언론이 몇몇 의혹을 제기했을 때까지도 윤 총장은 '대단한 의혹이 있다'고 생각하지 않았다고 해요."

– 윤석열 총장이 '조국 후보에게 심각한 문제가 있다'고 생각하지 않았다?

"네. 되게 우호적으로 얘기를 하거나 뭐 특별히 문제가 된다는 식의 발언을 안 했다는 증언을 제가 많이 들었어요."

김 의원은 '윤석열 검찰'이 돌변한 계기, 즉 조국 후보자 일가에 대대적인 수사를 결정한 이유를 '누군가가 윤석열 검찰총장에게 올린 보고서' 때문이라고 생각하고 있었다.

"윤석열 총장이 어느 순간 달라진 거예요."

– 어느 순간?

"그 계기가 뭐냐면, 제가 얘기를 듣고 보고를 받아 보니 '그 보고(서)가 결정적인 영향을 미쳤다'고 얘기하는 사람들이 많아요. '표창장 등 입시비리는 별거 아닌데, 사모펀드 문제는 상당히 문제가 있어 보인다. 조국 지명자가 대선자금을 마련하려고 한 거고 민정수석실도 개입된 권력형 비리'라는 내용이 담긴 보고서라고 해요. 일종의 범죄 첩보죠."

 - 누가 그런 보고를 했다는 겁니까?

"내가 얘기는 들었는데, 정확한 건 아니라 어디에 얘기하기는 좀 어려워요."

 - 혹시 한동훈 검사장(당시 대검 반부패강력부장) 아닙니까?

"한동훈 부장은 '자기가 안 했다'고 여러 사람한테 얘기했다고 해요."

2019년 8월, 검찰이 조국 장관 후보자 수사에 나선 배경은 여전히 오리무중이다. 뭐가 그리 급해 인사청문회를 앞둔 공직 후보자를 이잡듯 털었는지 궁금해하는 사람들이 많다. 유일하게 확인된 건, 군사쿠데타처럼 주도면밀하게 진행한 이 수사가 윤석열 당시 검찰총장의 결심에서 시작됐다는 것이다. 윤 총장은 2019년 국회 국정감사장에서 "이런 정도의 수사는 검찰총장의 결심 없이는 불가능하다"고 말했다.

수사라는 행정행위는 어느 정도의 인권탄압을 전제한 합법적 국가폭력이다. 당연히 최소한의 범위에서 민주적 통제를 받아 행사해야 한다.

그간 인사청문 대상자가 된 사람들은 통과의례처럼 온갖 구설에 시달려 왔다. 형사처벌 대상인 불법, 탈법이 드러나 망신살을 뻗친 사람도 적지 않았다. 그런데도 윤석열 이전의 검찰은 단 한 번도 청문회를 앞둔 공직후보자를 상대로 강제수사에 나서는 무리수를 쓰지 않았다.

나는 궁금했다. 왜 윤석열 검찰은 조국 수사를 결정했을까. 혹시 전례를 깨고 강제수사를 하지 않고는 배길 수 없는 남다른 이유라도 있었던 걸까.

2020년 7월 초 〈뉴스타파〉가 보도한 '박상기 최초 증언'[5]은 이 궁금증을 풀기 위해 진행한 여러 취재 중 하나였다.

최강욱의 증언

일면식도 없던 박상기 전 법무부 장관에게 처음 전화한 건 2020년 5월 초였다. 박 전 장관은 어딘가로 이동하던 중 전화를 받은 듯했다. 시끄러운 소리로 대화가 이어졌다 끊기길 반복했다. 몇 시간 뒤 나는 다시 전화를 걸었다. 〈뉴스타파〉 기자라고 신분을 밝힌 뒤 인터뷰를 요청했다. 막연한 말인 줄 알면서도 "법무장관 재직 중 있었던 일에 대해 두루두루 듣고 싶다"고 했다.

박 전 장관은 거절했다. "이미 두 번이나 언론과 인터뷰를 했다" "공직자가 재직 중 일로 언론과 인터뷰를 하는 건 옳지 않다"는 이유에서였다. 나는 며칠 뒤 다시 전화를 걸어 인터뷰를 재차 요청했다. 답변은 같았다. 또 며칠 뒤 전화를 걸고 문자를 남겼다. 그렇게 2주가량이 지난 5월 28일, 박 전 장관은 내게 이런 문자를 보내왔다.

네, 6/1, 2, 5(금) 중 하루로 하지요.

인터뷰 날짜는 6월 2일로 결정됐다. 박 전 장관은 질문 내용을 미리 받아봤으면 했다. 나는 그러겠다고 답한 뒤 질문을 만들어 보냈다. 하지만 질

---

5) 한상진, "박상기 최초 증언, '윤석열, 조국 사태 첫날에 조국 낙마 요구'", 〈뉴스타파〉(2020.7.2).

문지에는 내가 정말 궁금해하던 내용은 거의 담지 않았다.

박상기 전 장관은 재직 기간에 한 번, 퇴임 이후 한 번, 모두 두 차례 언론과 인터뷰를 한 적이 있다. 두 매체는 〈한겨레〉[6]와 〈시사인〉[7]이다.

〈한겨레〉 인터뷰는 2018년 6월 21일 문재인 정부가 검경수사권 조정안을 발표하기 며칠 전 진행됐다. 장관 취임 1년을 맞아 준비한 인터뷰였다. 박 장관은 이 인터뷰에서 "경찰이 모든 사건에서 직접수사권을 갖는다" "사건을 검찰에 송치하기 전에는 검찰이 수사를 지휘하지 않는다" "검찰은 보완수사를 요구할 수 있다"고 검경 수사권 조정안을 요약해 설명했다.

〈시사인〉은 박 전 장관이 퇴임 후 처음 인터뷰한 매체다. 그는 2년 2개월간 장관직을 수행한 뒤 2019년 9월 9일 퇴임했다. 당시는 검찰이 조국 장관 내정자를 상대로 전방위 수사에 나서고 10여 일이 지난 때였다. 박 전 장관은 〈시사인〉 인터뷰에서 조국 사태에 관한 질문을 받자 "그것에 대해서는 언급하고 싶지 않아요"라고 말했다.

시기도 다르고 성사 배경도 달랐지만, 두 차례 인터뷰에서 박 전 장관이 주로 언급한 것은 검찰개혁에 관한 생각, 진행 중인 검찰개혁안에 대한 설명이었다. 핵심은 역시 공수처 설치와 검경수사권 조정. 검찰개혁에 대한 그의 의지는 확고했다. 두 매체 인터뷰에서 나온 박 전 장관의 주요 발언은 이랬다.

---

6) 김정필, "박상기 법무 '왜곡수사 원인, 검찰과 정치권력 모두에 있어'", 〈한겨레〉(2018.6.23).

7) 장일호 · 나경희, "박상기 전 장관 작심인터뷰, '검찰 특수부 수사 없어져야 한다'", 〈시사인〉(2019.9.26).

"그동안 검찰 불신의 원인은 권력과의 유착이었다. 강력한 권력을 가지면 국민이 잘 신뢰하지 않는다. 너무 강한 검찰권을 갖고 있어 남용 문제가 생긴 탓에 국민 불신이 쌓였다. 공수처는 검찰의 불신 원인을 제거하는 장치이기도 하다. 한편으로 권력과의 유착은 검찰 문제이면서 정치권력의 문제이기도 하다."

"특수수사를 예로 들면, 결과물을 얻으려고 곁가지로 친척에 친구까지 다 뒤지는 수사는 잘못된 거다. 그렇게 뒤지면 우리 사회에는 온전할 사람이 아무도 없고, 그것이 정의를 실현하는 길도 아니다."

"검찰의 독립성을 흔히 이야기하지만, 검찰은 법무부에 소속된 정부 조직이에요. 선출된 권력도 아니고요. 선출된 대통령이 법무부 장관을 통해서 검찰을 지휘하도록 돼 있는 구조죠. 검찰의 독립성이 중요한데 굉장히 정확하게 이해를 하고 사용해야 한다고 봐요. 우리는 독립성 하면 항상 외부 압력으로부터의 독립을 이야기해요. 외부로부터의 독립만 보장되면 내부에서는 멋대로 해도 되는 건가요? 그건 아니잖아요."

내가 박 전 장관에게 묻고 싶은 질문은 따로 있었다. 조국 사태가 벌어진 2019년 8월 27일, 청와대와 법무부, 검찰에서 어떤 일이 있었는지다. 〈시사인〉 인터뷰 기사에 실린 "그것에 대해서는 언급하고 싶지 않아요"라는 그의 말에 담긴 속내를 듣는 것이었다. 언급하고 싶지 않다는 말은 언급할 게 있다는 말이나 다름없었다.

박 전 장관과 인터뷰하기 보름 전 가진 최강욱 열린민주당 대표와의 인터뷰도 계기가 됐다. 최 대표는 조국 사태 당시 청와대 공직기강비서관으로서 그 내막을 아는 몇 안 되는 사람 중 하나다.

최 대표는 3시간 넘게 진행된 인터뷰에서 조국 사태가 시작된 8월 27일 자신이 보고 들은 얘기를 상세히 전했다. 그동안 알려지지 않은 얘기가 많았다. "윤석열 총장이 조국 수사가 시작된 첫날 박 장관에게 노골적으로 '조국 낙마'를 요구했다"는 부분이 특히 그랬다. 다음은 최 대표의 말이다.

"박상기 장관이 국무회의가 끝나고 법무부(과천 정부종합청사)로 돌아가는 길에 마지막이라 생각하고 윤석열 총장에게 전화를 한 거예요. 그 전에는 전화를 안 받았다고 하더라고. 그런데 전화를 받은 윤석열 검찰총장이 박 장관에게 '(조국 후보자가) 이제 그만 물러나라는 뜻으로 제가 (압수수색을) 지시했습니다' 이렇게 말했다는 거지. 상식적으로 윗사람인 장관이 '총장, 아침에 압수수색 어떻게 된 겁니까' 이렇게 물으면 보통은 '지금 꼭 해야만 되는 상황이라 불가피하게 이렇게 됐는데, 다녀오시면 상세하게 보고를 드리겠습니다. 심려를 끼쳐서 죄송하고, 크게 걱정하실 일은 아닙니다' 이렇게 얘기하는 게 맞잖아요. 그런데 윤 총장은 박 장관에게 '예, 그만 내려오라는 뜻으로 제가 지시를 한 겁니다' 이렇게 말했다는 거야. 그 말을 듣고 박상기 장관이 너무 어이가 없었다고 하더라고…"

박 전 장관과의 첫 인터뷰는 서울 중구 퇴계로에 있는 〈뉴스타파함께센터〉 리영희홀에서 진행했다. 카메라가 배치되고 흐릿한 조명 아래 박 전 장관이 앉았다. 한 시간 예정으로 시작한 인터뷰는 4시간 넘게 이어졌다. 두 번째 인터뷰는 첫 인터뷰가 있고 2주일 정도가 지난 뒤에 이뤄졌다. 점심식사를 겸한 자리였다.

"검찰의 정치행위"

박 전 장관은 첫 인터뷰를 하는 자리에 여러 장의 메모를 들고 나타났다. 조명 아래 앉아 한참 동안 자신이 준비한 메모를 읽고 또 읽었다. 나중에 얘기를 들어보니, 장관 재직 시 있었던 일, 검찰개혁에 대한 자기 생각을 빼곡히 정리한 글이었다. 평생 강단에 섰던 학자의 꼼꼼함이 느껴졌다.

하지만 정작 인터뷰가 시작되자 박 전 장관은 슬슬 메모에서 눈을 뗐고, 간혹 깊은 한숨을 내쉬었다. 윤석열 검찰총장 취임 이후 흐려져 가는 '문재인 정부 검찰개혁의 청사진'을 안타까워하는 마음이 한숨 속에 녹아났다. 그는 검찰의 '조국 수사' 행태를 "이성을 잃은 것 같다"고 표현했다.

박 전 장관과의 대화는 조국 사태에 맞춰졌다. 박 전 장관은 검찰이 일제히 압수수색을 벌인 2019년 8월 27일을 이렇게 회상했다.

"내 인생에서 가장 화가 났던 날입니다. 가장 참담했던 날이 그날이었다고 생각해요. 장관으로 재임하는 동안에 제일 실망스러운 날이었습니다. 저는 그날 검찰의 민낯을 봤습니다."

알려진 대로 윤석열 검찰총장은 2019년 8월 27일 조국 당시 법무부 장관 후보자에 대한 강제수사를 시작하면서 청와대는 물론 검찰총장에 대한 지휘권을 가진 박상기 장관에게도 수사 착수 사실을 알리지 않았다. 박 전 장관은 먼저 이 부분에 문제를 제기했다.

"법무부 장관의 검찰총장 지휘감독권의 본질이 뭘까요? 뭘 알아야지 지휘감독을 하죠. 그렇지 않아요? 보고도 전제하지 않고 어떻게 지휘감독권을 행사를 해요? 설사 장관 후보자에 대한 수사가 아니라고 하더라도 사회적으로 중요한 사건, 정부 인사나 정치인, 중요 인물들에 대한 수사의 경우 당연히 보고를 해야 한다고 봅니다. 검찰이 택한 수사 방법이 최선인지 판단해야 합니다. 그렇게 하라고 검찰청법에 지휘권과 관련된 규정이 있는 겁니다. 그렇지 않으면 그런 규정은 둘 필요가 없죠."

박 전 장관은 "인사청문회를 앞둔 공직자 자녀의 입시 문제, 자녀가 받은 추천장이나 표창장, 인턴증명서 같은 문제가 특수부를 동원해 수사할 만한 일인지 의문이 든다"고 말했다. "분초를 다투는 사안도 아니고, 국민을 상대로 한 인사청문회마저 무력화할 만큼 중대 사안도 아니었다"는 것이다.

박 전 장관은 조국 일가 수사과정에서 검찰이 보인 행태를 '정치적 목표를 가지고 벌인 일'로 단정했다. 검찰이 '검찰정치' 달성을 위해 대통령의 인사권에 정면으로 도전한 사건이라는 얘기였다. 그는 자신이 오랫동안 준비한 검찰개혁이 "허무하게 막을 내리는 기분이었다"고 말한 뒤, 한동안 침묵했다.

"꼭 이런 방식(인사청문회 전 강제수사)으로 해야 했나, 하는 생각이 일단 먼저 들었습니다. 사모펀드 관련 의혹은 금융감독원 같은 곳에서 시시비비를 가리고, 입시비리 의혹 같은 경우는 교육부 등에서 조사를 통해서 시시비비를 가리고, 그런 다음에 범죄혐의가 있다고 확인되면 그때 검찰이 수사를 하든지 하면 되는 일이라고 생각했습니다. 그래서 저는 이건 분명히 '검찰의 정치행위다' 그렇게 생각했죠. 검찰은 변한 게 하나도 없구나…"

"누가 그래요?"

2019년 8월 27일, 그날은 서울 광화문 정부종합청사에서 국무총리 주재로 국무회의가 열리는 날이었다. 박상기 장관은 과천 정부종합청사를 빠져나와 광화문으로 달렸다. 8시쯤 남산 3호터널을 막 빠져나올 때 박 장관에게 전화가 걸려 왔다. 이성윤 법무부 검찰국장(현 서울고검장)이었다.

이 국장은 다급한 목소리로 "장관님, 서울중앙지검 특수부가 조국 법무장관 후보자와 관련해 20여 곳에 조금 전 압수수색을 시작했습니다"라고 말했다. 압수수색 대상에 조 전 장관의 자녀 입시 관련 의혹이 제기된 대학들과 조국 지명자 가족이 돈을 댄 사모펀드, 조국 지명자 가족이 운영 중인 부산 소재 웅동학원도 포함됐다고 했다. 검찰이 사실상 조국 장관 후보자를 겨냥해 대대적인 강제수사에 착수했다는 보고였다. 박 장관은 당황했다.

"어이가 없는 일이었습니다. 이미 돌이킬 수 없는 일이었기 때문에 검찰국장에게 뭐 할 얘기도 없었고요. 도대체 이런 방식으로 꼭 해야 하나 하는 생각이 먼저 들었고요. 그리고 이 수사가 앞으로 정국에 미칠 파장에 대해 생각했죠. 그리고 판단했습니다. '이건 정치행위다' '궁극적으로는 대통령의 인사권을 흔들려는 의도가 있지 않나' 또 제가 주도한 검찰개혁안에 대한 검찰의 반발도 이유가 됐다고 느꼈습니다."

이성윤 검찰국장의 보고를 받은 직후, 박 장관은 곧바로 수사책임자인 배성범 서울중앙지검장에게 전화를 걸었다. 박 장관은 배 지검장에게 질문을 쏟아냈다.

"도대체 이게 어떻게 된 겁니까? 지금 (검찰이) 뭐하고 있는 겁니까? 윤석열 총장의 결정입니까? 중앙지검장의 판단입니까?"

배 지검장은 곤혹스러워하며 "아, 그건 제가 말씀드리기 곤란한데…"라고 답했다. 사실상 윤석열 검찰총장이 결정하고 지시한 수사라는 말이었다. 박 전 장관은 "윤석열 총장이 결정한 수사라는 사실을 뻔히 알지만, 일단은 절차를 밟아서 물어봤던 것입니다"라고 말했다.

이쯤까지 대화가 이어진 뒤, 박 전 장관은 더는 조국 사태가 시작된 2019년 8월 27일의 일을 얘기하지 않으려 했다. 곤란하다는 표정이 역력했다. "그 얘기는 나중에 합시다"라는 말을 되풀이했다. 하지만 나는 물러서지 않고 질문을 계속했다. 최강욱 대표에게 들은 얘기를 들려주며 대화를 밀어붙였다.

"검찰이 조국 일가 수사에 나선 2019년 8월 27일, 윤석열 총장하고 통화를 하신 걸로 압니다. 그날 윤석열 총장이 장관님께 '법무부 장관 후보에서 내려오라는 뜻으로 제가 수사를 결정한 겁니다'라고 말한 걸로 들었는데요."

박 전 장관은 웃으며 답했다.

"누가 그래요?"

나는 다시 물었다.

"2019년 8월 27일과 관련해 저희가 취재한 내용을 말씀드릴 테니 확인을 부탁드리겠습니다. 제가 듣기로는, 오전에 압수수색 이야기를 장관님께서 들으시고 굉장히 화가 나셨고, 그래서 윤석열 총장에게 직접 전화를 하셨다고 하더군요. 검찰이 청와대나 법무부의 연락을 일절 안 받는 상황에서 첫 통화가 장관님과 윤석열 총장 간에 이뤄졌다고 들었습니다. 그 통화에서 윤 총장이 사실상 '조국 장관 지명 철회'를 요구하는 듯한 발언을 했다고 들었습니다."

박 전 장관이 이번엔 정색을 하며 답했다.

"틀린 게 많아요. 맞는 게 별로 없는 것 같습니다."

작은 실랑이 끝에, 박 전 장관이 드디어 결심했다. 2019년 8월 27일 자신이 겪은 일을 얘기하기로.

- 검찰 수사가 시작된 당일인 2019년 8월 27일, 윤석열 총장과 통화하신 건 사실인가요?

"내가 아까 이야기했잖아요. 이제 이거 다 인터뷰 끝나거나 한 뒤에 따로 얘기하자고…"

- 인터뷰 끝나가고 있습니다. 카메라 끌 테니 얘기해 주시죠.

"오프 더 레코드(off the record)로…"

- 네, 오프 더 레코드로… 장관님, 물도 한 잔 드시고요.

"윤석열이 '조국 낙마' 요구"

내가 기대했던 인터뷰가 드디어 시작됐다. 결심이 섰는지, 박상기 전 장관은 거침없이 얘기했다. 조금 전과는 다른 얼굴, 눈빛이 느껴졌다.

"윤석열과 전화해서 오후에 바로 만났어요."

나도, 나와 함께 인터뷰를 진행한 조원일 기자도 깜짝 놀랐다.

– 아, 만나셨어요?

"만났어요."

– 어디서 만나셨어요?

"밖에서 만났지. 1시간. 윤석열이가 나한테 전화한 것도 아니고 내가 바로 (전화)해 가지고 국무회의 끝나고 오후에 만났어요. 너무 화가 나는데 그냥 있을 수가 있겠어요? 만난 시간, 만나고 나온 시간을 모두 체크했지. 1시간 넘게 만났어요."

검찰이 조국 일가 수사에 나선 이후 온갖 뒷얘기가 많았지만, 수사 착수 당일 박상기 장관이 윤석열 총장과 따로 만났다는 사실은 전혀 알려진 바 없었다. 검찰의 수사 착수 배경이 궁금해 한동안 취재를 진행한 나도 예상치 못한 얘기였다.

박 전 장관에 따르면, 2019년 8월 27일 박 장관을 만난 윤석열 총장은 1시간 넘는 시간 동안 주로 조국 후보자 가족과 관련된 사모펀드 의혹만 제기하며 검찰 수사의 정당성을 역설했다. "사모펀드는 사기꾼들이나 하는 짓인데, 어떻게 민정수석이 그런 걸 할 수 있느냐"는 말을 반복했다는 것이다. 조국 후보의 딸 입시 비리 문제에 대해서는 한마디도 하지 않았다고 한다. 박 장관의 눈에 윤석열은, 이미 수사 결론을 내려놓은 사람처럼 보였다고 한다.

"입시 문제는 내가 기억하기로는 언급도 안 했어요. 사모펀드 이야기만 했어요."

- 사모펀드 이야기만 하신 거예요?

"'검사들도 (사모펀드에 대해서) 잘 모른다'고 하더라고요. '(조국 일가와 관련된 사모펀드 코링크PE가) 과거 문제가 됐던 사모펀드들과 똑같다'는 거예요. 이미 (수사) 결론을 내려놓고 있더라고…"

박 전 장관은 이어 "윤석열 총장이 강한 어조로 '조국 전 장관을 낙마시켜야 한다'고 말했다"고 증언했다.

- 그런데 당시는 조국 후보자가 사모펀드에 직접 관련됐거나, 문제가 될 만한 행위를 했다는 증거도 없었는데. 조국 후보자의 부인인 정경심 교수가 관련된 정도만 드러나 있었고요.

"아니, 그러니까 부부 일심동체라는 논리지, 부부 일심동체. '민정수석이 그런 거 하면 되느냐'하는 식의 도덕적 판단부터 법적인 문제까지… '그런 사람이 법무부 장관하면 되느냐'면서…"

- 그렇게 말을 해요?

"응. 결론이 법무부 장관은 안 맞대."

- 본인이 그렇게 말을 합니까? 장관 낙마라고?

"낙마라고 이야기해요. 법무부 장관해서는 안 된다는 이야기죠, 그 말은."

- 아, 본인 입으로요?

"응. 이미 (윤석열 총장 마음속엔) 결론이 내려졌어."

- 그럼 그날 1시간이나 넘게 그런 얘기만 반복하신 건가요?

"그렇죠."

박 전 장관은 조국 일가 수사에 착수한다는 사실을 장관인 자신에게 사전에 보고하지 않은 이유도 윤 총장에게 물었다고 말했다. 윤 총장은 이 질문에 "사전에 보고하면 정보가 새어 나갈 위험이 있어서…"라고 답했다고 한다.

그럼 조국 일가 수사를 개시한 2019년 8월 27일, 대체 '윤석열 검찰'은 얼마나 많은 증거, 범죄 단서를 가지고 있었을까. 수사는 정당했을까.

조국 전 장관이 법무부 장관 후보자로 지명된 건 2019년 8월 9일이었다. 그리고 조국 후보를 둘러싼 각종 의혹이 언론을 통해 제기되기 시작한 건 5일 후인 14일부터였다.

'조 후보자 가족의 사모펀드 74억 원 투자 약정 의혹'(8월 14일), '조 후보자 동생 부부의 위장이혼과 부동산 위장거래 의혹'(8월 16일), '조 후보자 딸의 부산대 의학전문대학원 장학금 수령 의혹'(8월 19일), '조 후보자 딸의 의학논문 제1저자 등재 의혹'(8월 20일) 등이 대표적이다.

검찰이 20여 곳이 넘는 압수수색을 동시에 진행한 8월 27일은 여야 합의로 조 후보자 인사청문회 날짜(9월 2, 3일)가 결정된 다음 날이었다.

당시만 해도 조 후보자를 둘러싼 의혹 중 언론이 가장 화력을 쏟아 부은 대상은 자녀 입시비리였다. 조 후보자의 딸이 다녔던 고려대와 서울대에서 조 후보자 사퇴를 촉구하는 학생들의 촛불집회가 시작(8월 23일)된 것도 여론을 흔들었다.

반면에 초기부터 터져 나온 사모펀드 관련 의혹, 다시 말해 조국 후보자 부인인 정경심 당시 동양대 교수가 돈을 댄 사모펀드 투자에 조 후보자가 어떻게 관련됐는지는 연결고리가 흐릿하던 때였다.

그래서일까. 8월 27일 압수수색 대상지 대부분은 서울대, 고려대, 부산대 등 조 후보자 자녀의 입시비리 의혹과 관련된 곳이었다. 결국 다른 건 몰라도 사모펀드 문제에 대해서는 검찰이 수사결과를 예단할 정도의 범죄증거나 정황이 드러나지 않았던 것이다. 박 전 장관은 이렇게 말했다.

"검찰의 목표는 조국 법무부 장관 후보자의 낙마였던 것이죠. 인사청문회가 끝나기 전에 빨리빨리 수사를 진행해서 낙마를 시키는 것이 검찰의 의도였던 겁니다. 그래서 그렇게 서둘러서 압수수색을 했던 거죠."

"문재인 정권에 충성한다며…"

조국 후보자 일가에 대한 수사가 시작되고 한 달쯤 지난 뒤 몇몇 언론은

"윤석열 총장이 수사 착수 전에 청와대에 '조국 낙마'를 요청했다"거나 "윤 총장이 '조국 지명을 강행하면 사퇴하겠다'는 뜻을 청와대에 밝혔다"는 보도를 내놓기 시작했다. 깜깜했던 '조국 사태'의 배경을 엿보게 하는 내용이라 상당한 주목을 받았다. 2019년 9월 30일 〈한겨레〉[8] 보도가 대표적이다.

> 윤석열 검찰총장이 조국 장관 임명 직전 청와대에 '문제가 간단하지 않으니 (조 후보자를) 임명해서는 안 된다. 임명하면 내가 사표를 내겠다'는 취지의 뜻을 전달한 것으로 확인됐다. 당시 조 후보자 임명을 놓고 고심하던 문재인 대통령은 이를 항명으로 받아들였고, 조 장관을 임명하는 쪽으로 기울었다고 한다. 검찰 쪽은 "(수사를 흔들려는) 정치권의 모략"이라며 강하게 부인했다.

이 보도가 사실이라면, 윤석열 총장이 박상기 장관에게 "조국 낙마를 요구했다"는 것보다 더 심각한 일이 아닐 수 없다. 검찰은 수사를 하는 곳이지 국정운영에 정무적 판단을 내리는 기관이 아니기 때문이다.

나는 이 문제도 박 전 장관에게 물었다. 박 전 장관은 "기억이 안 난다"면서도 윤석열 총장이 자신에게 "조국 후보자 수사는 문재인 정부를 위한 것"이라고 말한 사실은 떠올렸다. '사람에 충성하지 않는다'는 명언으로 일약 스타덤에 올랐던 윤석열 총장이 했다고는 믿기지 않는 말이었다.

 - 혹시 윤석열 총장이 '내가 청와대에 조국 수석은 안 된다는 뜻을 전했

---

8) 김원철 · 이완, "윤석열, 조국 임명 전 청와대에 '의혹 심각…임명 땐 사표'", 〈한겨레〉 (2019.9.30).

다'는 말도 하던가요? 그런데 자기 말을 무시하고 임명을 강행했다는 식의…

"그건 기억이 잘 안 나는데… 뭐, 하여튼 자기는 지금 정부에 충성한다느니, 뭐 지금 정부를 위해서 이렇게 한다느니 같은 모순된 이야기를 하더라고…"

– 이 정부에 충성한다는 말인가요?

"문재인 대통령 정부지. 나는 충성이라는 말을 별로 좋아하지 않아요. 개인이든, 조직이든. 자기에게 주어진 역할, 임무를 정상적으로 행사하는 게 중요한 거지, 뭘 충성해?"

박 전 장관은 인터뷰를 마치며 이런 말을 남겼다.

"검찰개혁은 검찰 스스로는 절대 안 됩니다. 그건 어느 조직도 마찬가지입니다. 권력기관을 개혁한다고 했을 때, 그 권력기관 스스로 무슨 개혁을 할 수 있습니까, 다 이해관계가 얽혀 있는데… 검찰은 국민을 위한 공복입니다. 평범하지만 그것이 핵심입니다. 권력을 감시하라는 특권을 검찰이 명령받은 것도 아니고요."

박 전 장관의 인터뷰 내용은 상당한 파장을 일으켰다. 비록 박 전 장관을 통해서였지만, 조국 수사를 진두지휘한 윤석열 검찰총장의 수사 착수 당시 생각과 발언이 공개된 것이어서 큰 폭발력이 있었다.

언론은 앞다퉈 〈뉴스타파〉 보도를 인용한 기사를 쏟아냈고, 대검도 즉각 입장을 내고 진화에 나섰다. "윤석열 총장이 장관 인사권자도 아닌 박상기 전 장관에게 조국 법무부 장관 후보자의 낙마를 요구하거나 낙마시켜야 한다고 말한 사실은 없다"는 내용이었다. 아래는 대검이 내놓은 입장문 전문.

[대검 대변인]

뉴스타파 보도 관련입니다.

위 보도 중 박상기 전 법무부 장관이 언급한 검찰총장 발언 내용은 사실과 다릅니다.

8. 27. 장관 및 총장의 비공개 면담은 장관의 요청에 따라 법무부에 대한 사전 보고 없이 압수수색을 진행하였던 경위를 설명하고, 그 직전까지 민정수석으로서 장관 및 총장과 함께 인사 협의를 해 왔던 조국 전 장관에 대하여 불가피하게 수사를 진행할 수밖에 없었던 상황을 우려하는 자리였습니다.

검찰총장은 박상기 전 장관의 조국 후보자에 대한 선처 요청에 대하여 원론적인 답변을 하였을 뿐이고, 검찰총장이 장관 인사권자도 아닌 박상기 전 장관에게 조국 후보자의 낙마를 요구하거나 '조국 전 장관을 낙마시켜야 한다'고 말한 사실이 없습니다.

그 밖의 발언 내용 중에도 사실과 다른 부분이 있으나 비공개 면담이었던 만큼 그 내용을 모두 확인해 드리기는 어려움을 양해해 주시기 바랍니다.

나는 대검의 입장문을 보고 또 한 번 충격을 받았다. '윤석열 검찰'이 자신을 지휘감독하는 법무부, 지휘감독권자인 장관을 바라보는 시각이 이 짧은 입장문에 적나라하게 드러났기 때문이다. "(윤 총장이) 박 전 장관의 조 전 장관에 대한 '선처 요청'에 대해 원론적인 답변을 했다"는 표현이 특히 눈에 거슬렸다. 법무부가 검찰의 발밑에 있다고 생각하지 않는다면, 나올 수 없는 표현이라는 생각이 들었다.

2020년 10월 국정감사에서 나온 윤 총장의 유명한 발언, "검찰총장은 법무부 장관의 부하가 아니다"라는 말과도 맥을 같이 하는 표현이었다. 대검의 입장문은 한마디로 '검찰에 대한 문민통제 거부'이자, 법무부 장관이 검찰사무의 최고 감독자라고 규정된 '검찰청법 무시'나 다름없었다.

검찰청법 제8조(법무부장관의 지휘·감독) 법무부장관은 검찰사무의 최고 감독자로서 일반적으로 검사를 지휘·감독하고, 구체적 사건에 대하여는 검찰총장만을 지휘·감독한다.

무인지하 만인지상(無人之下 萬人之上)

대검이 입장문을 낸 뒤, 나는 박상기 전 장관에게 연락해 대검 입장문에 대한 생각과 입장을 물었다. 박 전 장관은 전화 대신 문자로 의견을 전달했다. 문자메시지에 분노와 불쾌감이 느껴졌다.

장관이 총장에게 선처 부탁을 한다는 것도 말이 안 되고, 사전보고도 없이 피의자 소환 한번 하지 않는 강제수사를 지적하고, 꼭 하려거든 임의수사 방식으로 하라고 했는데 선처로 둔갑했습니다.

'박상기 최초 증언' 보도는 2020년 10월 20일 진행된 대검찰청 국정감사에서도 논란이 됐다. 윤석열 검찰총장은 이 보도에 대한 입장을 묻는 여야 의원들의 질의에 이렇게 답했다.

"박 전 장관이 (조 전 장관) 압수수색 당일에 저를 좀 보자고 했습니다. 임명권자도 아닌 제가 박 전 장관에게 그런(조국 낙마) 말씀을 드린 게 아니라 '(박 전 장관이) 어떻게 하면 (조 전 장관의) 선처가 될 수 있냐'고 제게 물었습니다."

〈뉴스타파〉 보도 당일 대검이 내놓은 입장문과 맥을 같이 하는 발언이었다. 윤 총장의 발언이 나온 뒤 국민의힘 주호영 원내대표는 "박상기 전 법무부 장관이 조국 전 법무부 장관 '선처'를 문의했다는 윤 총장의 전날 국감 발언이 청탁금지법에서 정하는 청탁에 해당하는지 법률팀과 검토하겠다"고 밝혔다.

다음 날, 나는 박 전 장관에게 다시 연락해 전날 나온 윤 총장의 발언에 대한 입장을 재차 물었다. 박 전 장관은 이번에도 역시 문자메시지로 자기 생각을 전했다. "윤 총장이 법무장관의 지휘감독권을 인정하지 않고 있다"는 부분에선 다시 한번 그의 분노가 느껴졌다. 10월 23일 박 전 장관이 보내온 문자메시지 전문이다.

작년 8월 27일 당시 조국 전 장관 가족에 대한 혐의사실도 모르는 상태에서 선처를 부탁할 구체적인 내용도 없는 상황이었습니다. 당시 총장에게 장관 국회 인사청문회를 앞두고 나에게 사전보고도, 피의자 소환 한번 없이 갑자기 법무장관 후보자 가족에 대한 강제수사를 한 것에 대해 그 시기나 방식의 문제점을 지적했는데 '선처'라는 표현을 하고 있습니다. 법무장관이 지휘감독을 받는 총장에게 선처 부탁할 일은 없습니다. 법무장관의 검찰사무에 대한 지휘감독권을 인정하지 않는 의식의 발로라고 생각합니다.

그리고 이어서, 박 전 장관은 문자메시지를 하나 더 보내왔다.

'무인지하 만인지상'

'무인지하 만인지상(無人之下 萬人之上)', "누구로부터도 통제받지 않고 모든 사람을 통제한다"는 뜻의 한자성어였다. 윤석열 총장의 오만불손함을 지적한 표현이었다.

검찰의 이중잣대

검찰이 조국 전 장관 일가 수사에 나서면서 겉으로 내건 명분은 고소, 고발이었다. 수사를 촉구하는 10여 건의 고소, 고발 때문에 어쩔 수 없이 수사에 나섰다는 논리였다.

하지만 이는 앞뒤가 맞지 않는 주장이었다. 지난 수십 년 동안 대통령이 지명한 고위공직자 인사청문회를 앞두고 검찰이 고소, 고발을 이유로 수사권을 발동한 사례가 전무했기 때문이다.

2009년 고가 아파트 매입, 위장전입과 증여세 탈루, 금전 거래가 있는 기업가와의 동반 골프여행, 부인의 명품 쇼핑 등 법적·도덕적 문제가 불거져 낙마한 천성관 검찰총장 후보자의 경우가 대표적인 사례다. 당시도 천 후보자를 수사하라는 고발과 목소리가 빗발쳤지만, 검찰은 꿈쩍도 하지 않았다.

오히려 청문회가 끝나고 천 후보자가 낙마한 이후, 검찰은 관세청을 상대로 내사를 벌이고 국회의원에게 천 후보자의 개인정보를 넘긴 관세청 직원을 찾는 수사에 열을 올려 빈축을 샀다. 이 공무원은 결국 이 사건으로 인해 파면됐다.

2019년 7월 윤석열 검찰총장 후보자의 인사청문회 때도 마찬가지였다. 청문회 직전, 2012년 벌어진 윤우진 전 용산세무서장의 뇌물수수 의혹 사건과 관련해 자유한국당 주광덕 의원이 검찰에 제출한 고발 사건 역시 검찰은 수사하지 않았다.

당시 주광덕 의원이 고발한 대상은 윤우진 전 용산세무서장이었지만, 사실상 윤 전 서장의 비호세력으로 의심받던 윤석열 당시 검찰총장 후보자를 겨냥한 고발이었다. 조국 사태는 이 고발 이후 두 달도 안 돼 벌어졌다.

검찰이 가진 수사권은 잘 드는 칼이나 다름없다. 수사권이 사람을 살리는 칼로 쓰려면 일정한 규칙에 따라 움직여야 한다. 누구나 예측할 수 있고, 누구나 용인할 수 있는 규칙 말이다. 그렇지 않고 칼을 쥔 사람 멋대로 춤을 추면 반드시 인명사고가 나게 돼 있다. 윤석열 전 검찰총장은 스스로에게 물어봐야 한다. '나는 국가와 국민이 위탁한 칼을 제대로 썼는지, 혹시 멋대로 썼던 건 아닌지'를.

3장

'검찰 쿠데타' 막전막후

　황희석 변호사는 2019년 8월 이른바 조국 사태가 시작될 당시 법무부 인권국장으로 재직하고 있었다. 사건을 가까운 거리에서 본 사람 중 하나다. 나는 박상기 전 법무부 장관과 인터뷰를 마치고 며칠 뒤 황 변호사를 만났다. 장맛비가 내리던 날이었다. 황 변호사와의 인터뷰 내용은 2020년 7월 7일 보도했다.[9]

　황 변호사 인터뷰를 계획한 이유는 박 전 장관과 했던 인터뷰 때문이었다. 박 전 장관에게 들은 얘기에 살을 좀 붙여 볼까 하는 생각에서였다. 예컨대 조국 일가 수사가 시작된 2019년 8월 27일, 박 장관이 윤 총장을 만난 정확한 시간과 장소 같은 걸 물을 생각이었다. 그가 인터뷰에서 "밖에서 만

---

9) 조원일, "윤석열 측근 윤대진도 법무부 간부에게 '조국 사퇴' 압박 의혹", 〈뉴스타파〉(2020.7.7).

났다"고만 말하고 시간과 장소는 끝내 들려주지 않았기 때문이다. '황 변호사라면 혹시 알고 있지 않을까' 싶었다.

그런데 황 변호사와 한 인터뷰는 내 예상을 완전히 빗나갔다. 예상치 못한 얘기들이 그의 입에서 쏟아져 나왔다. 대화는 박상기 전 장관과 관련된 얘기로 시작됐다.

－ 2019년 8월 27일, 조국 일가에 대한 수사가 시작된 건 어떻게 아셨어요?

"박상기 장관께서 국무회의 가시고 나면 아침에 간부회의가 없어요. 아침 10시인가 11시인가? 내 방에 앉아서 업무를 보고 있는데 '압수수색 시작됐다'는 이야기를 들었어요. 놀랐죠. 장관님이 국무회의 마치고 들어오셔서 '나를 좀 보자'고 그러시더라고. 그때가 한 2, 3시쯤 됐을 거예요."

－ 뭐라고 하시던가요?

"내가 '이거 큰일 났다'고 했고, 장관님은 당신이 보고 받은 거, 국무회의 가서 이야기하신 걸 말씀해 주셨죠. 굉장히 화가 나 있었어요. 그리고 좀 있다가 윤석열 총장 만나러 나가셨어요. 오후 4시인가 5시인가 그래요. 본인도 얼마나 답답했겠어."

윤대진 수원지검장의 전화

그리고 곧바로 처음 듣는 얘기가 황 변호사의 입에서 쏟아져 나왔다. 조국 후보자와 관련된 수사가 시작되기 4일 전인 2019년 8월 23일 아침. 윤석열 총장의 최측근인 윤대진 수원지검장(현 법무연수원 기획부장)이 전화를 걸어 왔다는 것이다.

"8월 23일 아침 8시 41분인가 42분인가, 출근해서 법무부 과천청사 계단을 올라가는데 전화가 삐비비 울려서 봤더니 윤대진 검사장이야. 그때 윤대진은 수원지검장이었어요. 이 양반이 평상시에 나한테 전화하는 사람이 아니거든. 법대 동기나 후배들이 와서 '어~ 온 김에 황 국장도 같이 봅시다' 이렇게 하면 한 번씩 부르는 정도 사이거든."

알려진 바와 같이, 조국 법무부 장관 후보자 관련 수사는 서울중앙지검 특수부가 맡았다. 수원지검장이던 윤대진 검사장은 이 수사와 아무 관련이 없었다. 그런데도 윤대진 검사장은 황희석 국장에게 전화를 건 뒤 안부를 묻기 바쁘게 '조국 후보자의 사임'을 거론했다고 한다.

"(윤대진 검사장이) 전화를 해서 '조 장관 사임해야 하는 거 아니야? 처리해야 되는 거 아니야?' 그러는 거야."

황 변호사는 당시 윤대진 검사장이 '조국 사임 필요성'의 이유를 여러 가지 들었다고 말했다. '대통령에 누가 된다'거나 '형수(정경심 교수)가 힘들어진다'는 등의 이유였다. 황 변호사는 이 말을 들은 뒤 대학 2년 선배인 윤 검사장에게 불같이 화를 냈다고 말했다.

"(윤 검사장이) '대통령한테 부담되는 거 아니냐, 그래서 사임해야 하는 거 아니야' 그러더라고. 그래서 내가 '어디다 대고 그런 소리를 하고 있냐'고, '당신들 지금 그걸(조국 후보자에 대한 의혹 보도) 사실로 믿냐'고, 사모펀드 등… 그랬더니 윤 검사장이 나보고 '그렇게 생각하지 말고, 흥분하지 말고 좀 들어 봐' 그러는 거야. 그래서 '더 이야기해 보세요' 그랬더니 '조 장관 형수(정경심 전 동양대 교수)도 힘들어지고, 동생이나 제수씨(조국 후 보자 동생의 전 부인)를 포함해 가족이 다 힘들어지는데 사임하는 게 맞지 않겠냐, 그리고 대통령에게도 부담 안 되도록 하는 게 맞다' 그러더라고⋯"

황 변호사는 "윤 검사장이 특히 조국 전 장관 가족이 돈을 댄 사모펀드 관련 의혹을 집중적으로 거론하며 낙마 필요성을 제기했다"고 주장했다. "조국 후보자에 대한 젊은 사람들의 평가도 안 좋고, 사모펀드도 문제가 있 어 나중에 말이 많이 생길 것 같다"고 말했다는 것이다.

윤 검사장이 조국 후보를 둘러싼 여러 의혹 중에 유독 '사모펀드 문제'를 집중 거론하며 조국 후보자 사퇴를 권유, 혹은 압박했다는 주장은 여러모 로 의미가 있다. 박상기 전 법무장관과의 인터뷰에서 나온 윤석열 총장의 발언과 맥을 같이 하기 때문이다. 박 전 장관은 인터뷰에서 "검찰이 조국 후보자 일가에 대대적인 압수수색을 시작한 날, 윤석열 검찰총장이 사모 펀드 문제를 제기하며 조국 후보의 낙마를 요구했다"고 말한 바 있다.

"당시 언론에서 가장 문제를 삼았고, 또 검찰이 압수수색 한 곳 중 상당수가 조국 지명자의 자녀 입시 문제와 관련된 곳이었어요. 그런데 내 기억에 윤 총장은 나를 만난 자리에서는 입시 문제에 대해서는 거의 말을 안 했습니다. 사모펀드 이야기만 했어요. 사모펀드는 다 사기꾼들이 하는 것이다. 내가 사모펀드 관련된 수사를 많이 해 봐서 잘 안다. 어떻게 민정 수석이 사기꾼들이나 하는 사모펀드에 돈을 댈 수 있느냐⋯ 그 얘기만 반복했습니다."

(《뉴스타파》, 2020.7.2).

언급한 바와 같이, 윤대진 검사장은 검찰이 '조국 수사'에 나선 2019년 8월 당시 수원지검장으로 재직하고 있었다. 따라서 서울중앙지검 특수부가 동원된 '조국 수사'와는 아무런 관련이 없었다. 수사 상황을 알 수도 없었고, 수사과정에 의견을 낼 권한도 없었다.

그런데도 윤석열 총장이 박상기 법무부 장관에게 그랬던 것처럼, 유독 '사모펀드 문제'를 이유로 '조국 후보자 낙마'를 언급했다면, 그건 우연으로 보기 힘들다. 수사팀, 혹은 자신과 가까운 윤 총장으로부터 이 사건에 대해 무슨 얘기를 들었거나, 아니면 윤 총장의 생각을 법무부 간부를 통해 정부와 청와대에 전달하는 일종의 매개 역할을 한 것은 아닌지 의심되는 대목이다. 수사와는 별도로 '조국 낙마'를 위한 검찰 내 조직적 움직임이 있었던 걸로도 해석할 수 있다.

윤대진 검사장이 황희석 국장에게 전화를 걸었다는 2019년 8월 23일 상황도 되짚어볼 필요가 있다. 당시 사모펀드 관련 의혹이 얼마나 무르익었길래 사건과 아무런 관련이 없는 윤대진 수원지검장까지 나서서 '조국 낙마'를 거론했는지 확인해야 하기 때문이다.

사모펀드 의혹이 본격적으로 불거진 건 조국 전 민정수석이 법무부 장관 후보자로 지명된 지 5일 후인 2019년 8월 14일이었다. 조국 일가가 사모펀드에 74억 원을 내기로 투자 약정을 맺었다는 내용이었다. 이것을 시작으로 사모펀드 관련 의혹이 이어졌다.

수사로 드러난 조국 일가의 사모펀드 의혹 중 검찰이 '스모킹건'으로 판단한 사실은 두 가지 정도다.

첫째는 조국 후보자의 부인인 정경심 씨가 자신이 투자한 사모펀드 운영사인 코링크PE와 고문계약을 맺고 횡령한 자금을 전달받았다는 의혹, 둘째는 조국 후보의 5촌 조카 조범동 씨가 2018년 8월 코링크PE 투자사에서 빼낸 13억 원 중 10억 원을 정 교수에게 전달했다는 의혹이다. 둘 다 조국 일가가 사실상 사모펀드 운영사인 코링크PE를 실질 소유했고, 5촌 조카 조범동 씨에게 건넨 10억 원은 대여금이 아닌 투자금이라는 검찰 측 주장이 전제된 내용이었다.

그런데 문제는 이 두 개의 '스모킹건'이 세상에 알려진 건 조국 후보자 일가에 대한 수사가 한참 진행된 뒤라는 점이다. 고문료 의혹이 처음 제기된 건 2019년 9월 9일(경향신문), 10억 원 횡령 자금 문제가 알려진 건 9월 19일(동아일보)이었다. 설사 이 보도 이전에 이미 검찰이 이 사실을 알았다 손 치더라도, 그 시점이 검찰의 강제수사가 시작된 8월 27일 이전으로 거슬러 올라가기는 어렵다고 보는 것이 상식이다.

다시 말해, 윤대진 검사장이 현직 법무부 국장에게 전화를 걸어 '조국 낙마'를 거론했다는 시점에 검찰은 사모펀드 문제에 결정적인 증거를 갖고 있지 않았던 것으로 보인다. 윤 검사장이 예단이나 선입견, 혹은 누군가의 지시나 부탁을 받고 '조국 낙마'를 거론했다는 의심이 짙어지는 이유다.

대윤과 소윤

윤대진 검사장과 윤석열 전 검찰총장의 관계도 따져 볼 부분이다. 수사 정보를 보고 받을 권한도 없는 윤대진 검사장이 법무부 국장에게 전화해

'조국 낙마'를 거론했다는 과정이 석연치 않기 때문이다. 알려진 바와 같이, 두 사람은 의형제로 통하며 '대윤'(윤석열)과 '소윤'(윤대진)으로 불릴 정도로 가까운 사이이다.

두 사람이 얼마나 가까운지는 2019년 7월 윤석열 검찰총장 후보자의 인사청문회에서 여실히 드러난 바 있다. 〈뉴스타파〉가 윤대진 검사장의 친형인 윤우진 전 용산세무서장의 뇌물 사건과 관련된 윤석열 후보자의 7년 전 발언 내용을 공개하면서 위증 논란이 불거지자, 윤 후보자는 청문회장에서 "대진이를 지켜주기 위해 기자에게 거짓말을 했다"고 말해 논란이 됐다. 두 사람의 관계를 보여주는, 그야말로 결정적인 장면이었다.

다시 윤대진 검사장이 황희석 법무부 인권국장에게 전화를 걸어 '조국 낙마'를 거론했다는 2019년 8월 23일로 돌아가 보자. 윤 검사장으로부터 황당한 내용의 전화를 받은 황 국장은 고민에 빠졌다고 한다. 다른 사람도 아닌 검찰총장 최측근의 전화여서 더 신경이 쓰였다는 것이다.

당시 황 국장의 고민은 '개인적인 전화이니 혼자만 알고 있어야 하나', 아니면 '장관님께 보고해야 하나'였다. 결국 황 국장은 법무부 관계자 두 사람에게 이 사실을 알렸다고 말했다. 뒤에 법무부 차관을 지낸 이용구 법무실장과 장관 정책보좌관인 구OO 씨였다.

"윤대진 검사장 전화를 받은 뒤에 제가 이용구 법무실장, 구OO 정책보좌관에게 말을 했습니다. '윤대진 검사장이 전화를 해서 이런 말을 했다'고. 그리고 두 사람과 상의했죠. 이걸 장관님께 말씀을 드려야 하는지. 그리고 결국 알리지 않기로 결론을 내렸죠. '조국 후보자가 인사청문회를 앞두고

윤석열과 검찰개혁

있고, 그걸 준비하느라 정신이 없는데, 괜한 논란을 부를 수 있다'고 판단한 겁니다. 장관님 심기에도 별로 좋지 않을 것 같고요. '일단 우리만 알고 있자. 그리고 인사청문회 끝나고 나서 그것을 당사자(조국 후보자)와 박상기 장관님께 말씀드리자' 이렇게요. 솔직히 당시에는 윤대진 검사장이 자기 혼자 생각을 전한 것으로 받아들이고 있었죠."

윤대진 검사장의 전화가 있고 딱 4일 뒤, 검찰은 조국 장관 후보자 일가에 대해 강제수사를 시작했다. 황 국장은 압수수색 사실을 접한 뒤에야 4일 전 있었던 윤대진 검사장과의 통화 사실을 박상기 장관에게 실토했다고 말했다. 황 전 국장은 "그제야 윤대진 검사장의 전화부터 검찰의 대대적인 압수수색까지, 그 일련의 과정이 누군가에 의해 치밀하게 계획된 것이라는 느낌도 받게 됐다"고 털어놓았다.

"박상기 장관님께 보고하면서 제가 그랬어요. '윤대진 검사장의 전화를 받을 때만 해도 일이 이렇게 될 줄 몰랐습니다. 이용구 법무실장, 구OO 보좌관하고 의논했는데, 인사청문회 끝나고 장관님께 보고하자고 얘기했습니다. 그런데 아니나 다를까 오늘 압수수색 하는 거 보니까 이게 사전에 준비된 각본이었던 것 같습니다.' 그렇게 말씀드렸죠."

보고를 받은 박상기 장관도 "나도 같은 생각이다"라고 황희석 국장에게 말했다고 한다.

"이게 일련의 계획이었던 것 같다, 느낌상. 그랬더니 장관님께서 '나도 그렇게 생각을 한다'는 거야. 박 장관님도 그렇게 이야기를 하시더라고…"

황희석 변호사는 당시 윤대진 검사장의 '조국 낙마' 압박은 윤석열 검찰이 청와대와 법무부에 보내는 일종의 '사전 경고'였다고 주장했다.

"검찰이 강제수사에 나선 상황을 보니 윤대진 검사장이 그냥 전화한 게 아니라는 생각이 들었습니다. '사전 경고'였다, 이렇게 생각됐습니다. '내 얘기를 법무부나 청와대에 전달해서 조국 후보자를 사임시켜라, 자기(윤대진)가 직접 조국 장관에게 전화하기는 그러니, 니(황희석)가 전해서 사임하게 해라' 그런 의미였다는 생각이 들더라고요."

황희석 변호사와 인터뷰를 마친 뒤, 〈뉴스타파〉는 그의 말이 사실인지를 확인하기 위해 이용구 전 법무부 법무실장에게 연락해 물었다. 이 전 실장은 조원일 기자와 한 전화인터뷰에서 "황 전 국장의 말은 사실"이라고 증언했다.

– 2019년 8월 조국 장관 후보자에 대한 검찰의 강제수사 착수 며칠 전에 윤대진 검사장이 황희석 당시 법무부 인권국장에게 전화를 걸어 '조국 후보자가 물러나야 한다'고 말했다는데, 그런 말을 들은 적이 있나요?

"네, 바로 그날 오전에 들었습니다."

– 황 국장이 정확히 뭐라고 하던가요?

"윤대진 수원지검장이 황희석 국장에게 전화를 해서, '조 수석은 (장관) 안 된다'고 결론이 났다는 식으로, '접어라, 뭐 그런 식으로 말을 했다'고 들었습니다."

– 그 얘기를 전해 듣고 어떤 대화를 나눴는지 기억하세요?

"언론보도 좀 났다고 (낙마할 수 있냐)… 그때는 사모펀드하고 웅동학원 얘기만 나오고 있을 때였는데, 그리고 저희들끼리는 '사모펀드 그것은 문제가 안 된다'는 쪽으로 의견을 모으고 있었기 때문에…(윤대진 검사장이) 턱도 없는 얘길 왜 그렇게 하는지 모르겠다고 말하면서 의아해했죠."

이용구 전 실장은 통화를 마치면서 궁금증 하나를 기자에게 되물었다.

"아니 그러니까, 어쨌거나 수원지검장이 어떻게 (수사 상황이나 계획을) 알았냐고…"

나는 황 국장, 이 전 실장의 증언에 대한 의견을 듣기 위해 사법연수원 부원장으로 재직 중인 윤대진 검사장에게 전화와 문자로 연락했다. '조국 후보자 검찰 수사가 시작되기 4일 전인 2019년 8월 23일, 황희석 당시 법무부 인권국장에게 전화해 조국 후보자 사퇴를 압박한 사실이 있는지' '조국 후보자 수사와 아무 관련도 없는 위치에 있으면서 어떻게 조국 관련 수사 상황을 알게 됐는지' 등을 묻기 위해서였다. 윤대진 검사장은 전화는 받지 않은 채, 의혹을 부인하는 문자메시지를 보내왔다. 2020년 7월 6일 그가 보내온 문자메시지 전문이다.

지난해 8월경에 황희석 국장에게 조국 후보자가 사퇴해야 한다고 주장한 사실은 없습니다. 그리고 그 무렵 전후해서 윤 총장이나 다른 대검 또는 중앙지검 간부들과 통화하거나 접촉한 사실이 전혀 없으며, 중앙지검이나 대검이 확보한 조국 후보자 일가의 비위 내용을 입수하거나 취득한 사실 전혀 없습니다. 저도 당시에는 언론에서 보도한 내용 이상의 내용은 전혀 알지 못하였습니다.

PART 04

치명적 결함,
윤우진
'뇌물 사건'

녹음파일과 말 바꾸기

2019년 6월 17일 오전 11시, 청와대가 윤석열 서울중앙지검장을 차기 검찰총장 후보로 지명했다. 고민정(현 더불어민주당 의원) 당시 청와대 대변인은 '성공적인 적폐청산 수사' '검찰개혁 적임자'라며 윤석열을 치켜세웠다.

"윤석열 후보자는 검사로 재직하는 동안 부정부패를 척결해 왔고 권력의 외압에 흔들리지 않는 강직함을 보여줬습니다. 특히 서울중앙지검장으로서 탁월한 지도력과 개혁의지로 국정농단과 적폐청산 수사를 성공적으로 이끌어 검찰 내부뿐만 아니라 국민들의 두터운 신망을 받아 왔습니다. 윤석열 후보자가 아직도 우리 사회에 남아 있는 각종 비리와 부정부패를 뿌리 뽑음과 동시에 시대적 사명인 검찰개혁과 조직

쇄신 과제도 **훌륭하게 완수할 것이라고 기대합니다**."

예견된 일이었다. 그래서일까. 언론은 2017년 5월 윤석열 검사가 서울중앙지검장에 임명될 때처럼 호들갑을 떨지 않았다. '문재인 대통령의 결단'이라는 소문도 바람결에 들려왔다. 반대 목소리가 컸지만, 대통령 의지로 밀어붙였다는 얘기였다. 윤석열을 검찰총장 후보자로 지명하기 얼마 전, 한 공직자가 내게 전해 준 얘기는 당시 분위기를 전하는 데 부족함이 없다.

"검찰총장 후보가 4명이죠, 우리나라에 검사가 2000명이 넘고. 그런데 그거 아세요? 문재인 대통령이 이름을 아는 검사는 그 2000명 중에 윤석열 검사 한 사람뿐인 거. 그러니 누가 검찰총장이 되겠어요?"

윤석열 검찰총장 지명 소식이 전해진 뒤, 나는 휴대전화와 업무용 컴퓨터에 저장했던 7년 전 음성파일 하나를 꺼내 들어 봤다. '윤석열 부장'이란 이름으로 저장돼 있던 녹음파일.

2012년 12월 초 내가 〈주간동아〉 기자로 재직할 때 '윤우진 전 용산세무서장 뇌물수수 의혹 사건(이하 뇌물 사건)'을 취재하면서 윤석열 당시 서울중앙지검 특수1부장과 나눈 26분 분량의 전화인터뷰 내용이다. 녹음파일에서 윤석열 부장검사는 "내가 윤우진에게 후배 검사 출신인 이남석 변호사를 소개했다"고 말하고 있었다. 윤석열 검사의 목소리는 어제 일처럼 또렷했다.

— 이남석 변호사를 윤우진 씨한테 소개해 주셨나요?

187
—

"소개를 해줬죠, 내가 소개를. 내가 얘기해줄게. 그게 어떻게 됐냐면은⋯ (중략) 내가 중수부 연구관 하다가 막 나간 이남석에게 '니가 그러면 윤우진 서장 한번 만나봐라. 그 양반이 또 전화를 안 받을지 모르니 문자를 넣어라. 내가 소개한 누구라고 문자를 넣어라. 그러면 아마 답이 올 거다. 만나서 자초지종을 한번 들어보고 변호사로서 니가 볼 때는 어떻게 해야 하는지 좀 해봐라.' 그렇게 부탁을 하고 '니가 만약에 선임을 할 수 있으면 선임을 해서 좀 도와드리든가', 이렇게 했단 말이에요."

변호사 소개 논란

윤석열 검찰총장 후보 지명 소식이 알려지고 채 하루도 안 돼 정치인과 기자들이 내게 전화를 걸어대기 시작했다. 내가 〈주간동아〉 기자로 재직 중 썼던 기사에 관해 묻는 전화였다.

2012년 말, 나는 두 번에 걸쳐 윤우진 당시 용산세무서장의 뇌물 사건을 취재해 보도했다.[1] 당시 이 사건은 검찰과 경찰을 취재하는 기자들 사이에선 꽤나 유명했다. 친동생이 검사인 세무서장에 대한 경찰 수사, 수사 중 해외 도피, 현직 검찰 간부들과의 관련성에 검찰이 노골적으로 경찰 수사를 방해하는 점 등이 기자들의 구미를 자극했다.

내가 쓴 두 개의 기사 역시 '윤우진 서장과 검찰 간부의 커넥션'에 관한 것이었다. 특히 12월 3일 낸 두 번째 기사에는 '윤우진이 경찰 수사를 받

---

1) 한상진, "경찰 수사 중 해외 도피 전 세무서장, 현직 부장검사가 변호사 소개 의혹", 〈주간동아〉(2012.11.26).
한상진, "골프 치고 변호사 소개받고⋯ 전 세무서장(윤우진)과 부장검사 커넥션", 〈주간동아〉(2012.12.3).

던 중 한 현직 부장검사에게 변호사를 소개받았다'는 구체적인 의혹이 담겼다. 현직 부장검사, 바로 윤석열의 직접 해명이 담긴 기사여서 꽤 화제가 됐다.

나에게 전화를 건 정치인과 언론인 중에는 사건 내용이나 기사의 맥락을 잘 이해하지 못한 사람이 많았다. 이들은 주로 "기사에 등장하는, 윤우진 서장에게 변호사를 소개했다고 지목된 A 검사가 윤석열이 맞느냐"고 물었다. 나는 "맞는다"고 답했다.

사건의 실체를 좀 아는 사람들도 있었다. 이들의 질문은 좀 달랐다. '윤우진의 해외 도피에 윤석열이 관여한 증거가 있는지' '2015년 검찰이 윤우진의 뇌물수수 혐의에 대해 무혐의 처분을 하는 과정에서 윤석열이 어떤 역할을 했는지' 등이었다. 하고 싶은 말이 정말 많았지만, 나는 "모른다"고 말했다.

흥미로운 건, 나에게 연락해 이것저것 묻고 자료를 요청한 정치인 중 여당(더불어민주당) 사람은 단 한 명도 없었다는 점이다. 모두 야당인 자유한국당과 바른미래당 사람들이었다. 윤우진 뇌물 사건이 윤 총장 후보자 인사청문회의 핵심 이슈가 될 게 뻔한데, 여권 인사 누구도 내게 연락하지 않는 것이 이상하게 느껴졌다.

인사청문회 3일 전인 7월 5일, 윤 후보자가 국회에 답변서를 보냈다. 2000쪽에 가까운 방대한 분량이었다. 나는 빠른 속도로 윤우진 뇌물 사건에 대해 윤 후보자가 어떻게 답했는지 찾아봤다.

청문위원들의 질문은 대동소이했다. "뇌물 사건 피의자인 윤우진 전 용산세무서장에게 변호사를 소개한 사실이 있는가?" "후배 검사 출신인 이 남석 변호사를 소개하면서 윤우진에게 문자를 보내게 한 사실이 있는가?" "윤우진 뇌물 사건에 개입한 사실이 있는가?" "윤우진과 골프를 치는 등 가깝게 지낸 사실이 있는가?" 따위였다. 윤 후보자는 "변호사를 소개한 사실이 없다" "사건에 개입한 사실도 없다" "가까운 후배 검사의 친형으로 알고 지내는 사이다"라고 답했다.

7년 전엔 아무렇지 않게 "내가 윤우진에게 변호사를 소개했다"고 말했던 사람이 같은 질문에 "그런 사실이 없다"며 말을 바꾼 사실에 나는 충격을 받았다. "자신의 발언이 실린 7년 전 기사를 못 봤나?" "왜 거짓말을 할까" 하는 궁금증이 생겼다.

나는 즉시 김용진 〈뉴스타파〉 대표에게 7년 전 이 사건을 취재했던 배경과 과정, 윤 후보자의 달라진 답변까지 자초지종을 설명했다. 그리고 "만약 국민을 상대로 한 인사청문회장에서 자신의 육성으로 과거와 다른 말을 한다면, 이건 그냥 넘어갈 사안이 아니다"라는 의견도 말씀드렸다. 김 대표는 취재를 지시했다.

2019년 7월 8일 오전 10시, 윤석열 검찰총장 후보자 국회 인사청문회가 시작됐다. 핵심 쟁점은 대략 3가지였다. 윤 후보자 부인인 김건희 코바나컨텐츠 대표 관련 의혹(도이치모터스 주가조작 의혹, 대기업 협찬 의혹), 장모 최은순 씨의 부동산 투자 사기 의혹, 그리고 윤우진 전 용산세무서장 뇌물 사건에 윤 후보자가 개입했는지였다. 청문회 당일, 〈한국일보〉가 문재인 정부 실세인 양정철 민주연구원장과 윤 후보자의 '부적절'한 만남을 보도하면서 핵심 의혹은 4가지로 늘었다.

논란거리는 많았지만, 인사청문회의 핵심 쟁점은 역시 윤우진 전 세무서장 관련 문제였다. 이는 검찰총장 등극을 눈앞에 둔 윤석열에겐 아킬레스건이 아닐 수 없었다. 부인이나 장모 문제와는 달리 자신이 직접 관련된 의혹이라는 점, 사실로 드러나면 변호사법 위반 소지가 있다는 점에서 그랬다. 윤 전 서장이 문재인 정부에서 '검찰 2인자'로 불린 윤대진 검사장의 친형이라는 점도 눈여겨봐야 할 대목이었다.

나는 인사청문회를 처음부터 지켜봤다. 예상대로 윤우진 전 서장 뇌물 사건 문제로 청문회는 시작부터 달아올랐다. 자유한국당 김진태 의원이 의사진행 발언을 신청해 포문을 열었다.

"제일 핵심적인 증인은 지금 도대체 어디로 간 겁니까? 전 용산세무서장 비리 사건을 그 뒤에서 비호했다는 의혹이 점점 이렇게 커지고 있는데 어렵게 타협했던 증인, 전 용산세무서장은 지금 어디로 가 있는지도 몰라요. 해외로 도피한 것 같아요. 도대체 어디로 갔는지 출입국 조회 사실이라도 내달라고 해도 묵묵부답입니다.

그리고 도대체 어떤 관계였느냐, 골프를 같이 쳤느냐 말았느냐, 술을 같이 먹었느냐 그게 그 내사사건 기록에 다 있어요. 그것만 보면 다 끝이 납니다. 이 사건기록이 검찰청 창고에 지금 쌓여 있는데 내주지를 않고 있습니다. 그러면 이런 상태로 도대체 청문회를 해서 이게 무슨 의미가 있느냐는 말이에요."

송기헌 민주당 의원이 진화에 나서자, 주광덕 자유한국당 의원이 의사 진행 발언을 신청해 되받아쳤다. 주 의원은 윤석열 후보자의 인사청문회를 앞두고 윤우진 씨를 검찰에 고발하는 기자회견[2]까지 했을 정도로 이 사건에 열을 올리던 사람이었다.

지금 와서 보면, 주 의원의 당시 의사진행 발언은 윤우진 뇌물 사건의 본질을 꿰뚫는 발언이었다. 윤우진 사건의 실체는 물론, 이 사건을 통해 제기할 수 있는 거의 모든 의혹을 함축해 담고 있었다. 특수부 검사 출신다운 사건 파악 능력이라고 생각했다. 좀 길지만 그대로 인용해 본다.

"주광덕 위원입니다. 상식적으로 납득할 수 없는 곳에는 범죄가 반드시 있다는 것이 국민의 보편적인 시각이고 수사하는 사람들의 기본적인 원칙 아니겠습니까? 국세청 고위직에 해당하는 용산세무서장으로 재직하던 사람이 경찰의 한 번 소환조사를 받은 후 바로 해외로 도피하는 행각을 벌입니다. 그는 세무서장직도 그리고 100여 명이 넘는 국세청 공무원들도 다 버린 채 그냥 어느 날 일방적으로 해외로 도주를 합니다.

그러면 국민들이 봤을 때 이 사람이 뭔가 큰 죄를 짓지 않고는 이렇게 자기 직과, 자기 공직과 부하 공무원들을 다 버리고 해외로 도피한다는 것이 상식적으로 이해가 됩니까? 이 사람이 몇 개국을 전전하다 8개월 후에 인터폴에 불법체류자로 체포가 됩니다. 국내로 강제송환됩니다. 국내로 강제

---

2) 기자회견은 2019년 7월 5일 오전 9시 10분 국회 정론관에서 열렸다. 기자회견 전문은 주광덕 의원이 운영하는 블로그에 남아 있다. (https://blog.naver.com/jkd2311/221578687865)

송환된 지 22개월 후에 석연찮은 이유로 무혐의 처분이 됩니다.

저는 (윤석열) 후보자 측에 수사기록은 아니더라도 그러면 이 사건에 대해서 혐의없음 결정을 한 불기소처분 이유서는 좀 보내 달라, 그래야 당시 검찰의 석연찮은 이 사건 결정에 국민적 의혹이 있는데 이 의혹을 해소할 수 있는 것 아니냐(고 요구했습니다). 전혀 제출하지 않고 있습니다.

더 나아가 이 사람은 검찰 수사가 한창 진행 중인 상황에서 국세청에서 자신한테 내린 파면처분 취소 소송을 제기해서 그것에 대해서 승소를 하고 또 검찰의 무혐의 처분을 근거로 명예롭게 정년퇴직을 하고 나가서 세무사를 합니다. 국민이 이 사건 내용의 전모를 알게 될 때 과연 이게 상식적으로 납득이 가는 사건이겠습니까?

그러니까 위원장님, 최소한 이 사건에 대해서는 검찰의 불기소처분 이유서, 어떠어떠한 사유로 불기소처분이 이루어졌는지 그것은 알아야 오늘 청문회가 정상적으로 되지 않을까 하는 생각을 합니다."

말싸움이나 다름없는 의사진행 발언은 1시간 넘게 지루하게 이어졌다. 본격적인 인사청문회는 11시를 훌쩍 넘겨서야 시작됐다. 첫 질문부터 윤우진 뇌물 사건이었다. 윤석열 후보자는 서면답변에서와 마찬가지로 모든 의혹을 부인했다.

(주광덕 의원) "후보자는 재직 중 다른 사람한테 변호사를 소개한 적이 있습니까?"

(윤석열 후보자) "그런 적은 없습니다."

(수광덕 의원) "재직 중에 대검 중수부 후배인 이남석 변호사에게 윤우진 전 용산세무서장에게 연락을 하라고 그렇게 전한 적이 있지요?"

(윤석열 후보자) "그런 사실 없습니다."

오전 내내 청문위원들은 돌아가며 윤석열 후보자에게 같은 질문을 지겹도록 반복했다. 윤 후보자 역시 지겹도록 "그런 사실 없다"고 답했다.

(금태섭 의원) "윤우진 사건 관련해서 여러 질문이 나왔는데 제가 종합적으로 하나만 말씀드리겠습니다. 윤우진 사건에 대해서는 그 당시에 언론에서도 여러 가지 의혹 제기를 했었고 또 검찰 감싸기 아니냐는 경찰 쪽의 얘기도 있었습니다마는 후보자가 그 사건에 관여하거나 영장 기각이나 무혐의 처분이 되거나 하는 데 일절 관여한 바가 없지요?"

(윤석열 후보자) "없습니다."

(금태섭 의원) "관여할 만한 위치에 있지도 않았지요?"

(윤석열 후보자) "그렇습니다."

(김도읍 의원) "조금 전에도 말씀드렸다시피 윤우진 사건이 후보자 청문회에서 대두되게 된 것은 이남석 변호사가 윤우진의 대포폰으로 문자를 보낸 거지요. '윤석열 선배로부터 소개받은 이남석 변호사입니다' 이 문자가 나오는 바람에 야기가 됐는데 제가 하나 여쭤보겠습니다. 이남석 변호

사를 소개한 사실이 있습니까, 없습니까?"

(윤석열 후보자) "없습니다."

핵심 의혹은 부인했지만, 윤 후보자가 인정한 것도 적지 않았다. 일단 윤 우진 전 서장과의 친분을 인정했다. 윤대진 검사의 친형인 윤우진과 가깝게 지냈고, 종종 만나 밥과 술을 먹었고, 골프도 친 사실이 있다는 것 등이었다.

– 윤우진 씨와 골프를 친 사실이 있었나요?

"한두 번 있었던 것으로 기억이 됩니다."

– 한두 번?

"예."

– 언제쯤 쳤습니까?

"제가 2010년에 중수2과장 온 이후로는 골프를 거의 치지 않았기 때문에 아마 그 전이라고 기억됩니다."

– 2010년 이전에 윤우진과 골프를…

"예, 그런 것으로 기억이…"

– 한두 회 친 걸로 알고 있다?

"예."

– 윤우진 씨와 함께 후배 검사들을 데리고 가서 용산에 있는 〇〇〇호텔 일식당에서 저녁식사 함께 하고 고급 양주 함께 마신 사실 있습니까?

"그런 것은 없는 것으로 기억이 됩니다."

- 없는 것으로 기억한다는 것은…

"아닙니다. 제가…"

- 윤석열다운 답변은 아닌 걸로 보이는데요.

"제가 1년에 한두 번 윤대진 검사의 형인 윤우진 서장을 만나서 식사한 것은 맞는데요. 그리고 OOO호텔 일식당도 제가 가 본 기억이 납니다. 점심 시간에. 그런데 거기서 무슨 고급 양주 먹고… 저는 원래 양주를 잘 안 먹습 니다마는 거기서 무슨 고급 양주 먹고 저녁식사를 과하게 한 기억은 전혀 없습니다."

- 그냥 가볍게 점심식사 정도 한 것은 기억난다?

"예, 그렇습니다."

나는 먼저 청문회에서 나온 윤석열 후보자의 발언과 2012년 나와의 인 터뷰 내용을 글로 정리한 뒤, 꼼꼼히 비교하는 작업에 착수했다. 2012년 인 터뷰 내용을 글로 정리하는 작업은 강현석 기자가 맡았다.

"싫습니다"

그렇게 사전취재가 끝난 뒤 나는 윤석열 후보자의 의견을 듣기 위해 인 사청문회 준비팀장인 김창진 서울중앙지검 특수4부장에게 전화를 걸었 다. 전화는 연결되지 않았다. 다시 문자메시지를 보냈다. "윤 후보자의 청문 회 발언과 관련해 여쭤볼 게 있다"는 내용이었다.

첫 문자를 보낸 시간은 오후 3시 29분. 김 부장은 "회의 중이니 나중에 전화드리겠습니다"라는 답장을 보내왔다. 이후 나와 김 부장 간에는 의미 없는 문자대화가 저녁 7시경까지 이어졌다. 오후 5시 이후 김 부장과 주고받은 문자 내용만 정리하면 이랬다. (굵은 글씨가 김창진 청문팀장이 보내온 문자)

"2012년 〈주간동아〉 기자로 윤우진 전 서장 관련 기사를 쓴 기자입니다. 오늘 후보님의 답변을 들어보니 당시 기사 내용을 대부분 부정하고 계시는데, 이에 대한 의견을 듣고자 연락드렸습니다. 전화 부탁드립니다."

"청문회장입니다. 어떤 일인지 모르겠지만 납득이 안 되는군요."

"아직 질문도 안 했는데…"

"윤우진 서장에게 이남석 변호사를 소개하고, 문자도 보내게 했다는 게 2012년 인터뷰 당시 윤 후보자님의 설명이었는데, 오늘 청문회장에서는 다른 주장을 하셔서요. 왜 설명이 달라진 것인지 궁금해서 연락드렸습니다. 답변을 부탁드립니다."

"제 말씀은, 취재도 좋지만, 청문회 중이고 공적인 업무 중인데 이렇게 자꾸 연락하시는 게 납득이 안 된다는 말씀입니다."

"정회시간에라도 전화 부탁드립니다."

"싫습니다."

"2012년 윤 후보자님과 가진 전화인터뷰 녹음파일이 있습니다. 그런데 당시 후보자님의 설명과 청문회 발언 사이에 상당한 차이가 있습니다. 그래서 자꾸 연락드리는 겁니다. 전화 혹은 국회에서라도 잠시 뵙고 설명을 들을 수 있을까요?"

"회의 중이니 나중에 전화드리겠습니다."

김창진 부장검사가 "싫습니다"라는 문자를 보낸 건 오후 6시 47분이었다. 이 문자를 받은 뒤 나는 정상적으로는 윤석열 후보자의 의견을 듣기 어렵다고 판단했다. 어쩔 수 없이 윤 후보자를 직접 만나 묻기로 마음먹고 오준식 촬영기자와 함께 국회로 향했다. 국회에 도착한 시간은 7시 30분쯤이었다. 그런데 운이 따랐는지, 청문회장 밖 복도에서 기다린 지 5분도 안 돼 윤 후보자와 맞닥뜨렸다. 나는 이렇게 물었다.

"〈뉴스타파〉 한상진 기자입니다. 2012년엔 윤우진 용산세무서장에게 이남석 변호사를 소개한 사실을 인정했는데, 왜 오늘 청문회장에서는 입장이 바뀐 건가요?"

윤 후보자는 아무 말도 하지 않았다. 화장실에 들어갈 때 한 번, 나와서 청문회장으로 다시 돌아갈 때 또 한 번 같은 질문을 던졌지만 묵묵부답이었다. 호위무사처럼 윤석열에 딱 붙어 움직이던 한동훈 당시 서울중앙지검 3차장이 나와 촬영기자를 몸으로 막으며 취재를 방해했다. 순간 인사청문팀 소속도 아닌 한동훈 차장이 왜 국회에 와 있지, 하는 의문이 들었지만 그런 걸 따질 겨를이 없었다. 질문하는 나의 모습, 대답 없는 윤 후보자의 모습, 몸으로 취재진을 가로막는 한 차장의 모습은 그대로 〈뉴스타파〉 카메라에 담겼다.

사무실에 다시 들어왔을 때 시계는 밤 9시를 가리키고 있었다. 정지성 편집팀장이 오후부터 편집한 리포트에 국회에서 막 찍어 온 윤석열 후보자

영상을 붙이는 작업을 진행했다. 편집은 밤 11시가 넘어서야 마무리됐다.

윤 후보자의 국회 위증 논란을 불렀던 〈뉴스타파〉의 영상 리포트 '윤석열 2012년 녹음파일… 내가 변호사 소개했다'[3]는 그렇게 만들어졌다. 영상이 유튜브에 올라간 건 자정 직전인 11시 40분경이었다.

당황한 윤석열

유튜브에 공개된 '윤석열 2012년 녹음파일'을 제일 먼저 알아챈 사람은 공교롭게도 김진태 자유한국당 의원이었다. 김 의원은 〈뉴스타파〉가 유튜브에 영상을 공개하고 채 20분도 되지 않아 국회 인사청문회장에서 이 영상을 공개했다. "〈뉴스타파〉가 김진태 의원에게 녹음파일을 넘겼다"거나 "〈뉴스타파〉가 자유한국당과 손잡고 윤석열을 공격했다"는 엉뚱한 오해가 만들어진 이유다.

김진태 의원이 〈뉴스타파〉 영상을 공개한 뒤 파장 분위기로 가던 인사청문회는 순식간에 난장판으로 바뀌었다. 야당 의원들의 '국회 위증' 성토에 여당 의원들이 '윤석열 지키기'로 맞서며 인사청문회는 새벽까지 이어졌다. 윤 후보자는 당황한 기색이 역력했다. 아래는 김진태 의원과 윤 후보자의 질의응답.

"후보자, 지금 본 것 어때요? 본인 목소리 맞지요?"

"맞습니다."

---

3) https://newstapa.org/article/xFH9v

"저기는 소개를 해 줬다 다 나오는데?"

"그러니까 아마 저 기자나 또는 저 기자 말고도 여러 기자에게 전화가 왔는데 '(윤우진에게 변호사를) 소개했다'는 문자가 있다라고 하니까 제가 아마 저렇게 말을 하기는 한 모양입니다. 그러나 제 말씀은 그냥 사람을 소개하는 것이 아니고 지금 변호사를, 저희가 윤리적으로나 법적으로 문제되는 것은 변호사를 선임시켜 준 거지 않습니까? 그런데 저거는 변호사는 선임되지 않았다고 제가 말씀을 드리는 것 아닙니까?"

"알았어요. 선임되지는 않았지만 '저기 너가 봐라 소개해 주었다. 너가 서 이렇게 얘기해라' '갑자기 이러면 안 되니까 너가 문자 보내라' 이런 것은 다 코치를 해줬잖아, 후보자가. 그런데 왜 오늘 하루 종일 도대체 부인을 한 거예요, 저렇게 다 진상이 드러나는데?"

"아니, 변호사 소개라는 게 제가 변호사를 정해 주는 것을 변호사 소개라고 하지 않습니까?"

"야, 정말…"

윤석열 후보자가 인사청문회 내내 7년 전과 다른 주장을 한 사실이 드러났는데도, 여당인 민주당 소속 청문위원들은 시종일관 '윤석열 감싸기'에만 급급했다. 윤 후보자에게 사과를 요구한 민주당 법사위 간사인 송기헌 의원 정도를 제외하고는 거짓말 의혹에 해명을 요구하거나 사실관계 확인에 나서는 사람은 단 한 명도 없었다. 과거 이명박/박근혜 정부 당시 민주당이 인사청문회에서 거짓말을 하거나 제기된 의혹을 명확히 해명하지 못한 공직후보자를 융단폭격해 결국 낙마시킨 여러 사례를 생각하면 그야말로 황당한 '내로남불'이 아닐 수 없었다.

세 가지 버전의 해명

'윤석열 2012년 녹음파일'이 공개된 뒤 윤석열 후보자는 여러 번 말을 바꿨다. 일단 "이남석 변호사가 윤우진의 변호인으로 선임되지 않았으니 법적으로 문제가 없다"고 주장하며 정면돌파를 시도했다.

하지만 이 주장은 사실이 아니었다. 2012년 윤우진 뇌물 사건 당시 이남석 변호사가 윤 씨의 변호인으로 활동했다는 것은 이미 알려진 사실이기 때문이다. 2015년 윤 씨가 국세청을 상대로 제기해 승소한 파면취소소송 판결문에는 분명히 "윤우진이 (서울지방경찰청) 광역수사대 내사 사건에 관하여 이남석을 변호인으로 선임한다"고 적혀 있었다. 이 판결문은 인사청문회 오전 질의시간에 주광덕 자유한국당 의원이 공개했다. 판결문을 공개하며 주 의원은 이렇게 말했다.

"당시(2012년)에 또 후보자는 기자와의 인터뷰에서 '윤 전 서장은 이남석이 아닌 P 변호사를 선임했다는 것을 최근에 알았다' 그러면서 '이 사건과 관련되어 검사로서 문제 될 일을 한 적은 없다' 이렇게 답변을 했습니다. 그런데 제가 이번 청문회 과정을 통해서 확인한 내용에 의하면, 기자가 후보자로부터 소개받았다고 들었던 이남석 변호사는 국세청에 '윤우진이 광역수사대 내사사건에 관하여 이남석을 변호인으로 선임한다' 이런 내용의 선임계를 제출했습니다, 그 당시에. 그래서 저는 후보자의 지금 답변, 서면 답변은 위증이라고 생각합니다."

윤 후보자의 두 번째 입장 번복은 예상치 않게 나왔다. 청문위원들이 청문 일정 논의를 위해 잠시 휴식시간을 가졌을 때였다. 김종민 민주당 의원이 슬슬 윤석열 후보자에게 다가가 대화를 나눴는데, 이 대화가 우연히 생방송에 노출된 것이다. 마이크가 켜진 줄 모르고 대화를 나누는 통에 벌어진 일이었다. 윤석열 후보자는 김종민 의원에게 이렇게 말했다.

"제가 윤우진, 대진이(윤대진 검사)를 좀 보호하려고 저렇게 말했을 수도 있는데 사실은 이남석(변호사)이가 대진이 얘기를 듣고 했다는 것이거든요. 그런데 대진이가 했다는 건데, 제가 기자한테는 그렇게 했을 수 있고…"

한마디로 '후배 검사를 보호하기 위해 기자에게 거짓말을 했다'는 설명. 두 번째 입장 번복이었다. 이 황당하기 짝이 없는 말에 대한 평가와 내 생각은 뒤에 언급하기로 한다.

〈뉴스타파〉가 윤석열 후보자의 육성 녹음파일을 공개한 뒤 언론은 앞다퉈 기사를 쏟아내기 시작했다. "결정적 한 방이 없던 인사청문회가 〈뉴스타파〉 보도로 반전을 맞았다"는 내용이 주를 이뤘다. 새벽부터 나오기 시작한 이런 기사는 종일 이어졌다.

인사청문회 다음 날, 사면초가에 빠진 윤석열 후보자에게 느닷없이 조력자 두 명이 나타났다. 윤우진 뇌물 사건의 핵심 관련자이기도 한 윤대진 법무부 검찰국장과 이남석 변호사였다.

이들은 윤 후보자와 밤새 입이라도 맞춘 듯 같은 입장을 같은 방식(문자메시지)으로 내놓으며 비호에 나섰다. "2012년 뇌물 사건으로 경찰 수사를 받던 윤우진에게 이남석 변호사를 소개한 건 윤석열이 아니라 친동생인 윤대진이다"라는 주장이었다. 윤 후보자도 이들과 같은 내용의 입장을 연달아 공개했다. '변호사 소개 논란' 과정에서 나온 세 번째 해명이었다.

기자들은 이 세 사람의 판박이 해명을 일제히 받아쓰기 시작했다. 이후 '윤석열 2012년 녹음파일'이 몰고 온 논란은 사실상 수습국면으로 들어갔다. 휘청했던 윤석열의 검찰총장 등극 프로젝트에 다시 청신호가 켜진 것이다.

황당한 언론관

인사청문회에서 여야 청문위원들이 윤석열 후보자에게 던진 질문은 "윤우진에게 변호사를 '소개'한 적이 있는가"였다. 윤 후보자는 매번 "소개'한 사실이 없다"고 답했다. 그런데 〈뉴스타파〉가 윤 후보자 본인의 7년 전 음성파일을 공개한 뒤 그는 미세하게 말을 바꾼다. 정확히 말하면, '소개'가 '선임'으로 바뀐다. 윤 후보자는 "변호사를 소개하지 않았다는 말은 곧 '선임'시켜 준 사실이 없다는 말이었다"고 주장하기 시작했다. 윤 후보자는 이 문제로 오신환 의원과 격론을 벌였다.

"지금 변호사법 36조에 보면 '재판이나 수사 업무에 종사하는 공무원은 직무상 관련이 있는 법률사건을 특정한 변호사에게 소개, 알선해서는 안 된다' 이렇게 되어 있어요."

"그렇습니다."

"여기 '선임해서는 안 된다' 이렇게 돼 있습니까?"

"그게 선임이 되어야 알선으로…"

"그리고 여기 분명히 취재한 내용에 '소개한 사실이 있다'라고 본인이 얘기를 했고 변호사가 일단 필요할 테니까, '일단 이 사람한테 변호사가 일단 필요하겠다' 이렇게 해서 소개한 게 아니고 뭡니까, 그러면 이게? 아니, 국민이 다 들었어요. 이게 어떻게… 소개가 아니면 뭡니까, 그러면? 오늘 소개한 적이 없다고 말씀하셨고…"

"저는 소개를, 변호사 선임시켜 줬느냐고 물어보시니까 그런 게 아니라고 말씀을 드린 거고, 저기에도 분명히 나오지요."

"언제 선임시켜 주지 않았느냐고 물었습니까, 소개한 적이 없느냐고 물었지."

"아니, 그리고 저기 지금 소개 문자가 있다는 것을 전제로 자꾸 하는데 아까도 어떤 증인을 제가 모니터로 봤습니다마는 저 문자 자체도 저게 지금 전제가 안 맞는 겁니다."

"평생 25년 동안 수사를 해 오신 분 아닙니까? 어떻게 그렇게 답변을 하세요? 차라리 당당하게 말씀을 하시는 게 맞지. 본인 목소리를 지금 온 국민이 다 듣고 있는데 그러면 아침에 한 속기록을 다 가지고 와서 여기서 밝혀야 하겠습니까, 소개라고 했는지 선임이라고 했는지? 여기 있는 모든 사람이 다 귀가 멀었습니까? 그러면 변호사법에는 여기 선임하면 안 된다고 돼 있습니까? 소개와 알선이라는 것으로 명시가 돼 있는데 소개, 알선은 선임이라는 말이에요? 그렇게 법을 해석합니까, 변호사법을?"

"선임이 되어야 그게 처벌이 되는 거고요…"

"여기 어디 선임이라고 돼 있어요, 변호사법에? 법 해석을 25년 동안 그렇게 해 와서 그러면 사람들을 다 잡아넣었습니까? 좀 당당하게 말씀을 하세요."

세상 사람들이 다 아는 것처럼, 고위공직자 인사청문회는 범죄 사실 유무를 다투는 수사과정이 아니다. 청문대상자가 해당 업무를 수행할 능력이 있는지, 누구나 용인할 수 있는 상식을 가지고 살아온 사람이며 또 앞으로도 그렇게 살 수 있는 사람인지를 따지는 자리다. 법적 잣대보다 도덕적 잣대, 상식의 잣대가 더 크게 작용하는 이벤트인 것이다.

그런 점에서 '윤석열이 윤우진에게 변호사를 소개해 변호사법을 위반했느냐' 하는 문제보다 더 중요한 건 어쩌면 '그가 솔직히 답변했는가, 제기된 논란에 대해 국민께 성실히 답변했는가'에 있었다. 〈뉴스타파〉가 '윤석열 2012년 녹음파일'을 군이 공개하며 말하고자 한 것도 그 점이었다. '왜 고위공직자가 같은 사안에 대해 7년 전과 다른 주장을 하느냐' '도덕적으로 문제가 있는 것 아니냐'는 것이었다.

하지만 윤 후보자는 인사청문회의 의미를 이해하지 못했다. 세 번에 걸처 나온 그의 뒤죽박죽 해명에는 변호사법 위반 의혹을 피해가려는 몸부림만 있을 뿐 국민에게 '거짓말 의혹'을 설명하고 이해를 구하려는 의지가 없어 보였다.

'후배 검사를 보호하기 위해 기자에게 거짓말을 했다'는 발언은 또 다른 의미에서 큰 문제가 아닐 수 없다. 공직자의 언론관이 이래도 되는지 걱정스럽다. 윤석열 후보자가 "난 사람에 충성하지 않는다"는 소신발언으로 국민을 감동시키며 스타덤에 올랐던 사람이라 문제가 더 커 보였다.

당시 내가 느낀 참담한 심정은 금태섭 의원이 인사청문회 직후 페이스북에 올린 글로 갈음하고자 한다.

어제 나온 후보자의 해명은, "다수의 기자로부터 문의를 받는 과정에서, 형이 수사를 받는 상황에서 윤대진 과장에게 불필요한 피해가 없도록 하기 위하여 한 기자에게 전화로 오해의 소지가 있는 설명을 한 것으로 생각됩니다"였다. 정말 그렇게 생각하는 건가… 사실이 아니길 바라지만 기자들의 전언에 따르면 청문회 이후 다수의 검사들이 기자들에게 전화를 해서 "후배를 보호하기 위한 행동이었다. 그럼 그때 윤대진이 소개해줬다고 했어야 하나."라고 항변했다고 한다.

이것이 대한민국 검사들의 입장인가. 후배 검사를 감싸기 위해서라면 거짓말을 해도 괜찮나… 살면서 거짓말을 한 번도 안 해본 사람은 없을 것이다. 나도 마찬가지다. 그러나 적어도 거짓말이 드러나면 상대방과 그 말을 들은 사람에게 사과해야 한다고 생각한다. 그게 상식이고 이번 논란의 핵심이다. 정말 회의가 든다. 정말 언론에는 진실을 말하지 않아도 괜찮나. 정말 후배 검사를 감싸주려고 적극적 거짓말을 하는 건

미담인가. 정말 우리는 아이들을 그렇게 가르칠 것인가. 후보자에게 듣고 싶다.

변호사법 위반 의혹

'국회 위증' '대국민 거짓말'에 비할 바는 아니지만, '윤석열 2012년 녹음 파일' 공개로 제기된 변호사법 위반 의혹도 따져 봐야 할 문제다. 인사청문 회 직후부터 지금까지 의견이 분분하지만, 제대로 결론이 난 적이 없는 문제이기 때문이다. 2012년 윤우진 뇌물 사건 당시에도 검찰과 경찰, 심지어 경찰 내부에서도 옥신각신했던 쟁점이기도 했다.

변호사법의 관련 규정('수사기관 종사자의 사건 소개 금지')을 보면 이렇게 나와 있다.

재판기관이나 수사기관의 소속 공무원은 대통령령으로 정하는 자기가 근무하는 기관에서 취급 중인 법률사건이나 법률사무의 수임에 관하여 당사자 또는 그 밖의 관계인을 특정한 변호사나 그 사무직원에게 소개·알선 또는 유인하여서는 아니 된다. 다만, 사건 당사자나 사무 당사자가 「민법」 제767조에 따른 친족인 경우에는 그러하지 아니하다.(변호사법 36조)

쉽게 말해, 자기가 근무하는 기관에서 취급 중인 사건에 대해 변호사를 소개, 알선, 유인하는 행위를 해서는 안 된다는 것이다. 여기서 의문이 생긴다. 2012년 서울경찰청 광역수사대가 수사한 윤우진 뇌물 사건이 윤석열 당시 부장검사가 근무하던 '대검 중수부'에서 취급하는 사건에 해당하는가 하는 점이다.

윤우진 뇌물 사건을 경찰이 수사한 시점은 2012년 2월경으로 당시 윤석열은 대검 중수부 1과장으로 재직했다. 그리고 서울경찰청에 대한 수사지휘권은 그때나 지금이나 서울중앙지검 형사부가 갖고 있다. 따라서 겉으로만 보면, 이 사건과 윤석열 사이에는 업무 연관성이 별로 없어 보인다.

박근혜 정부 때 없어진 대검 중수부는 검찰총장의 직할부대로 독자적인 수사권을 가진 조직이었다. 동시에 전국 검찰청에서 진행되는 주요 사건을 지휘, 감독하는 역할도 맡고 있었다. 대검찰청에 '연구관'이란 자리가 있는 것도 그런 이유 때문이다.

서울중앙지검 형사부의 지휘를 받는 사건이라도 필요에 따라 대검이 관여, 개입할 여지가 충분한 것이다. 검찰이 즐겨 쓰는 용어로 표현한다면 '포괄적 직무 관련성'이 성립된다고 할 수 있다. 검찰이 입만 열면 떠드는 '검사 동일체 원칙'만 생각해도 어렵지 않게 답을 낼 수 있다. 그래서 변호사법(36조)을 검사에게 적용할 때는 '검사는 형사사건 피의자에게 어떤 이유로든 변호사를 소개, 알선, 유인하지 말아야 한다'고 해석하고 행동하는 게 법정신에 부합한다.

관련 규정을 좀 더 폭넓게 해석하면, '자기가 근무하는 기관'을 대검 중수부가 아니라 검찰이라고 볼 수도 있다. 모든 검사의 직장은 검찰청이고, 대검 중수부니 서울중앙지검 특수부니 하는 것은 편제상 산하기관의 한 부서이기 때문이다. 그렇게 보면 직무 관련성이 뚜렷하다.

물론, 현직 검사가 피의자에게 변호사를 '단순 소개'한 정도의 행위가 중범죄는 아니다. 기껏해야 과태료 처분 대상이다. 2012년 윤우진 뇌물 사건을 수사하던 서울경찰청 광역수사대도 같은 판단이었다.

그렇다고 간단히 넘길 사안도 아니다. 누구보다 법을 잘 지켜야 할 검사와 관련된 사건이고, 더욱이 그 사람이 검찰총장 후보자라면, 나아가 입만 열면 법과 원칙을 강조하던 윤석열 검사라면 얘기는 달라진다.

윤석열의 거짓말 vs 윤우진의 거짓말

'변호사 소개 의혹'과 관련된 문제는 더 있다. 이남석 변호사의 역할에 대해, 핵심 당사자인 윤석열 전 총장과 윤우진 전 서장이 상반된 주장을 해 온 사실이 확인되기 때문이다.

〈뉴스타파〉는 윤석열의 인사청문회 당시 발언 내용과 윤 전 서장의 국세청 파면취소소송 판결문을 비교하는 과정에서, 두 사람이 서로 다른 주장을 해 각각 인사청문회와 재판을 돌파하고 이긴 사실을 확인했다. 〈뉴스타파〉에서 검찰 취재를 담당하던 조원일 기자가 찾아낸, 깨알 같지만 폭발력 있는 단서였다. 확인한 내용은 2020년 12월 28일 보도했다.[4]

앞서 설명한 바와 같이, '윤석열 2012년 녹음파일'이 공개된 뒤 윤석열 후보자는 윤우진 사건 개입 의혹에 여러 번 입장을 번복했다. 그리고 최종적으로 "윤우진에게 이남석 변호사를 소개한 사람은 친동생인 윤대진 검사"라고 밝혔다.

그러면서 "후배 검사 출신인 이남석 변호사는 윤우진 전 서장의 형사사

4) 조원일, "윤석열의 거짓말 vs 윤우진의 거짓말", 〈뉴스타파〉(2020.12.28).

건 변호인이 아니었다"고 주장했다. "이남석 변호사의 역할은 국세청의 문서를 받아 윤우진에게 전달하는 것에 불과했다"는 것이다. 윤 후보자의 이런 주장은 청문회 다음 날 〈조선일보〉를 통해 보도됐다.

> 윤 후보자 측도 '당시 이 변호사가 국세청이 윤 전 서장에게 보내는 서류를 대신 받기 위한 송달 대리인 역할만 한 것으로 알고 있다'며 '이를 위해 일종의 선임계를 제출하면서 사건 내용을 잘못 기재한 것'이라고 했다. 또 '이 선임계는 국세청에 제출한 것으로 경찰 사건과는 무관한 것으로 알고 있다'고 했다. 동생인 윤 국장도 본지에 '경찰 내사 단계에서 이 변호사를 소개만 해줬을 뿐 이후 수사 과정이나 행정소송 과정 등은 잘 모른다'고 말했다.
> – 〈조선일보〉(2019.7.9).

당사자인 이남석 변호사도 같은 취지의 주장을 같은 날짜 〈조선일보〉에 밝혔다.

> 논란의 당사자인 이 변호사도 입장을 내고 '(윤 전 서장 사건과 관련) 경찰에 대한 형사 변론은 하지 않았고, 그래서 경찰에 선임계도 내지 않았다'고 밝힌 상황이어서 또 다른 논란을 부르게 됐다. 이날 윤 후보자와 윤 국장, 이 변호사는 모두 '윤 전 서장에게 이 변호사를 소개한 것은 후보자가 아니라 동생인 윤 국장이었다'고 밝혔다.

하지만 윤석열 후보자와 이남석 변호사의 주장은 윤 전 서장의 주장과는 판이하였다. 2014년 말 윤우진이 국세청을 상대로 낸 파면취소소송 과정에서 "이남석 변호사는 국세청 문서 송달 담당자가 아닌 형사사건 변호사였다"고 주장한 사실이 확인된 것이다. 윤우진이 승소한 파면취소소송 판결문에는 이렇게 적혀 있다.

이남석은 2012. 9. 12 피고에게 "원고가 '광역수사대 내사사건'에 관하여 이남석을 변호인으로 선임한다"는 내용의 선임계를 제출하였다. (중략) 근무 명령을 통보받은 이남석은 윤우진의 형사사건 변호인에 불과하여 출근 통보를 송달받는 권한까지 있었다고 할 수 없다. (중략) 만일 윤우진에 대한 징계 과정에서 (출근 명령이 제대로 전달되지 않았던) 사정이 반영된다면 윤우진에 대한 징계 수위가 달라졌을 가능성이 없는 것은 아니다.

'변호사 소개 의혹'을 받는 윤석열은 그렇다 치더라도, 사건 의뢰인인 윤우진과 윤우진의 의뢰를 받은 이남석 변호사가 서로 다른 주장을 하는 진풍경이 펼쳐진 것이다. 그런데 이 문제는 그저 "두 사람의 말이 다르네" 하고 넘어갈 문제가 아니다. "이남석은 국세청 송달 변호사였다"는 윤석열의 주장이 사실이라면, 윤우진 전 서장은 재판부를 속이고 소송에서 이긴 셈이 되기 때문이다. 일종의 소송 사기다.

반대로 "이남석 변호사는 경찰 수사 대비 변호사였다"는 윤 전 서장의 주장이 사실이라면, 윤 후보자는 사실을 알았든 몰랐든 국민을 상대로 한 인사청문회장에서 사법부 판결까지 왜곡하는 심각한 잘못을 저지른 꼴이 된다. 중요한 건, 어느 쪽이 됐든 이 변호사의 역할을 놓고 갈라진 윤석열과 윤우진의 서로 다른 주장이 양립할 수 없다는 점이다.

후원회원들에게 드리는 서한

차기 검찰총장 후보로 지명되던 2019년 6월, 윤석열 서울중앙지검장은 국민적 지지를 한몸에 받고 있었다. 특히 민주당 지지자, 진보성향 국민이 압도적으로 그를 지지했다. 과거 '국민검사'로 불린 여러 검사도 받아보지 못한 전례 없는 환호성이었다. 전직 대통령과 삼성그룹 총수, 대법원장을 구속한 전력이 타의 추종을 불허하는 후광으로 작용했다. 게다가 검찰개혁을 요구하던 국민에게 윤석열은 한마디로 '문재인표 검찰개혁'을 완성해 줄 백마 탄 왕자나 다름없었다.

이런 분위기는 윤석열 후보자의 검찰총장 임명과 인사청문회 전후에 나온 여론조사 결과로도 쉽게 확인된다. 당시 〈오마이뉴스〉가 여론조사기관 리얼미터에 의뢰해 조사한 결과에 따르면, 윤석열 검찰총장 지명을 잘했다고 평가한 국민은 49.9%로 잘못했다는 의견(35.6%)보다 다소 많았다. 하지만 민주당 지지자들로 국한하면 지지율은 87.4%로 압도적이었다. 반면 자유한국당 지지자들의 85.7%는 '잘못된 인사'라고 평가했다. 이런 정치성향별 간극은 인사청문회가 열린 뒤 진행한 여론조사에서도 비슷하게 나타났다.

인사청문회 4일 뒤인 2019년 7월 12일 리얼미터가 진행한 여론조사에서 '윤석열을 검찰총장에 임명해야 한다'는 응답은 46.4%, '임명하면 안 된

다'는 응답은 41.7%로 큰 차이가 없었다. 하지만 진보층의 찬성 비율은 철
옹성처럼 유지됐다. 민주당 지지자들의 86.4%가 윤석열 검찰총장 임명에
찬성했고 반대는 7.2%에 불과했다. 정의당 지지층의 찬성 비율도 78%에
달했다.

반면 자유한국당 지지층의 찬성 비율은 9.8%(반대 82.1%)에 불과했고,
바른미래당 지지층도 58.6%가 반대한 것으로 나타났다. 윤석열의 검찰총
장 임명을 두고 진보와 보수가 확실히 나뉜 것이다.

이렇게 극단적으로 나뉜 양극화의 여파는 '윤석열 2012년 녹음파일'을
공개한 〈뉴스타파〉에도 불어닥쳤다. '윤석열표 검찰개혁'을 기대했던 많은
후원회원이 이 보도에 분노를 표출했다. 보도 내용과 시점을 문제 삼는 분
이 많았다. "〈뉴스타파〉가 자유한국당과 손잡고 윤석열을 공격했다"는 식
의 항의가 특히 가슴 아팠다.

인사청문회 3일 뒤인 7월 11일, 김용진 〈뉴스타파〉 대표는 후원회원들에
게 이메일 서한을 보냈다. '〈뉴스타파〉가 이 보도를 할 수밖에 없었던 이유'
'보도 과정과 제작진의 생각'을 솔직 담백하게 전했다. 아래는 김 대표가 보
낸 서한 내용 중 일부다.

윤우진 사건은 검찰 수장이 될 윤 후보자가 그 관문에서 반드시 털고 가야 할 부분이

었기 때문입니다. 윤우진 사건은 세간의 기억에선 사라졌지만, 결코 가벼이 볼 사건

이 아닙니다. 현직 세무서장이 뇌물수수 의혹으로 경찰 수사를 받던 중 갑자기 해외

로 도피했다가 8개월 만에 불법체류로 체포돼 국내로 압송됐으나 경찰로부터 사건

을 인계받은 검찰이 2년 뒤에 슬그머니 무혐의 처리했기 때문입니다. 매우 튼튼한 소위 '빽'이 없다면 일어날 수 없는 일이란 게 당시 주변의 평가였습니다.

참고로 무혐의 처분이 났을 당시 보도된 이 기사를 보시면 왜 그런지 이해하기가 쉬우실 겁니다. 윤우진 서장의 동생은 윤대진 현 법무부 검찰국장이고, 아시다시피 윤석열 후보자는 윤대진 검사와 막역한 사이입니다. 또한 윤 후보자가 당시 후배인 이남석 변호사를 윤우진 서장에게 소개했다는 의혹이 있었고, 언론 인터뷰에서 스스로 그랬다고 밝힌 바 있습니다.

저희는 윤 후보자가 청문회에서 윤우진 관련 부분을 이런 식으로 넘겨버린다면 앞으로 본인이나 검찰조직에 두고두고 부담이 될 수 있고, 국민과 임명권자에 대한 후보자의 도리가 아니라고 판단했습니다. 검찰 최고 책임자가 될 분이 동일한 사안을 두고 과거와 현재 180도 다른 말을 하고 있다는 사실을 알고도 그냥 넘어가는 건, 저희 뉴스타파의 도리도 아니라고 판단했습니다. 그래서 이 부분을 리포트로 제작했고, 완성해서 업로드한 때가 밤늦은 시간이 될 수밖에 없었습니다.

부득이하게 설명이 길어졌습니다. 결론적으로 보도 시점과 관련해서 어떠한 의도나 고려도 없었다는 점을 말씀드립니다. 저희는 윤 후보자가 이 문제를 사실대로 증언하고, 깔끔하게 털고 넘어가기만을 기대했을 뿐입니다.

2장

경찰의 '창'과
검찰의 '방패'

대체 윤석열 검찰총장 후보자의 발목을 잡은 윤우진 전 용산세무서장의 뇌물 사건의 실체는 무엇일까? 그리고 우리는 왜 10년이 다 된 이 사건에 주목해야 하는 걸까.

결론부터 말하자면, 윤 전 총장의 과거 변호사 소개 의혹 때문이 아니라 해도 이 사건은 중요하다. 국민이 염원하는 검찰개혁과 사법정의를 위해서도 반드시 해결해야 한다. 경찰과 검찰, 언론과 법원 등 우리 사회 소위 기득권 세력의 추악한 단면이 이 사건에 투영돼 있기 때문이다. 물론 대선주자로 우뚝 선 그를 검증할 때도 빼놓을 수 없다. 사건 속으로 한발 들어가 보자.

윤우진 뇌물 사건이 시작된 건 2012년 2월경이다. 서울경찰청 광역수사

대가 수사한 서울 소재 한 대학의 입시비리 사건에서 출발한다. 대학교수에게 돈을 주고 학생을 입학시킨 사람의 계좌를 추적하던 중 윤우진 당시 용산세무서장과의 수상한 돈거래를 확인한 것이다. 뇌물을 줬다고 지목된 사람은 서울 성동구에서 육류수입업체 T사를 운영하는 김모(56년생) 씨. 수사 정보를 생산한 곳은 경찰청 범죄정보과였다.

수사과정에서 경찰은 윤우진 서장이 T사 대표 김모 씨로부터 세무조사 무마 청탁과 함께 골프비 대납 등으로 총 6000여만 원과 갈비세트 100개 등을 뇌물로 받았다는 정황을 확인했다. 이와 별도로 윤 서장은 자신이 김 씨에게 소개한 세무법인 측에서도 5000만 원을 별도로 받아 챙겼다는 의심도 받고 있었다. 그가 받은 뇌물 규모는 어림잡아 억대에 달할 것으로 추정됐다.

수사가 진행되면서 이 사건에 다수의 경찰과 검찰 간부, 언론인이 관련된 정황도 포착됐다. 중요한 단서는 윤 서장의 통화내역. 그가 쓰던 2개의 차명 대포폰에서 평소 가깝게 지낸 사람들, 그가 챙긴 뇌물에 닿은 것으로 의심되는 사람이 여럿 확인된 것이다. 윤석열 당시 대검 중수부 1과장도 그중 한 사람이었다.

억대 뇌물과 잇따른 영장 기각

점점 큰 그림을 그리며 진행되던 수사는 검찰 지휘를 받는 단계에서 삐걱거리기 시작했다. 수사지휘권을 가진 검찰이 경찰이 신청한 압수수색 영장을 번번이 반려하는 등 사실상 수사를 방해했기 때문이다. 경찰은 윤우진 서장이 뇌물을 받았다고 의심되는 인천 S 골프장에 대해 6차례 압수수색 영장을 신청했는데, 검찰은 5차례나 되돌려 보냈다.

검찰이 압수수색 영장을 반려하는 과정은 의심을 사기에 충분했다. 처음 경찰은 문제의 S 골프장을 상대로 압수수색 영장을 신청하면서 "윤우진 등 사건 관련자들의 이름으로 기록된 부킹 내역을 달라"고 요구했다. 검찰은 세 번 만에 못 이기는 척 받아줬다.

하지만 경찰은 압수수색에서 아무런 증거도 확보하지 못했다. 윤 서장이 자신의 실명이 아닌 '최OO'이라는 엉뚱한 이름으로 골프 예약을 해 왔기 때문이었다. 이런 사실을 뒤늦게 확인한 경찰은 이번엔 "최OO 등 사건 관련자들이 차명으로 예약한 부킹 내역을 달라"고 다시 영장을 신청했다.

그러자 검찰은 "증거가 부족하다"거나 "제보자와 피의자 간 대질심문 후에 영장을 재신청하라"는 등의 이유를 들며 경찰 요구를 거절했다. 증거 확보와 증거 인멸 방지가 압수수색의 목적이란 점을 생각하면, 억지스러운 주장이 아닐 수 없었다.

해외 도피와 무단결근

뇌물수수를 어느 정도 확인한 경찰은 2012년 8월 20일 윤우진 서장을 소환해 1차 조사를 벌였다. 하지만 조사는 정상적으로 진행되지 않았다. 그가 건강 문제를 이유로 수사 연기를 요청했기 때문이다. 그는 1차 조사를 마치면서 진술조서 말미에 "추후 수사에 적극 협조하겠다"고 썼다. 경찰은 그의 약속을 믿고 돌려보냈다. 2차 조사는 9월 초에 하기로 약속했다.

그랬던 윤 서장이 해외로 도피한 건 1차 조사를 마치고 10일 뒤인 8월 30일(금)이었다. 특별한 관계인 여성 이모 씨와 서울역을 거쳐 인천공항으로 이동해 홍콩행 비행기에 올랐다. 경찰은 물론 자신이 몸담은 국세청에도 알리지 않고 감행한 도주였다. 그는 홍콩을 거쳐 태국으로 들어갔다.

현직 공무원이 뇌물수수 사건으로 수사를 받던 중 해외로 달아난, 유례를 찾기 힘든 일이었다. "수사에 성실히 임하겠다"는 윤 서장의 말만 믿고 출국금지도 하지 않았던 경찰은 그야말로 발칵 뒤집혔다. 하지만 윤 서장을 잡을 길은 없었다.

윤 서장은 해외로 나간 직후 자신의 변호사를 통해 경찰에 의견서를 보냈다. 골프접대 외의 다른 혐의는 모두 부인하는 내용이었다. 혐의를 인정한 골프접대 역시 대가성은 부인했다.

이후에도 경찰 수사는 계속됐다. 윤 서장이 골프접대를 받은 인천 S 골프장에 대한 압수수색 영장을 검찰에 계속 신청했다. 영장은 계속 반려됐다. 같은 해 9월 10일에는 용산세무서장실을 압수수색했고, 9월 18일에는 윤 서장에게 뇌물을 준 혐의를 받던 육류수입업자 김모 씨를 소환해 조사했다. T사 대표인 김 씨는 윤 서장에게 골프비를 대 준 사실은 시인했다. 경찰 수사기록에는 그가 인정한 내용이 이렇게 기재돼 있다.

윤우진과 7회 라운딩(골프), 윤우진의 골프비 선납금 형태로 지불한 13회 등 총 20회, 4100만 원 상당의 골프비 대납사실 시인(2010년 11월~2011년 12월).

11월 20일, 검찰은 뒤늦게 경찰이 신청한 윤우진 서장 체포영장을 발부했다. 동시에 지명수배가 내려졌고 인터폴에 적색수배를 요청했다.

해외 도피 8개월쯤이 지난 2013년 4월, 윤 서장은 불법체류자 신분으로 태국에 머물다 현지 경찰에 검거돼 국내로 송환됐다. 경찰은 그를 서울경찰청 광역수사대로 압송해 조사한 뒤 구속영장을 신청했다.

그러나 검찰은 또다시 거부했다. 수사를 받던 도중 해외로 도피한 공직자를, 불과 몇 달 전 검찰 스스로 체포영장을 발부했던 피의자를 풀어주는 어이없는 일이 벌어진 것이다. 검찰은 경찰이 신청한 구속영장을 반려하면서 "윤 서장에게 돈을 줬다는 육류업자 측 진술을 믿기 어렵다"는 이유를 댔다. 검찰은 뇌물 공여자인 육류업자 김 씨에 대한 구속영장도 같이 반려했다.

구속영장이 반려된 뒤, 경찰은 3개월가량 보강수사를 벌인 끝에 다시 구속영장을 신청했다. 하지만 이번엔 법원이 영장을 기각하며 제동을 걸었다. 결국 윤우진은 현직 세무서장으로서 억대 뇌물수수 의혹에 수사 중 해외도피라는 초유의 일을 벌이고도 단 하루도 구속되지 않는 기록을 세웠다.

2012년 당시 서울경찰청 광역수사대장으로 재직하며 윤우진 뇌물 사건 수사를 지휘했던 장우성 총경은 2019년 7월 8일 윤석열 검찰총장 후보자의 인사청문회에 증인으로 나와 이렇게 증언했다.

"국내로 강제송환된 뒤 경찰은 공항에서 윤우진 전 서장의 신병을 인도받아 재수사에 나섰습니다. 그리고 곧바로 구속영장을 신청했습니다. 하지만 검찰은 제보자 진술에 신빙성이 없다는 이유 등을 들어 영장을 반려했습니다. 석 달가량 보강수사를 해서 (검찰을 거쳐) 구속영장을 재청구했는데, 이번에는 법원에서 기각했습니다. 상당히 이례적인 일이었습니다. 윤 전 서장의 친동생이 부장검사다 보니까 이렇게 영장이 기각된다는 생각은 분명히 있었습니다."

법원이 구속영장을 기각한 뒤, 경찰은 윤우진 사건을 검찰에 송치했다. 하지만 사건을 넘겨받은 검찰은 1년 6개월이나 사건처리를 미룬 뒤 무혐의 처분했다. "혐의를 입증할 만한 증거가 부족하며, 일부 금품 거래가 있었던 사실은 인정하지만, 대가성을 인정하기 어렵다"는 이유였다.

그에게 뇌물을 준 혐의로 수사를 받아온 육류수입업자 김 씨도 무혐의 처분을 받았다. 2012년 2월 시작돼 3년 넘게 끌며 온갖 논란을 불러일으킨 이 사건은 결국 누구도 처벌받지 않은 채 마무리됐다.

수상한 파면취소소송

2012년 8월 윤우진 서장이 경찰 수사 도중 해외로 도피한 뒤, 국세청은 그에게 여러 차례 직장복귀 명령을 내렸다. 윤 서장은 응하지 않았다. 국세청은 윤 씨가 국가공무원법 제56조(성실 의무)와 제58조(직장이탈 금지 의무)를 위반한 것으로 판단하고 파면했다. 하지만 윤 씨가 검찰로부터 무혐의 결정을 받아내면서 새 국면을 맞는다.

윤 씨는 검찰 수사가 끝나기 전인 2014년 11월 국세청을 상대로 파면취소소송을 제기했는데, 검찰이 무혐의 결정을 한 직후 승소했다. 2015년 4

월 16일의 일이다.

앞서 언급한 바와 같이, 윤 씨가 국세청을 상대로 제기해 승소한 파면취소소송의 판결문은 윤석열 검찰총장 인사청문회장에서 공개됐다. 하지만 당시 판결문 내용에 주목한 사람은 거의 없었다. 판결문의 효용가치는 윤석열 검사가 윤우진 서장에게 소개했다는 이남석 변호사의 역할을 확인해주는 정도에 불과했다.

2020년 11월, 나는 팀원인 조원일 기자와 함께 윤우진 사건을 취재하면서 이 판결문을 다시 읽어봤다. 2019년 7월 윤석열 인사청문회 때는 보이지 않던 것들이 눈에 들어왔다. 판결문에는 이해하기 힘든 내용이 가득 들어 있었다.

먼저 중앙징계위원회가 윤우진 씨를 왜 파면할 수밖에 없었는지 설명돼 있다. 핵심 이유는 무단결근과 수사회피였다.

기록을 종합하여 살펴볼 때, 피고(국세청)가 원고(윤우진)에게 3차례에 걸쳐 근무명령을 하였음에도 2012. 9. 10.부터 2012. 11. 2.까지 소속 상관의 허가 또는 정당한 사유 없이 직장을 이탈하여 33일간 무단결근하였으며, 2013. 2. 13.까지도 복귀하지 않은 점, 2010.3.경부터 2011.2.경까지 수입냉동육류업체 대표 김OO로부터 3회에 거쳐 현금 및 갈비세트 등 3000만 원 상당의 뇌물수수 혐의로 경찰청의 수사개시 통보 이후 경찰소환에 불응하고 해외로 출국한 것으로 보아 무단결근 사유가 수사회피 목적으로 보이는 점 등을 고려할 때 징계사유가 인정된다.

윤 씨는 파면취소소송을 제기하며 두 가지 쟁점을 들고 나왔다. "무단결근이 아니었다" "경찰 수사가 표적, 강압수사여서 해외 출국이 불가피했다"는 주장이었다. 먼저 무단결근 문제에 그는 "병가 신청을 했고 정상적으로 처리됐다고 생각했다"고 주장했다.

윤우진은 이 사건 처분의 전제가 되는 이 사건 각 통보를 수령하거나 인지한 사실이 없다. 이 사건 각 통보는 변호사 이남석에게 송달되었는데 이남석은 당시 정식으로 원고의 변호인으로 선임된 상태가 아니어서 위 각 통보를 대리하여 수령할 권한이 없고, 이남석이 위 각 통보를 원고에게 전달한 사실도 없다. 한편 원고는 기존의 업무 처리 방식과 같이 서무직원을 통하여 병가를 신청하였고, 그러한 병가신청이 반려될 것이라고는 상상조차 하지 못하였기 때문에 소속 상관의 허가 등이 없이 직장을 이탈한 것에 해당하지 아니한다.

윤 씨는 경찰의 위법수사 문제에 대해선 다음과 같이 주장했다. '검찰의 무혐의 결정'을 특히 강조했다.

윤우진은 경찰의 보복·표적 수사가 장기간 폭넓고 집요하게 진행되는 바람에 건강이 극도로 악화된 상태에서 그 회복을 위해 출국을 하였던 점, 경찰의 위와 같은 수사 형태는 1980년대 고문을 통하여 피의자 또는 참고인으로부터 허위자백을 유도하는 것과 동등한 수준의 비난 가능성이 있는 위법한 수사방법인 점, 경찰이 원고에 대한 뇌물수수 혐의를 증명하지 못하고 결국 검찰에서 원고에게 대하여 '혐의없음'의 불기소처분을 한 점, 원고에게 무단결근의 고의가 없었던 점, (중략) 원고가 40년 동안 세무공무원으로서 성실히 근무해 온 점 등을 고려하면 이 사건 처분은 원고의 비위 행위에 비하여 지나치게 가혹한 것으로 재량권을 일탈·남용하여 위법하다.

쟁점은 두 가지지만, 윤 씨의 주장은 하나로 연결된다. 정리하면 이렇다. '경찰이 표적/위법수사를 벌였고, 그 결과 건강에 문제가 생겼고, 건강을 회복하기 위해 휴가(해외 도피)를 생각했고, 서무직원을 통해 정상적으로 병가를 신청하고 외국으로 나갔다. 하지만 국세청이 엉뚱한 사람(이남석 변호사)에게 출근 통보를 하는 통에 병가처리가 안 된 사실을 몰랐고, 따라서 무단결근을 이유로 한 파면은 억울하다.'

그럼 법원은 어떤 이유와 논리로 윤 씨 손을 들어준 것일까. 법원은 일단 무단결근 논란에 대해선 국세청 손을 들어줬다. 2012년 9월부터 11월 초까지 최소 40일 이상 무단결근했다는 판단이었다.

법원은 윤 씨가 국세청으로부터 출근 명령을 받았는지가 파면 결정에 영향을 미치지 않는다고 판단했다. 출근 명령을 받았든 못 받았든 국가공무원이 무단결근을 해서는 안 된다는, 지극히 상식적인 이유였다.

심지어 법원은 "서무직원을 통해 휴가를 신청했다"는 윤 씨 주장을 입증할 증거가 없다고 밝혔다. 설령 윤 씨가 서무직원을 통해 병가를 신청하고 외국으로 나갔다고 해도 허가를 받지 않았기 때문에 국가공무원법상 직장 이탈에 해당한다고 봤다. 사실상 수십 일 동안 무단결근한 사실은 모두 인정한 것이다.

하지만 법원은 이런 판단과 어울리지 않게 '파면은 과도한 결정'이라는 황당한 결론을 내린다. "경찰의 위법수사로 인해 심적 고통이 있었음을 감안해야 한다"는 특이한 이유였다. 법원이 이런 이해하기 어려운 판단을 내리는 데는 역시 '검찰의 무혐의 결정'이 결정적인 이유로 작용했다. 판결문에는 이렇게 적혀 있다.

그러나, 원고에 대한 서울지방경찰청의 수사는 그 시기나 정황상 검사로 재직 중인 원고의 동생이 전 경기경찰청장을 구속한 것을 원인으로 개시되었을 가능성을 배제할 수 없는 점, 원고는 2012.3.경부터 태국으로 출국한 2012.8.31까지 원고와 같이 근무하였던 직원들에 대한 조사를 비롯하여 원고의 거의 모든 생활영역에서 이루어지는 강도 높은 수사로 인하여 극심한 스트레스를 받았으며, 특히 원고로 인하여 동생이나 가족들에게 미칠 여러 가지 불이익에 대한 걱정 등으로 우울증 등이 발병하고 자살충동까지 느껴 입원치료를 받았던 점, 원고가 위와 같은 사유로 피고에게 명예퇴직을 신청하였으나 반려되었던 점, 나아가 원고에 대한 뇌물수수의 피의사실이 혐의없음으로 밝혀진 점 등 여러 사정을 종합하여 보면, 원고는 자신이 억울하게 누명을 쓴 채 표적수사를 당하고 있고 이로 말미암아 우울증에 걸려 자살충동 등을 느끼게 되는 등 건강이 악화되자 부득이하게 국외로 피신함으로써 당분간 건강을 회복하고자 하는 생각에 직장을 이탈하게 된 것으로 여겨지므로, 원고가 직장을 이탈하게 된 경위에 충분히 참작할 만한 사정이 있다.

법원은 심지어 '국세청의 허가 없이 무단결근한 사실'에 대해서도 "정상적으로 쓸 수 있는 휴가나 병가기간이 남아 있었기 때문에, 정상적인 병가 신청을 했다면 근무지 이탈행위가 발생하지 않았을 것"이라는 납득하기 어려운 판단도 했다. 이미 저지른 죄는 따지지 않고 '죄를 짓지 않았어도 되는 정상을 참작해 형을 결정한다'는 해괴한 법논리였다. 판결문에는 이렇게 적혀 있다.

> 윤우진이 태국으로 출국할 당시 소속 상관의 허가를 받아 사용할 수 있는 연가는 9일, 병가는 51일이 남아 있었던 점, 원고는 국내에서 있을 때는 물론 태국에 있으면서도 건강상태 등을 사유로 병가나 연가를 신청하여 소속 상관의 허가를 얻었던 점, 원고의 위와 같은 건강상태로 볼 때 원고가 태국으로 출국하지 않고 국내에 남아 병가를 신청하였더라면 종전과 마찬가지로 소속 상관의 허가를 받았을 것으로 보이는 점 등을 고려하면, 만일 원고가 정당한 절차를 밟아 병가를 신청하였더라면 이 사건 징계사유의 직장이탈 기간 중 상당 부분은 병가로 처리되어 정당한 이유 없이 직장을 이탈한 경우에 해당하지 않았을 가능성이 높다.

나는 윤 씨가 제기해 승소한 파면취소소송 판결문을 읽으며 법원에 한 가지 묻고 싶어졌다. '그럼 앞으로는 수사기관의 수사가 위법하다고 생각하는 공직자는 수십 일 씩 무단결근하고 해외를 떠돌아도 된다는 말인가.'

법원 판결이 나온 뒤 국세청이 보인 행태도 이상하긴 마찬가지였다. 국세청은 윤 씨가 낸 파면취소소송 1심에서 패소하자 곧바로 항소를 포기했다. 스스로 파면을 결정했던 국세청이 자신들이 한 행정행위의 법적 정당성을 따져 볼 기회를 스스로 박찬 것이다. 역시 전례가 없는 일이었다.

나는 이런 사실을 지방국세청장까지 지낸 전직 국세청 고위간부에게 들려주고 의견을 물었다. 그는 "그런 일이 있었나요? 그럴 수가 없는데… 어떻게 파면취소소송에서 패소한 국세청이 항소를 안 합니까"라고 반문했다.

파면취소소송에서 승소한 뒤, 윤 씨는 곧바로 국세청에 복귀했다. 그리고 두 달 뒤인 2015년 6월 25일, 41년간의 공직생활을 마치고 영예롭게 정년퇴직했다. 서울국세청장이 공로패를 만들어 전달하고 그와 인연이 있는 국세청 동료 선후배 수십 명이 참석한 대대적인 행사였다. 윤 씨는 퇴임식장에서 이렇게 소감을 말했다.

"19세 약관의 나이에 국세청에 입문해 41년 동안 재직하면서 삶의 전부였고, 젊음을 쏟아 부으며 혼신을 바쳐왔던 국세청에서 공직생활을 마무리하게 된 것을 깊이 감사한다. 공직생활 동안 어려울 때 도와주고 격려해 주신 지인들의 지도 편달 덕분이라고 생각한다. (중략) 41년 동안 국세청 조직에서 힘든 일도 그리고 보람된 일이 많았지만 지난 3년간은 참으로 힘든 시간이었다. 하지만 국세청 조직에 누를 끼치지 않고 떠나게 되어 감사하다."

윤 씨는 파면취소소송을 제기하면서 경찰이 위법수사를 했다며 몇 가지 이유를 들었다. 첫째, 경찰이 2012년 6월 말부터 같은 해 7월까지 자신이 서장을 맡은 영등포세무서 직원 등 수십 명을 참고인으로 조사했다는 점. 둘째, 경찰 수사가 자신의 친동생인 윤대진 검사를 겨냥한 표적수사라는 주장이었다.

원고(윤우진)의 동생인 윤대진 검사는 2012년 2월경 이철규 전 경기경찰청장을 구속 기소하였고, 서울지방경찰청은 2012년 3월경부터 원고(윤우진)에 대하여 성동세무서 관할지역에 있는 수입냉동육류업체 대표 김OO로부터 현금 등의 뇌물을 수수하였다는 혐의로 내사를 시작하였다.

한마디로 경찰이 윤대진 검사가 경찰 고위간부를 구속한 것에 앙심을 품고 윤 검사의 친형인 윤우진 사건을 가공해 만들었다는 주장이다. 법원은 황당하게도 윤우진 씨의 이런 주장을 받아들였다. 경찰 수사가 윤우진 형제를 겨냥한 표적수사일 가능성이 있기 때문에, 현직 세무서장인 윤우진의 해외 도피를 이해할 수 있다는 논리다.

그런데 윤 씨의 이런 주장은 어디서 많이 들어본 것이었다. 바로 2012년 윤석열 당시 부장검사가 나에게 했던 것과 같은 주장이다. 그는 나에게 이렇게 말했다.

"윤우진 씨가 '얘들(경찰)이 자기를 노린다' 이렇게 얘기하더라고. '아무래도 조만간에 경찰에 한번 가야 할 것 같다' 이렇게 얘기해. (중략) 이게 분위기를 딱 보니까, '아 대진이가 이철규(경기경찰청장)를 집어넣었다고 얘들이 지금, 형을 걸은 거구나'하는 생각이 딱 스치더라고."

윤석열과 윤우진의 쌍둥이 같은 주장. 이게 과연 우연일까. 혹시 두 사람이 사건을 상의하며 만들어낸 논리는 아닐까. 나는 지금도 그것이 궁금하다.

다급했던 K

내가 윤우진 뇌물 사건을 처음 취재한 건 2012년 9월경이다. 경찰청에서 멀지 않은 카페에서 K를 만난 게 시작이었다. 누구의 소개로 어떻게 만났는지는 기억이 없지만, 내 앞에 앉자마자 K가 했던 말은 지금도 잊지 못한다. (굵은 글씨가 K의 말)

"오늘내일 중에 전화 좀 해 줄 수 있겠어요? 지금 급해서 그래요."

"누구한테요?"

"서울경찰청장하고 수사부장, (청와대) 민정하고 광역수사대장까지 (전화)해 주면 좋고요."

"뭐라고 전화를 해요?"

"내일 당장 (검찰로) 사건 송치하라고 했다는데 사실이냐. 검찰로 사건을 보내면 안 되는 것 아니냐. 경찰에서 수사 계속해야 하는 거 아니냐. 이렇게요. 지금 송치되면 이 사건 다 끝나요."

K는 절박해 보였다. 듣는 사람의 눈치 따위는 살필 여유가 없어 보였다. 반면 나는 돌아가는 사정은 고사하고 사건 자체에 대해서도 아는 게 별로 없었다. 대화가 겉돌았다.

K는 속사포처럼 말을 이어가는 중간중간 "내가 이런 말까지 하면 안 되는데…" "제가 이 일이 아니면 기자를 만날 일이 없는데…" 따위의 말을 되풀이했다. K는 경찰청 범죄정보과 소속 경찰 간부였다. 윤우진 비리 첩보를

처음 생산한 사람이었고, 서울경찰청 광역수사대가 맡은 수사에 음으로 양으로 관여하고 있었다.

K를 처음 만났을 때 서울경찰청 광역수사대가 수사하던 '윤우진 뇌물 사건'은 검찰 송치를 앞두고 있었다. 정확히 말하면, 검찰로 사건을 넘기라는 압력이 수사팀을 옥죄고 있었다. 말이 좋아 송치지 '경찰은 사건에서 손을 떼라'는 말이나 다름없었다.

K에 의하면, 압력은 검찰과 경찰 수뇌부는 물론 청와대 민정에서도 내려왔다. K는 윤우진 서장을 둘러싼 막강한 정치권력과 법조계 인맥이 작용한 결과라고 믿고 있었다. 당시 그와 나눈 대화 일부다.

"민정(청와대 민정수석실)에서도 전화하고 그런 것 아시죠?"

"네?"

"민정에서."

"아니요, 모르는데요."

"민정에서도 괴롭혀요."

"누구를 괴롭혀요?"

"윤우진에게 돈을 준 육류업자의 변호사가 김앤장이에요. 윤우진의 변호사들은 특수통(특수부 검사 출신)들이에요. 김앤장 출신인 OOO (청와대) 수석이 직접 수사에 외압을 행사했다는 말이 돌아요. 대검에도 보고가 된 걸로 알고 있어요."

외압을 행사한 것으로 지목된 이명박 청와대 민정수석실 인사는 검사장을 지내고 검찰을 떠난 뒤 김앤장 변호사로 일하다 MB 청와대로 들어간 사람이었다. 그런데 공교롭게도 윤우진 전 용산세무서장에게 뇌물을 건넨 육류수입업자 김 씨의 변호를 맡은 곳 역시 김앤장이었다.

2012년 당시 K가 의심했던 청와대 민정수석실의 수사 외압 의혹은 8년이나 지나서야 사실로 확인된다. 이 사건 수사 당시 경찰청 수사기획관이던 황운하 의원과 경찰청장이던 조현오가 공개적으로 외압 사실을 증언한 것이다. 먼저 황 의원은 2019년 낸 자신의 책에서 이렇게 밝혔다.

수사과정에 조현오 청장이 전화를 걸어왔다. 조 청장은 '혹시 윤모 세무서장을 수사하느냐'고 물으며 '당사자가 억울해한다'고 누군가로부터 들은 얘기를 전했다. 내가 딱 잘라 말했다. '그거 백(back) 쓰는 겁니다. 억울할 것 전혀 없습니다. 청장님이 관심 가질 만한 일도 아닙니다.'…경찰청장이 나한테 이런 얘기를 할 정도면, 광역수사대에 대한 외압이 꽤나 심했겠다 싶었다. 그래서 일부러 더 수사 상황을 챙겼다.[5]

조현오 전 경찰청장은 2020년 1월 나와 한 인터뷰에서 외압을 행사했다는 청와대 고위관계자의 실명까지 거론했다.

"황운하가 직접 나를 찾아와 여러 번 대면보고한 기억이 납니다. 하지만 보고 내용을 자세히 기억하진 못합니다. 부장검사들 이름까지 내가 어떻게 다 기억하겠습니까. 다만 민정수석실 J씨가 제게 연락해 왔던 건 어렴풋이

---

5) 황운하 · 조성식, 〈검찰은 왜 고래고기를 돌려줬을까〉(해요미디어, 2019.11), 56p.

기억이 납니다."

물론 이명박 청와대 핵심 인사였던 J는 의혹을 부인했다.

"윤석열이 핵심"

나는 윤우진 사건을 취재하는 과정에서 경찰 간부인 K와 두 차례 만났고, 여러 차례 전화로 인터뷰를 했다. 그런데 만나거나 통화할 때마다 K가 강조한 게 있다. "윤우진 뇌물 사건의 핵심이 윤석열"이라는 말이었다. K는 윤 검사를 윤우진 씨의 비호세력으로 생각하고 있었다.

"윤우진 변호는 윤석열 부장이 소개해 준 이남석하고 박OO이 다 하고 있어요. 이남석이 (서울중앙지검) 형사3부장과 고려대 동문이에요."

"이남석과 윤석열은 무슨 관계입니까?"

"대검에서 근무를 같이했어요. 경력 찾아보면 딱 나와요. 우리는 박OO 변호사도 윤석열 씨가 대준 걸로 보고 있어요. 기자들이 전화하면 얘기를 잘한다니까 한번 해 보세요."

2012년 당시 이 사건을 수사한 경찰은 윤석열 당시 대검 중수부 1과장을 윤우진 뇌물 사건의 관련자 혹은 공범으로 보고 수사대상에 올렸다. 윤 전 서장이 육류수입업자 김모 씨 등에게서 받은 뇌물(대납한 골프 비용 등)을 윤석열 등 여러 검사와 같이 사용했다는 의혹이었다.

K는 특히 '윤석열'에 주목했다. 경찰에 따르면 "윤우진 전 용산세무서장

이 동생인 윤대진 검사보다 윤석열 검사와 더 가깝게 지냈고, 윤우진 전 세무서장이 해외로 달아나기 직전까지 윤석열 당시 서울중앙지검 부장검사가 차명폰으로 윤우진과 통화한 흔적이 나왔다"는 것이다. 윤 검사는 윤 서장이 해외로 달아나기 한 달 전인 2012년 7월 대검 중수부 1과장에서 서울중앙지검 특수1부장으로 영전했다.

2012년 경찰은 윤 씨가 차명 대포폰 2개를 사용하는 사실을 확인했다. 윤 씨와 가까운 세무법인 대표 이름으로 된 것은 5년 이상 쓴 것이었고, 한 자동차 부품업체 대표 명의 휴대전화는 2012년 경찰이 윤우진 뇌물 사건 수사를 시작한 직후 만든 것이었다. 경찰 수사 대비용으로 개통한 것이 확실했다. 문제는 이 경찰 수사 대비용 휴대전화 통화내역에서 검사들, 특히 윤석열 당시 부장검사와의 통화내역이 확인된 것이다. K는 이렇게 설명했다.

"윤대진 검사는 겉보기에는 형인 윤우진 전 서장과 거리를 둔 것으로 보인다. 오히려 윤석열 검사가 더 엮여 있다. 윤우진 전 서장은 2개의 대포폰을 쓰고 있었다. 하나는 5년 정도 된 것이고, 또 하나는 경찰 수사가 시작된 직후에 만든 것으로 보인다. 그런데 나중에 만든 대포폰에서도 윤석열 부장검사와 통화한 기록이 나왔다. 두 사람은 윤 전 서장이 해외로 도망가기 직전까지 통화했다. (마지막으로 통화한 시점은) 7월 말, 혹은 8월 초다."

K는 윤 전 세무서장에게 뇌물을 준 육류수입업자 김 씨의 다이어리에서도 윤석열의 이름이 나왔다고 말했다. 다음은 그와의 문답이다.

- 육류업자 김모 씨의 다이어리에 윤석열 검사의 이름이 적혀 있나?

"그건 다 있는 걸로 알고 있다."

- 윤석열 이름 석 자가 적혀 있다는 건가?

"네네. 수사과정에서 확보된 자료는 대략 2011년 10월부터 2012년 6월까지의 자료들이다. 뇌물제공자인 육류업자 김 씨가 윤우진 서장을 알게 된 것이 2010년이다. (다이어리에 적혀 있는 건) 골프로 치면 2011년 가을 시즌에서 2012년 여름 시즌까지의 것들인 셈이다. 같은 기간에 육류업자 김모 씨가 쓴 다이어리에 윤석열 검사의 이름이 적혀 있는 것으로 보면 된다."

육류수입업자 김 씨의 다이어리에 윤석열 검사의 이름이 적혀 있다는 의혹은 '윤우진 사건'에서 중요한 의미를 띤다. 현직 세무서장과 육류수입업자의 범죄 의혹에 현직 검사가 관련돼 있는지를 가릴 중요한 잣대이기 때문이다.

윤우진 씨와 육류수입업자 김 씨의 관계는 2010년 윤 씨가 성동세무서장으로 재직할 때 맺어진 것으로 알려졌다. 따라서 윤 씨가 육류업자로부터 골프접대를 받았든, 금품이나 향응을 받았든 그 시점은 2010년 이후가 된다.

윤석열도 2019년 7월 인사청문회는 물론 2012년 나와의 인터뷰 때도 자신은 육류업자 김 씨를 모른다고 주장하면서 그 근거로 "2010년 이후로는 윤우진 전 서장과 골프를 친 적이 없다"는 이유를 들었다. 윤 전 서장과 골프를 치지 않았으니 당연히 육류수입업자 김 씨 역시 알 수가 없다는 논리였다.

그런데 윤석열의 주장과는 달리, '윤우진 사건'을 수사했던 K는 2012년 11월경 나와 대화하면서 "육류수입업자 김 씨의 다이어리에서 윤석열 총장의 이름이 나온 시점은 2011년 10월에서 2012년 6월 사이"라고 증언했다. 이 기간 육류업자 김 씨가 쓴 다이어리에 윤석열 당시 부장검사 관련 메모가 있다는 것이다. 이 다이어리에는 김 씨 개인의 주요 일정이 적혀 있다. 윤석열의 주장이 맞는다면, 김 씨가 당시 왜 '윤석열의 골프'를 암시하는 메모를 남겼는지 의문이다.

물론 2012년 수사팀 관계자의 주장이 사실인지는 아직 확인되지 않는다. 국회 등이 수차례에 걸쳐 윤우진 뇌물 사건 수사기록 공개를 요구했지만 단 한 장의 서류도 공개되지 않아 사실 여부를 확인할 길이 없기 때문이다. 검찰이 육류수입업자의 다이어리 등 핵심 증거를 공개한다면, 금방 해결될 문제다.

2012년 당시 K는 나에게 "윤우진 전 서장 사건에는 윤석열 검사 외에도 10명이 넘는 검사들이 관련돼 있고, 경찰(간부)은 그것보다 더 많다"고도 말했다. K는 육류수입업자와 검사들, 그리고 윤우진 전 세무서장의 관계를 이렇게 정리했다.

"이 사건을 보면, 윤우진 씨는 브로커로 보인다. 육류업자가 윤우진을 통해(검사와 경찰 간부들에게) 돈을 주는 관계로 추정된다."

정리하면, 세무조사 무마를 대가로 윤우진 서장에게 금품을 건넨 육류업자의 최종 로비대상이 윤 서장이 아닌 경찰과 검찰 간부들이라는 것이다. 윤 서장은 육류수입업자와 경찰·검찰 간부들을 연결하는 로비스트에 지나지 않았다는 주장이다. 2012년 '윤우진 뇌물 사건'을 수사하던 수사팀이 왜 윤석열 부장검사를 수사선상에 올려놓았는지 이해가 되는 설명이다.

K는 '윤우진 사건'에 연루된 언론인들에 대해 설명하면서 특정인의 이름을 언급하기도 했다.

"윤우진 씨가 세무서장인데다 국무총리실에서도 일한 적이 있기 때문에 검찰 고위간부만 아는 게 아니었다. 경찰 간부도 많이 알았다. 그리고 언론사, 특히 방송국에도 아는 사람이 많았다. 육류업자에게 받아간 갈비 100박스는 모두 방송국에 갖다 준 걸로 추정된다. 통화내역에서도 언론인이 많이 등장하는데, 이름만 대면 알만한 KBS, MBC 사람이 많았다. 그들 중엔 윤우진이 도망가기 직전까지 통화한 사람도 꽤 있었다. 사장, 부사장급도 있고, 사회부장을 했던 사람도 있다. 이번에 방송사 사장이 된 사람도 있다."

K는 나와 만나거나 전화를 할 때마다 "검찰 송치를 막기 위해 언론이 나서줘야 한다"고 호소했다.

"사건을 빨리 검찰로 송치하라는 압력이 심합니다. 내일 당장 넘기라고요. 이런 상황을 막으려면 언론이 나서서 취재해 주셔야 합니다. 서울경찰청장, 수사부장에게 전화해서 '왜 사건을 검찰로 보내려고 하느냐'고 물어봐 주시면 좋을 것 같아요. 광역수사대장까지 해 주면 더 좋고…"

윤우진 뇌물 사건의 첫 취재원이던 K는 윤우진 씨가 검찰에서 무혐의 처분을 받고 2년쯤 지난 어느 날, 한 일간지에 기명 칼럼을 게재했다. 나는 오랜 친구를 만난 듯 반가운 마음에 꼼꼼히 읽어봤다. '검사님들이 출입했다는 골프장…'. 윤우진 사건을 암시하는 듯한, 윤우진 사건에서 검찰이 보인 행태를 비판하는 듯한 내용이 들어 있어 눈길이 갔다. K에게 윤우진 뇌물 사건이 어떤 의미였는지를 느끼게 하는 내용이었다. 아래는 K의 기명칼럼 내용 중 일부.

검사님들 출입했다는 골프장이나 검사 출신 변호사 사무실 등에 대한 압수수색 영장은 유독 경찰 수사가 왜 그렇게 부실한지 법원까지 가기 어렵습니다. 영장이 법원까지 가려면 어떻게든 검사 관련된 기미를 감춰야 합니다. 검사가 차명계좌로 금품을 수수하였다는 정황이 나오면 특별한 검사를 임명하여 경찰의 사건을 가로채고, 높은 검사를 수사하였다는 이유로 담당 경찰관을 수사할 수 없는 곳으로 내쫓기도 합니다..(중략) '수사권' '영장청구권'은 무섭고 막강한 권한입니다. 범죄를 저질렀다고 의심할 만한 이유가 있으면 사람의 주거나 사무실을 수색하여 물건을 압수할 수 있고, 불러다. 잡아다 조사할 수 있으며, 일정 기간 가두어 둘 수도 있습니다. 수사한다는 것만으로 특정인을 사회적으로 매장시킬 수 있습니다. 국가에 부여된 권한 중 이보다 더 '무섭고 막강한' 권한은 없습니다. 그런데 이렇게 무섭고 막강한 권한이 단 한 개의 기관, '검찰(검사)'에만 있습니다.

국세청 로비 의혹

2012년 경찰은 윤우진 세무서장이 육류수입업체 T사 대표 김 씨에게서 받은 뇌물을 세무조사 무마 대가로 판단했다. 평소 친분이 있던 김 씨가 세무조사를 받자, 이를 무마해 준다고 접근해 돈을 받아 챙겼다는 의심이었다. 2012년 당시 이 사건 수사를 맡은 서울경찰청 광역수사대가 압수한 윤 전 서장의 차명 휴대전화, 윤 전 서장에게 뇌물을 준 육류수입업자의 다이어리에서 확인된 국세청 간부들의 이름과 이들의 동선이 중요한 단서가 됐던 것으로 전한다.

하지만 윤우진 씨가 어떻게 육류업자의 세무조사에 개입했는지는 구체적으로 알려지지 않았다. 그 전말이 드러난 건 2020년 12월 〈뉴스타파〉 보도를 통해서였다.[6]

육류수입업자 김 씨에 대한 세무조사가 시작된 건 2011년 7월이었다. 세무조사는 중부지방국세청 조사2국이 맡았다. 80억 원가량의 탈세를 의심한 개인재산 추적조사였다. 세무조사는 그해 12월까지 6개월가량 진행됐다.

윤우진 씨는 세무조사가 진행되는 과정에서 중부국세청 전·현직 간부들과 연락하고 만나는 등 전방위 로비를 벌인 의심을 받았다. 경찰 수사결과에 따르면, 윤 씨는 세무조사를 맡은 중부국세청 관계자는 물론 육류수입업자가 선임한 대형 로펌 소속 변호사까지 직접 만나고 다녔다. 이런 사실은 검찰이 2015년 윤 씨를 무혐의 처분하면서 밝힌 이유, 즉 "대가성이 없다"는 주장과 배치된다.

게다가 윤 씨가 뇌물로 추정되는 돈을 받은 시기는 육류수입업자 김 씨에 대한 세무조사가 진행되던 시기와 일치했다. 구체적으로 보면, 김 씨로부터 총 6000만 원이 넘는 현금과 골프비 대납을 받은 시기가 2011년 8월

6) 한상진, "윤석열 개입 의혹 '윤우진 사건'…알려진 것보다 훨씬 크다", 〈뉴스타파〉(2020.12.30).

윤석열과 검찰개혁

부터 12월까지였고, 세무사 안모 씨에게 5000만 원을 받은 시기가 2011년 9월에서 10월 사이였다.

윤 씨는 안 씨로부터 받은 돈을 내연녀 명의 아파트 구입 자금으로 사용했다. 김 씨에게 받은 현금 중 1000만 원은 이 아파트에서 사용할 가전제품 구입에 사용했다. 2012년 당시 경찰이 확인한 세무조사 무마 과정은 다음과 같다.

2011년 11월, 윤우진 세무서장은 육류수입업자 김 씨 세무조사를 담당하던 중부국세청 조사2국 김모 과장에게 전화를 걸었다. 통화내용은 확인되지 않았다. 하지만 이듬해인 2012년 초, 윤 씨의 뇌물수수 의혹 관련 경찰 수사가 언론을 통해 알려지자 그와 통화했던 김 과장은 무슨 이유인지 통화내역을 삭제했다. 그리고 경찰 조사 과정에서 "전화를 받은 기억이 없다"고 허위로 진술했다.

세무조사 팀장이던 정모 사무관은 2012년 당시 처음 경찰 조사를 받는 과정에서 "중부지방국세청의 신모 국장에게 육류수입업자의 세무조사와 관련한 문의 전화를 받은 사실이 있다"고 진술했다. 외압이 있었음을 짐작하게 하는 발언이었다.

하지만 이후 조사과정에서 말을 바꾼다. "다른 사람이 신 국장을 사칭해 전화한 것 같다"는 황당한 주장이었다. 정 사무관의 이름은 세무조사가 한창이던 2011년 말 작성된, 경찰이 압수수색으로 확보한 육류수입업자 김 씨의 다이어리에도 등장한다. 다이어리에는 윤우진 서장이 육류업자가 선임한 대형 로펌 소속 변호사를 직접 만났다는 기록과 함께, 서울 시내의

한 호텔에서 윤우진 당시 성동세무서장, 중부지방국세청 신 모 국장, 정 사무관이 육류업자와 만났다는 기록이 있다.

2020년 12월, 나는 윤우진 씨의 세무조사 무마 로비에 동원된 것으로 추정되는 정 모 전 중부국세청 팀장(현재 세무사)에게 연락해 입장을 물었다. 하지만 그는 의혹을 부인했다. 다음은 정 전 팀장과의 일문일답.

– 2012년 경찰 조사를 받은 사실이 있나요?

"조사를 받은 건 아니고, 광역수사대 수사관들이 중부국세청으로 와서 간단히 진술했습니다."

– 당시 조사과정에서 윤우진 전 용산세무서장에게 뇌물을 준 의혹을 받던 육류업자 김모 씨 세무조사와 관련해 당시 중부국세청 신○○ 국장으로부터 문의 전화를 받은 적이 있다고 진술한 사실이 있나요?

"그런 적 없습니다."

– '다른 사람이 신○○ 국장의 이름을 사칭해 전화한 것 같다'고 입장을 번복한 이유는 뭔가요?

"다른 건 없었고, 그런 얘기 없었습니다."

– 그럼 최초 '(중부지방국세청) 신○○ 국장에게 전화를 받았다'고 진술한 이유는 뭔가요?

"전화… 그건 기억이 잘 안 납니다."

– 육류수입업자 김○○ 다이어리에 신○○ 국장, 윤우진 씨와 ○○○호텔에서 미팅한 걸로 되어 있는데…

"경찰이 와서 그런 내용을 묻길래 '서울에 간 자체가 없다'고 진술했습니다."

- 윤우진 전 서장을 잘 아시나요?

"전혀 모릅니다."

나는 육류수입업자 김 씨 다이어리에 이름이 적힌 신모 전 중부국세청 국장에게도 전화해 물었다. 그는 지방국세청장을 끝으로 국세청을 퇴직한 뒤 현재 한 세무컨설팅 회사의 임원으로 재직 중이다. 신 전 국장 역시 의혹을 부인했다. 다음은 신 전 국장의 주장.

"2012년 윤우진 전 용산세무서장 뇌물 사건 수사 당시 서울경찰청 광역수사대에 가서 조사를 한 번 받았다. 내가 윤 전 서장에게 뇌물을 준 육류업자에 대한 세무조사와 관련 담당 팀장에게 문의 전화를 했고, 육류수입업자와 윤 전 서장을 ○○○호텔에서 사적으로 만났다는 의혹에 대한 조사였다. 나는 '전혀 사실이 아니'라고 말했다. '누가 내 이름을 사칭해 담당 팀장에게 전화를 한 것 같다'고 말했다. 나는 문제의 육류수입업자를 만난 적이 없다. 윤 전 서장이 장난을 친 것 같다는 생각도 든다. 윤 전 서장과는 같은 시기 세무서장을 해서 얼굴은 아는 정도지만, 사적으로 만날 만큼 가까운 사이는 아니다."

윤우진 씨의 세무조사 무마 의혹엔 또 다른 국세청 간부도 등장한다. 육류수입업자에 대한 세무조사가 시작되기 직전까지 중부국세청 조사국장으로 재직했던 김모 씨다. 김 씨는 경찰 조사 과정에서 세무조사가 진행되던 2011년 후반기에만 윤 씨와 무려 200차례 넘게 통화하고 4번 골프를 친 것으로 확인됐다.

필자는 현재 세무사로 활동하는 김 씨에게도 연락해 물었다. 그는 "오래된 일이라서 기억이 잘 나지 않는다. 윤 전 서장과는 종종 연락을 주고받는 사이다. 나는 윤 전 서장의 뇌물 사건, 육류업자의 세무조사 등과 아무 관련이 없다"고 주장했다.

'뇌물 관리' 방법

경찰 수사결과에 따르면, 윤우진 전 서장이 뇌물로 추정되는 자금을 챙긴 과정은 생각보다 치밀했다. 윤 씨는 육류수입업자 김 씨로부터 골프비를 대납받는 과정에서 골프장 직원의 통장을 대포통장처럼 이용하고, 대신 카드 결제 사인을 하게 하는 방법으로 뇌물수수 사실을 은폐했다. 또 뇌물로 추정되는 돈을 받을 때는 언제나 내연녀 명의의 계좌를 사용했다. 윤 씨는 2012년 경찰 수사 당시 자신이 받아 챙긴 돈에 대해 추궁을 받자 "나와 ○○○(내연녀)가 평소 친분이 있던 세무법인 등에서 빌린 돈"이라고 해명한 것으로 전해진다.

하지만 경찰은 윤 전 서장의 주장을 믿지 않았다. 이유는 두 가지였다. 첫째, 돈거래에 이용된 내연녀 계좌를 주로 이용해 온 사람이 윤 전 서장이었고, 둘째, 돈을 받아 챙길 당시 윤 전 서장과 내연녀의 계좌에 적게는

6000여만 원, 많게는 2억 원 가까운 돈이 있어 굳이 아파트나 가전제품 구매 자금을 빌릴 이유가 없었다고 봤기 때문이다.

하지만 검찰은 앞서 설명한 바와 같이, 경찰에서 사건을 넘겨받고 2년도 더 지난 2015년 초, 윤 씨의 뇌물수수 의혹을 최종 무혐의 처리했다. "세무법인에서 받은 돈은 빌린 돈으로 보이고, 육류업자에게 골프비 대납 등으로 받은 돈은 대가성이 없는 것으로 판단된다"는 이유였다. 검찰이 윤 씨를 의도적으로 봐준 것은 아닌지 의심이 드는 대목이다.

3^장

〈전문 공개〉
윤석열 26분 통화 녹취록

2019년 7월 8일 검찰총장 인사청문회에서 〈뉴스타파〉가 '윤석열 2012년 녹음파일'을 공개하자 윤석열 후보자는 "제가 (변호사를) 소개했다고 기자가 자꾸 말하니 저렇게 말을 했을 수 있다"고 말했다. "기자가 자꾸 변호사를 소개한 사실을 인정하라고 해서 어쩔 수 없이 소개했다는 취지로 말했다"는 뜻이다.

하지만 해당 녹음파일을 들어보면, 2012년 윤석열 부장검사는 기자의 느닷없는 전화에 전혀 당황하지 않고 답변을 이어간 사실을 충분히 짐작할 수 있다. 심지어 경찰이 윤우진 전 서장에 대해 어떤 혐의를 잡고 수사 중인지, 자신에 대해서는 어떤 의심을 하는지도 꿰뚫듯 알고 있었다. 윤 씨에게 뇌물을 준 것으로 의심받은 육류수입업자의 다이어리에 자신의 이름이 적혀 있다는, 수사기밀에 관한 내용도 알고 있었다. 2019년 인사청문회에서 "인사청문회를 준비하면서 '윤우진 뇌물 사건'을 정확히 알게 됐다"던 발언과는 동떨어진 주장이다.

2012년 12월 초 만든 '윤석열 2012년 녹음파일'은 총 26분 분량이다. 변호사 소개 논란의 실마리가 된 이 녹음파일의 전문을 가감 없이 공개한다(일부 비문은 맞춤법에 맞게 고쳤으나 대체로 발언한 그대로 실었다).

'우진이 형'

- 여보세요, 윤석열 부장님이시죠?

"그런데요."

- 부장님 안녕하세요. 〈동아일보〉 주간동아팀에서 일하는 한상진이라고 합니다. 윤우진 씨 관련해서 취재를 하다가 부장님한테 여쭤봐야 할 게 생겨서요. 몇 가지 여쭤보겠습니다. 윤우진 씨, 잘 아시죠?

"잘 알죠. 대진이 형이니까."

- S(영종도 소재 골프장)에서 골프 많이 쳤다는 얘기가 계속 돌고 있고, 경찰 쪽에선 그렇게 확정을 짓고 있는데.

"내가? 쳤죠. 쳤는데 많이 친 건 아니고, 뭐 가까운 검사 형이니까, 우리가 연구관 할 때 주말에 몇 번 쳤지요, 내가 그거 다 얘기해 줬는데. 쳤다고."

- 윤우진 씨 수사과정에서 윤우진 씨가 쓰는 대포폰이 있는데 정확히 말하면 차명폰인데, 차명폰에 이남석 변호사가 윤우진 씨 폰으로 '윤석열

부장 소개로 전화드린 변호사입니다.'라고 문자메시지를 남긴 게 확인됐는데요. 혹시 이남석 변호사를 윤우진 씨한테 소개를 해 주셨나요?

"소개를 해 줬죠. 내가 소개를… 내가 얘기해 줄게. 그게 어떻게 됐냐면은…나는 이제 처음에 윤우진 씨가 수사를 받는지는 모르고, 나는 그냥 '우진이 형' '우진이 형' 합니다. 대진이하고 나하고 친형제나 다름이 없다 보니까. 그래서 이 양반이 무슨 어디 상의하고 할 게 있으면 자기 동생하고 잘 안 해요. 윤대진 검사가 사람이 좀 칼칼해가지고. 우진이 형이 나하고 주로 얘기를 많이 하는데… 마장동에 육류 수입업자 있잖아요.

– 김○○ 씨?

"이름은 내가 그 당시에는 몰랐는데, 나중에 알았는데. 그 사람이 경찰에서 조사를 받는데 조사기간이 길어지고 이렇게 해도 되는 건지 모르겠다는 둥 이러더라고. 점심 한번 먹자고 해서 만났더니. 자세한 얘기도 안해. 그래서 '변호사가 있습니까' 그랬더니 김앤장에 치안감 출신 변호사도 있고 뭐 어쩌고저쩌고, 그러면 '변호사가 알아서 경찰 만나면 되는 거지, 뭘 형님이 그렇게 관심을 가지쇼' 그랬다고.

그러고 나서 한 달쯤 지나서 5월쯤 될 겁니다. 6월쯤 됐는데 또 한 번 보자고 그래가지고, 어디 막국숫집에서 만나서 얘기를 해보니. 그때는 내가 화를 냈어. '형님 혹시 관련된 거 아니오?' 내가 그랬다고. 그랬더니 아니래.

그래서 내가 그러면 쓸데없이 나한테 뭔 얘기를 하려고 날 부른 거요? 그래서 내가 화를 내고 식사 딱 마치고 그냥 나왔다고. 그랬더니 한참 뒤에 다시 연락이 와가지고, 어디 무슨 병원에 입원해 있다고 그래서 좀 만났으면 좋겠다고 이래가지고. 윤대진은 그때 한창 저축은행으로⋯ 내가 했잖아요. 병원에 입원해 있다는데 어떡해. 대진이한테 알려주지도 않고 내가 갔다고."

"대진이한테는 얘기하지 말고"

– 누가 병원에 입원을? 김○○ 씨가요?

"아니 윤우진 씨가. 어디 병원에 이틀인가 삼일인가 입원을 해 있었다고. 갔더니 '애들(경찰)이 자기를 노린다' 이렇게 얘기하더라고. '아무래도 조만간에 경찰에 한번 가야 할 것 같다' 이렇게 얘기해. 그래서 내가 '그럼 진작에 얘기하지', 변호사가 일단 필요할 테니까. 그러면서 '경찰 수사가 좀 너무 과하다' 이런 얘기를 하더라고.

그런데 아마 그게 내가 그 사건을 지휘하는 검찰 부서에 얘기를 해줬으면 하고 기대하고 하는 얘기인지 어떤지는 모르겠는데. 그건 우리가 할 수가 없잖아요. 어차피 이게 분위기를 딱 보니까, '아 대진이가 이철규(전 경기지방경찰청장)를 집어넣었다고 애들이 지금, 형을 걸은 거구나'하는 생각이 딱 스치더라고.

그래가지고. 이 사람한테 변호사가 일단 필요하겠다. 그리고 지금부터 내가 이 양반하고 사건 갖고 상담을 하면 안 되겠다 싶어가지고, 내가 중수부 연구관 하다가 막 나간 이남석이 보고 '일단 니가 대진이한테는 얘기하지 말고, 대진이 한참 일하니까, 괜히 형 문제 가지고 머리 쓰면 안 되니까, 니가 그러면 윤우진 서장 한번 만나봐라, 그 양반이 또 전화를 안 받을지

4부 치명적 결함, 윤우진 '뇌물 사건'

모르니 문자를 넣어라, 내가 소개한 누구라고 문자를 넣어라, 그러면 아마 답이 올 거다. 만나서 자초지종을, 얘기나 한번 들어보고 변호사로서 니가 볼 때는 어떻게 해야 되는지 좀 해봐라' 그렇게 부탁을 하고 '니가 만약에 선임을 할 수 있으면 선임을 해서 좀 도와드리든가' 이렇게 했단 말이에요.

그런데 아마 만나긴 만난 모양이야. 만났는데, 자기가 이제 수사받는 상황이 되니까 윤우진 서장도 이제는 동생한테 얘기 안 할 수 없잖아요. 얘기 하니까 윤대진 과장이 아마 그런 모양이야. 이남석이는 중수부에 있다가 나간 지 얼마 안 되고 변호사 시작한 지 얼마 안 된다. 그러니까 이남석이한테 맡기지 말고, 자기가 변호사를 고르겠다 이래 가지고 아마 박○○ 변호사라고, 아마 21기 부장하다가 나간 사람이 있다고. 그 양반을 선임한 모양이더라고.

그래서 박○○ 변호사가 경찰도 드나들고 변론을 한 걸로 알고 있고… 이남석이는 초기에 내가 보니까 이거는 변호사의 조언을 좀 받아야 하고, 또 현직 검사가 이제, 아무래도 중수부 과장 형의 사건인데… 내가 이 사람하고 이 사건에 관해서 자초지종을 미주알고주알 얘기하는 것도 적절치가 않을 것 같아서… 일단은 임시로 이남석이를 이제 보낸 거예요. (이남석이) 자기가 도와주겠다. 자기가 윤대진 과장님 형님 같으면 자기가 도와드리겠습니다. 이러고 나가 가지고… 근데 윤대진이는 '변호인은 적절치 않다', 이래 가지고. 박○○ 변호사를 변호인으로 선임한 걸로 알고 있어요."

- 그럼 저 박○○ 변호사를 선임하는 데는? 부장님께서는?

"나는 그건 몰랐어. 나중에."

- 그럼 저 윤대진 부장은···.

"그건 자기네 형제가···. 자기네 형제가 결정을 한 거지."

- 그럼 윤대진 부장하고 윤우진 씨하고 상의해서 결정을?

"그렇지. 아무래도, 자기 형이 문제가 됐으니까. 나는 '일단은 경찰에 가서 조사도 받아야 하고' 이러면은 얘기도 듣고, 아무래도 또 같이 출석을 해야 안 되겠습니까, 변호인이."

- 네.

"그러니까 한번 가서 얘기나 들어 봐라."

출국 직전까지 통화

- 저 광역수사대 쪽 얘기 들어보면, 박○○ 변호사를 선임할 때도 부장님께서 중간에서 조정하셨다는 얘기가 지금 나오고 있는데요. 그건 전혀 아닌가요?

"하하하하, 광역수사대가 어떻게 알아? 만약에 그게 사실이라고 하더라도 광역수사대 애들이 말야, 없는 말을 자꾸 지어내서 얘기하더라고. 아니내가 이 사건에 대해서 뭐 감추고 말고 할 것도 없고, 내가 윤대진이 친한후배고 내 친형제 같은 후배 친형의 문제인데 그러니까 다른 사람 얘기라고 해서 내가 만나서 얘기를 듣다가 본인 문제라고 하니까 내가 더 이상은관여하면 안 되겠다 해가지고 이남석이를 한번 보내서 얘기를 들어봤고,자기네들 형제들이 상의해서 변호사를 선임한 거지 내가 박○○이를 하라,누구를 하라 얘기를 내가 어떻게 하냐고."

- 저기 윤우진 씨하고는 지금 광역수사대에서 확인한 통화내역을 보면 윤우진 씨가 쓰고 있었던 차명폰으로 8월 말경, 그러니까 윤우진 씨가 출국하기 직전까지도 부장님하고 통화기록이 굉장히 많이 나온다고 돼 있는데.

"통화를 자기가 나한테 주로 했어요. 주로 나한테 전화를 하고, 내가 거기에 뭐가 아쉬워서 전화를 하겠어? 하여간 전화를 하면 사람이 정리상 전화를 안 받을 수 없고, 그러고 내가 어느 단계에 가서는 내가 윤대진 과장한테 미안한 말이지만, '형님 보고 나한테 전화를 좀 하지 말라고 해라. 내가 보기엔 전화하는 게 안 좋다', 그 얘기도 윤대진 과장이 형님한테 전하고 해서 전화가 안 왔어요. 광역수사대는 그런 얘기를 뭐 하러 기자들한테 그렇게 하나?"

- 형사 부장님, 차 부장님은 윤우진 씨하고 사이에서 부장님께서 자리 만들어서 소개해 주셨나요?

"나는 차00 부장이랑 윤우진 서장하고 아는 것조차도 모릅니다."

- 같이 만나신 적 없으세요?

"같이 만난 사실도 없고, 그러고 골프 얘기가 자꾸 나오는데, 내가 여기 중수2과장으로 온 게 2010년 8월인데 중수2과장으로 와서 그때부터 내가 주말에 수사하느라고 골프 자체를 친 적이 없어요."

- 그럼 윤우진 씨하고 골프를 같이 치신 건 언제쯤이세요?

"그거는 그 이전이고…"

- 그 이전이요?

"내가 연구관 할 때나 윤대진이랑 같이 대검 연구관 할 때나 아마 지방

윤석열과 검찰개혁

에 근무할 때 주말에 올라와서…"

  – 2007, 2008, 2009년 이때 말씀하시는 거네요?

"그런 상황이고, 얘네들이 무슨 내가 김○○(육류수입업자)라는 사람이랑 공 쳤다고 자꾸 허위사실을 유포하더라고. 김○○라는 사람을 윤우진 서장이 안 것 자체가 2010년이라고 그럽디다."

  – 예. 2010년에 어디 성동세무서장 나가고…

"맞습니다. 나는 윤우진 서장이 이 사람을 안 이후에 윤우진 서장하고 골프를 친 적이 없어요, 그리고 내가 주말에 골프 자체를 친 사실이 없어. 중수부장이 하도 운동하자고 하면 나가서 수사팀하고 같이 나가서 운동한 적은 있어도. 그 한번 물어봐. 중수부에 있는 사람들한테. 우리가 주말에 나가서 공 칠 수가 있는 상황인가. 그리고 무슨 골프 친 것도 내가 먼저 얘기를 한 거야. 내가 저 이런 얘기가 있다고, 이런 얘기가 있다고, 우리 직원들이 동향을 파악해서 알려주길래, '아, 내가 윤우진 서장 잘 알고 또 대진이 친형이고 골프 몇 번 친 적 있다."

  – 그런데 윤우진 서장하고 골프를 친 거는 2007, 8년의 일이고.

"아무리 늦어봐야, 아무리 늦어봐야 2009년일 거야."

  – 그럼 그 후에는 골프 치신 적이 없어요?

"친 적이 없어요. 내가 윤우진 서장하고 골프 칠 여유 자체가 없었어."

  – 그럼 김○○ 씨는 골프장에서 같이 만난 적은 없고, 식사만 했다는 거죠?

"내가? 나는 김○○라는 사람 얼굴을 본 적이 없어요."

  – 얼굴을 본 적이 아예 없으시다고요?

"얼굴 자체를 본 적이 없고. 나는 몰라 그 사람을. 만약에 내가 알면은 윤우진 서장이 '왜 그 사람 있지 않냐'. 이러면서 얘기할 거 아냐. 나는 그 사람 자체를 몰라. 이게 그렇다고 하대. 무슨 김OO라는 사람 무슨 업무 수첩인지, 달력을 보니까 차OO하고 나하고 같이 라운딩한다고 써 있다고 돼 있는데, 나 그렇게 들었거든?

— 맞습니다.

"그런데 나는 이때까지 검사장을 하면서 차OO와 같이 골프 친 적이 없어. 차OO하고 같이 공 친 사실이 없어요."

이남석의 문자메시지

— 그러면 올해 한 2월, 4월경부터 김OO 씨에 대해서 광역수사대에서 수사를 시작했는데, 그러면 그 얘기를 윤우진 서장한테 들으신 거예요?

"윤우진 서장한테 들은 게 5월 말쯤 돼요."

— 그러면 그 얘기를 윤우진 서장은 왜 한 거죠? 본인이 관련된 사건이라고는 얘기를 안 했을 텐데.

"처음부터 나한테 그렇게 얘기는 안 하고 5월 말쯤 됐는데 나하고 밥을 먹자고 그러더라고. 그래서 내가 우리 가끔 만나는 데가 있어요. 밥 먹으면은. 윤우진 서장 댁 앞에."

— 이태원 OOO호텔 말씀하시는 건가요? 일식당?

"그 OOO호텔 밑에 보면 무슨 OO막국수인가, 있어요. 거기서 만나가지고 이 양반이 이런 얘기 저런 얘기 하더니, 야 뭐 자기 가까운 후배가 광역수사대에서 수사를 받는데, 압수수색을 했는데 몇 개월 됐는데도 장부를 돌려주지도 않고, 지금 부가세 신고를 해야 하는데 어쩌고 그런 얘기를 하더라고.

나는 원래 검사하면서 남의 사건에 관여해 본 적이 없어요. 그래서 내가 '변호사가 있냐, 그 사람이' 그랬더니 '김앤장에 변호사가 있다'고 그러더라고. 김앤장에 치안감 출신 변호사라고 하니까 '그럼 됐네, 그럼 그 사람이 알아서 하면 되지. 형이 그거 갖고 관여할 필요가 뭐 있어요?' 그랬더니 뭐 '내가 옆에서 보니까 하도 황당해서 하는 얘기다' 그러더라고. 그래서 내가 그 정도로 듣고 그냥 헤어졌어.

한 달쯤 지났는데 또 점심을 먹자고 해서 만났더니 그 얘기를 또 해. 그래서 내가 두 번째는 '형 나한테 원하는 게 뭐요? 내가 그 사건에 관여라도 해달라는 거요, 뭐요?' 그랬더니, 아 그런 건 아니래. '아니, 그러면 지난번에도 얘기했고, 오늘 나 불러놓고 밥 먹자고 그래놓고 또 이런 얘기를 하는데 도대체 뭐 얘기를 하자는 건가. 도대체 뭐요.' 내가 그날은 숟가락 딱 놓고 나와 버렸다고.

얼마 있다가 자기가 병원에 있다고 그러면서 그래서 좀 와달라고 하더라. 점심시간에. 다 죽어가는 목소리로 그러고. 그래서 내가, 하여튼 뭐 대진이 친형이니까 대진이가 알면 싫어할까 봐 내가 그냥 갔어. 그리고 왜 저러고 병원에 있냐 그러니까. 그랬더니 경찰이 자기를 수사를 한다는 거라. 그래서 왜 진즉에 얘기를 안 했냐. 그랬더니 자기도 몰랐대. 최근에 알았대."

– 시점이 한 6월쯤 되었나요?

"그거는 6월 말 넘어서 한 7월쯤 되지 않았나 싶은데."

– 윤우진 씨가 본인이 광역수사대에서 수사를 받고 있다고 인지한 시점은 2월 말인데요.

"얘기를 안 한 거지."

– 얘기를 안 하신 거네?

"얘기를 안 하고. 빙빙 돌리다가 경찰에 출석을 언제 했나 그건 모르겠는데 경찰 출석하기 직전으로 생각이 돼요. 그러니까 자기가 가야 할 상황이 되니까. 병원에 입원해 있으면서 나한테 연락이 왔어.

그래 가지고 점심시간에 내가 가봤다고, 그랬더니 그 얘기를 하는 거야. 그래서 내가 그러면은 자기는 돈은 안 받았다는 거야. 근데 돈을 받았다는 식으로 한다는 거야. 그리고 내가 돈을 받았으면 직접 받지, 누구를 거쳐서 받은 것처럼 돼 있다는 거야, 그러면은 어차피 경찰에 들어가면 변호사가 필요하니까 내가 한번 가서 같이 출석할 사람, 참여 조사받을 사람 내가 하나 알아보겠다 이래 가지고 내가 이남석이한테 '일단 저 대진이 형이 경찰에 간다니까 니가 가서 한번 만나서 뭔 얘기인지 한번 들어봐라'…

자세한 얘기는 안 듣고 왔거든. 점심시간이고 그래서. 이건 뭐 현직 검사가 경찰 수사하는 내용을 듣고 뭐 가타부타하는 것도 그렇잖아. 이남석이 보고 하라고 하고, 그리고 이제 이 양반이 또 이남석이가 그냥 전화하면 안받을 거 아냐. 다른 데서 걸려 온 전화는 안 받을 수도 있잖아. 그러니까 내가 이남석이한테 문자를 넣어주라고 그랬다고. '윤석열 부장이 보낸 이남석입니다', 이렇게 문자를 넣으면 하여간 너한테 전화가 올 거다. 그러면 만나서 한번 얘기를 들어봐라.

그래서 이제 소환 요청 일자가 임박하니까 그거는 자기 형제들이 의논한 모양이에요. 그러니까 나는 박OO 변호사를 선임한 건 나중에 알았어요. 윤대진 부장한테 내가 들었어. 나한테 그러더라고, '형님, 제가 형한테 얘기를 들었는데요. 남석이는 적절치 않아서 그냥 제가 박OO 선배보고 좀 맡아달라고 하고 수임료도 다 형이 계산한 걸로 알고 있습니다', 그러더라고. 아 그러냐고… 그게 다야.

그리고 윤우진 서장이 나한테 그 후로도 전화를 몇 번 했어요. 하소연하는 거. 그러나 나는 뭐 거기에 대해서 전화 오는 거 안 받을 수는 없잖아. 전화가 오면 윤우진 딱 뜨게 돼 있거든. 내 전화에. 어떨 때는 번호가 저기 내가 모르는 번호가 나오지만, 모르는 번호라도 받아야 하잖아요. 받아보면 윤우진 서장이 전화한 경우도 있고 그랬어요. 그리고 뭐 우리도 수사하는 사람인데 문제가 되면 수사를 받고 처벌을 받을 게 있으면 받아야지. 그 이상도 이하도 없어. 근데 애네들이, 광역수사대 애들이 왜 이렇게 자꾸 없는 얘기를 지어내서 하는지 모르겠어."

– 지금 광역수사대 쪽 얘기를 들어보면 어쨌든 부장님하고, 윤우진 서장하고…

"그리고 변호사를 소개하는 것 자체는 나쁜 일이 아니에요. 가까운 사람이 조사받는다고 하는데 그러면 변호사 소개해 줄 수도 있는 문제고, 하여간 이거는 결과적으로는 이남석이 보고 좀 도와주라고 얘기를 했는데 자기들이 변호사를, 박OO 변호사를 선임한 겁니다. 그리고 내가 박OO을 소

254

4부 치명적 결함. 윤우진 '뇌물 사건'

개했다고 해도 그게 뭐 내가 문제 될 것도 없는 거고. 그러나 팩트 자체는 그렇게 돼 있어요.

그리고 차OO하고 나는 같이 공친 적도 없고, 차OO하고 윤우진 서장하고 잘 아는 사이인 것조차도 나는 최근에 알았어. 최근에. 왜냐면 차OO하고 나랑 윤우진이랑 김OO이랑 골프쳤다는 식으로 막 얘기가 나오니까. 그게 무슨 말이냐고 해가지고, 차OO는 윤대진이랑 또 잘 아니까. 윤우진 서장이 아마 영등포 세무서장하고 차OO이 남부지검 부장을 하니까 같은 관내가 되어 가지고 아마 윤우진 서장이 차OO랑 식사도 하고 그런 모양이더라고. 나는 그거조차도 몰랐어요. 그거는 완전히 팩트하고 안 맞는 얘기고.

그다음에 나는 김OO이란 사람 얼굴도 몰라. 그리고 윤우진 서장이 대진이 하고 나나 자기 동생 친구나 후배나 선배들하고 같이 골프를 친다. 밥을 먹는다 이러면 이 사람이 이제 자기 동생 윤대진 검사가 워낙 칼칼하고 형하고 엮이는 걸 좋아하지 않아가지고 누구 한 사람 데려온 적이 없어요. 나는 윤우진 서장하고 연구관 하던 시절부터 윤대진이랑 같이 식사도 하고 했는데 윤대진 과장 자체가 형이 식사를 우리랑 하고 골프 치면 우리랑 하는 것뿐이지 누구 오는 것 자체를 윤대진은 용납을 안 해. 그러니까 이건 김OO건 누구건 간에 그거는 말이 안 되는 얘기야."

─ 그 OOO호텔 2층에 있는 일식당에서 가끔 만나셨다고 하는 얘기를 들었는데요.

"가끔 만난 거는 아니고요. 내가 지금 기억해보면 여러 사람이랑 저녁 한 번 먹고 그리고 점심 한 번 먹고 이때까지 다 해서. 내가 윤우진 서장을 안 게 6, 7년 되는데 그러고 윤우진 서장하고 나하고 따로 만나면은 주로 OO막국수 옆에 있는 곱집에서 봐. 그러니까 어디 OOO호텔 일식을 안 좋아합니다. 나는 원래 안 좋아해서 웬만하면 회 이런 걸 안 먹으려 해서 내가 그 양반하고 만나면 가지를 않아요. 그러니까 거 뭐라고 얘네들이 말을 붙여놨는지 모르겠는데 궁금한 거 있으면 다 얘기해요. 얘기 안 할 게 하나도 없어요."

"수사한 검사들 같이 골프 쳤다"

- 어쨌든 뭐 광역수사대에서는 부장님하고 윤 서장하고, 김OO 씨하고, 차OO 부장하고 같이 골프를 쳤다고 굳게 믿고 있는 것 같더라고요. 여러 번 쳤고. 그거 좀 여쭤볼게요.

"이 얘기 나온 게 벌써 몇 달 됐어."

- 저도 압니다.

"다 얘기했어요."

- 혹시 예전에 윤우진 서장하고 골프 칠 때 같이 갔던 곳도 S 골프장인가요? 가셨던 것도 여러 번?

"내가 윤우진 서장하고 골프친 게 워낙 오래되니까 많으면 3번이고, 적으면 2번이에요."

- 많으면 3번, 적으면 2번?

"그렇죠."

- 두세 번밖에 안 치신 거네요, 그동안?

"그런데, 윤우진 서장이 어디 끼어서 친 적이 없습니다."

- 그럼 4명 조를 어떻게 맞춰서 가셨어요? 기억을 떠올려 보시면.

"아, 나 그거는 얘기 안 할게요. 그거는 전부 후배들하고 하는 거니까 그건 내가 얘기 안 할게."

- 어쨌든 그 안에는 김OO 씨나, 그런 사람은 없었다?

"김OO라는 사람 얼굴도 모른다니까. 그리고 윤우진 서장이 자기 동생 친구들하고 운동하는데 누구 사람 끼어 갖고는 안 합니다, 그 양반은."

- 윤대진 과장은 자기 동생이니까 같이 불러서 쳤을 거 아닙니까?

"윤대진 과장하고 같이 친 적도 있고, 윤대진 과장이 무슨 일이 있어서 안 나오고 그냥 우리끼리 친 적도 있고 그렇죠. 이를테면 옛날에 같이 수사했던 사람들. 윤대진하고 우리하고 여러 사건을 같이 했기 때문에 같이 수사한 사람들 윤우진 서장이 불러서 공 한 번 치자고 하면 같이 치고 윤대진이랑 윤 서장은 빠지고 다른 사람들끼리 친 적도 있고 같이 친 적도 있고 그래."

- 지금 저기 윤우진 씨 통화내역, 본인 명의로 돼 있는 휴대전화가 하나 있고, 차명폰이 두 개가 있는데요.

"누가?"

- 윤우진 씨가요. 그 3개 통화내역을 보면 유독 법무법인 태평양 변호들과 통화기록이 여러 건 나오는데요. 혹시 태평양 변호사들과도 윤우진 씨 사이에 부장님께서 소개해 주거나 그런 일은 없으셨나요?

"그거는 전혀 모르겠다."

- 전혀 모르세요?

"법무법인 태평양에도 뭐 국세청 출신들이 가 있어서 그런 거 아냐?"

- 전 이제 듣기로는 법무법인 태평양 소속 변호사들이래요.

"나는 법무법인 태평양에 누구를 소개해 준 적이 없어요. 자기가 출석을 한다고 하니까 경찰에 가야 할 상황이 된다고 하니까 내가 이남석이 보고 내가 사건 내용도 깊이 안 물어봤어요. 자기가 돈 안 받는데 돈 받았다고 한다고 하니까 이남석이 보고 '그럼 니가 가서 물어보고 경찰에 가서 니가 조사하는 거 입회하게 되면 하고 도와드려라' '예 제가 도와주겠습니다'라고 한 게 다고. 실제 변호사 선임은 형제들이 했습니다. 궁금한 거 있으면 다 물어봐 내가 얘기해 줄게."

윤우진,
마침내 입 열다

2020년 12월 31일. 나는 윤우진 씨를 만났다.

윤 씨의 측근 인사 L의 전화를 받은 건 당일 오후 3시쯤이었다. 한 해의 마지막 날, 이른 퇴근을 준비하던 중이었다. L은 다짜고짜 "윤우진 서장이 오늘 한상진 기자를 보고 싶어 한다"고 말했다. 인터뷰를 요청한 지 3개월 만에 온 답이었다. 나는 "좋다"고 답했다.

내가 처음 윤 씨 측에 만남을 제안한 건 2020년 10월경이었다. 추미애 법무부 장관이 윤석열 당시 검찰총장 관련 5개 사건에 대해 수사지휘를 할 때쯤이었다. 2015년 검찰이 무혐의 종결처리했던 '윤우진 뇌물 사건'도 재수사 대상 중 하나였다.

윤 씨와 나 사이에는 그와 가까운 한 사업가가 있었다. 그가 나의 말과 윤 씨의 말을 이리저리 전달했다. 처음 만남을 요청했을 때, 검찰 재수사를 피해 제주도에 숨어 살던 윤 씨는 단박에 거절 의사를 전했다. 나는 포기하지 않고 계속 윤 씨 측과 소통했다.

미동도 안 하던 윤 씨가 반응을 보인 건 2020년 12월 〈뉴스타파〉가 윤우진 관련 후속보도를 3차례 한 뒤였다. 2012년 윤우진 뇌물 사건에 관련된 사람들,[7] 변호사 소개 의혹에 대한 윤석열과 윤우진의 서로 다른 주장,[8] 윤우진의 국세청 세무조사 무마 로비 의혹을 다룬 기사였다.[9]

나중에 들어보니, 윤 씨를 가장 크게 자극한 건 12월 30일 나간 마지막 기사였다. 2012년 윤우진 뇌물 사건 당시 참고인으로 경찰 수사를 받은 국세청 간부들의 육성이 담긴 기사였다. 윤 씨 측근인 L은 "윤 서장이 이 기사를 보고 적잖이 충격을 받았다"고 말했다. 이 기사를 보고 하루 만에 나를 만나기로 결심했다는 것이다.

저녁 7시, 윤우진 씨와 나는 서울 종로구 인사동에 있는 한정식집에서 만났다. 윤 씨 측 사람 두 명과 함께였다. 우리 나이로 68세인 윤 씨는 진한 감색의 점퍼 차림으로 약속장소에 나타났다. 수백만 원을 호가하는 프랑스산 명품 점퍼 차림이 먼저 눈에 들어왔다. 경제적으로 어려워 보이지는 않았다.

그는 앉자마자 고통을 호소했다. 우울증과 공황장애로 거의 매일 병원 치료를 받는다고 했고, 한의원에도 다닌다고 말했다. 매 끼니 한 움큼씩 약

---

7) 한상진, "윤우진 뇌물 사건 핵심 3인방은 어디에… 추가 로비의혹 나와", 〈뉴스타파〉(2020.12.8).
8) 조원일, 같은 기사. 〈뉴스타파〉(2020.12.28).
9) 한상진, 같은 기사. 〈뉴스타파〉(2020.12.30).

4부 치명적 결함, 윤우진 '뇌물 사건'

을 먹어야 버틴다며 약통을 꺼내 보이기도 했다. 추미애 전 법무부 장관의 지시로 재수사가 시작된 뒤 인생이 만신창이가 됐다고 하소연했다. 그러면서도 상당한 양의 막걸리를 마셨다.

윤 씨는 검찰 수사로 고통받는 자신의 처지를 비관하면서, 윤석열 검찰총장과 자신의 친동생인 윤대진 검사장에게 그 책임을 돌렸다. "윤석열, 윤대진 때문에 내가 이런 처지가 됐다"거나 "내 전화도 안 받고 나를 사람 취급도 안 한다"는 식이었다.

대화 대부분은 윤 씨의 넋두리였다. 고향인 충남 청양을 떠나 대전으로 이사한 뒤 극장에서 껌을 팔며 생계를 이어간 얘기, 나이 차이가 크게 나는 동생들을 키우다시피 했던 얘기, 가까스로 국세청 공무원이 된 얘기, 세상을 떠난 어머니 얘기 등이었다. 그는 대화 중 여러 번 눈물을 보이며 처지를 비관했다.

대화를 나눠보니, 나에게 만나자고 한 이유를 알 수 있었다. "더는 나에 관한 기사를 쓰지 말아 달라" "내 주변 사람과 사생활을 까발리는 기사를 쓰지 말아 달라"는 요청이었다. 2020년 12월 〈뉴스타파〉가 내놓은 윤우진 기사 3개에 대해 특히 억울함을 호소했다.

그리고 그날 윤 씨는 나에게 "윤석열이 이남석 변호사를 소개해 줬다"고 분명히 말했다.

내가 윤 씨에게 석 달 넘게 만남을 요청했던 이유는 딱 하나였다. 나는 윤석열 검찰총장 인사청문회 당일 제기됐던 논란, '윤석열이 뇌물 사건 피의자인 윤우진에게 이남석 변호사를 소개한 게 사실이냐 아니냐'는 논란에 종지부를 찍고 싶었다.

"윤석열이 변호사 소개했다"

사건 당사자인 윤석열, 윤대진, 이남석 세 사람이 입을 맞춘 상황에서, 남아 있는 사건 당사자는 윤우진 씨밖에 없었다. 그를 반드시 만나야 했던 이유다. 막걸리를 마시며 대화를 나눈 지 두 시간쯤 됐을 때, 나는 이남석 변호사를 누구 소개로 알게 됐는지, 조심스레 물어봤다. 그는 의외로 쉽고 간단하게 답했다.

"이남석이가, 내가 그것도 기억은 안 났는데, 문자가 와서 '윤석열 선배가 보냈습니다. 만나보라고 해서 왔습니다.' 그래서 내가 만난 걸로 그렇게 기억은 해요."

"윤석열 부장검사가 이남석 변호사를 소개했다"는 말이었다. 나는 재차 물었다.

"그러니까 이남석이 문자를 보내면서 '윤석열 선배가 소개해서 전화드렸다'고 한 얘기는 기억이 나시는 거예요?"

그가 분명히 답했다.

"그건 기억이 나요."

5시간 넘게 이어진 술자리에서 윤 씨는 이남석 변호사를 소개받은 과정을 두 가지 버전으로 설명했다. 하나는 자신이 직접 겪은 이남석 변호사 소개 과정. 윤 씨는 이 부분에서는 "윤석열이 이남석을 자신에게 보냈다"고 분명히 말했다. 다음은 윤 씨와의 대화. (굵은 글씨가 윤 씨 말)

"내가 그때(2012년 7월경) 거기(식당)서 (윤석열을) 만났을 때 그런 얘기(자신의 뇌물 사건)는 했을 수 있겠지. '내가 조사를 받는다'. 근데 쟤들(윤석열)은 씨알이 안 먹혀, (윤)대진이도 그렇고. 그러니까 나중에 이남석이가, 내가 그것도 기억은 안 나는데, 문자가 와서 '윤석열 선배가 보냈습니다. 만나보라고 해서 왔습니다.' 그래서 내가 만난 걸로 그렇게 기억은 해요."

"그러니까 이남석이 문자를 보내면서 윤석열 선배가 소개해서 전화드렸다고 그 얘기는 기억이 나시는 거예요?"

"그건 기억이 나요. 그것도 기억이 안 났는데, 나중에 보니까 그런 것 같아. 그러면 문자 보낸 걸 나중에 나한테 보내주세요."

"그건 제가 없죠."

"지(윤석열)가 (이남석 변호사) 보냈다고 안 했어요? 나중에?"

"안 했다니까요."

"끝까지?"

"끝까지. 그래서 지금 이 문제가 계속 커진 거예요."

두 번째는 자신이 윤석열 전 총장과 동생 윤대진 검사에게 전해 들었다는 내용. 그는 이렇게 말했다.

"아니, 그건 제가 설명을 해 드릴게요, 설명해 드릴게. 나는 기억이 잘 안 나요, 몰랐는데. 이남석이가 대진이하고 석열이 밑에서 일하다가 사표를 냈대요. 사표를 내고 사표를 낸다고 인사를 하러 갔는데 대진이가 '우리 형이 이렇게 심약하니까 니가 가서 카운셀링을 해 드려라' 그렇게 얘기를 (하더래요). 나는 나중에 들은 얘기예요.

"아니, 이남석 변호사가 문자를 먼저 (서장님께) 문자를 보냈잖아요."

"아니, 아니, 그렇게 하니까 그 자리에서 윤석열이가 같이 있다가 대진이 요새 (바쁘니까…) 형제간에 변호사를 소개하면 아무 이상이 없다면서요?"

"네네. 그럼요."

"근데 거꾸로 (윤석열이) '대진이 일하는 것도 많고 경찰에서 표적수사를 하니까 구설에 오를 수 있으니까 내가 보냈다고 해라'고 했다고…그렇게 나는 들었어요. 그리고 이남석이가 와서 '윤석열 선배가 보내서 온 이남석 변호삽니다' 그렇게 문자를… 난 기억은 잘 없는데… 그렇게 보냈다는 거야."

"문자를 직접 받으셨을 거 아녜요?"

"아니, 근데 10년 됐으니까 내가 기억이…."

"윤석열과 윤대진이 상의해 이남석 변호사를 윤우진에게 소개했다"는 말이었다. 어찌 됐건, 이남석 변호사를 소개받는 과정에 윤석열 검사가 관여한 건 사실이라는 말이었다. 윤 씨의 이런 설명은 인사청문회 당시 윤석열 후보자가 내놓은 답변과는 180도 다른 것이었다.

당시 윤 후보자는 소위 '변호사 소개 의혹'에 대해 여러 번 말을 바꾼 뒤, "이남석 변호사를 윤우진에게 소개한 건 윤대진 검사다. 나는 그 사건에 대해 어떤 식으로든 개입한 사실이 없다"고 입장을 정리했다.

윤 씨 옆에 앉아 대화를 듣고 있던 그의 오래된 측근은 "윤석열이 이남석 변호사를 윤우진에게 소개한 건 사실입니다. 그건 제가 잘 알아요"라며 맞장구를 쳤다.

'뇌물 언론인' 16명 명단

윤 씨는 2012년 경찰이 수사한 자신의 뇌물수수 의혹에 대해선 억울함을 호소했다. 사업가로부터 골프접대를 받은 것은 일부 사실이지만 그 외 혐의는 모두 사실이 아니라는 주장이었다.

특히 자신에게 뇌물을 준 육류수입업자 김 씨의 세무 대리를 맡은 안모 세무사에게 5000만 원을 받았다는 혐의에 대해 억울해했다. 1977년부터 국세청에 같이 근무하면서 40년 넘게 친분을 가진 사람에게 선의로 빌린 돈인데 경찰이 이를 뇌물로 판단했다는 주장이었다. 한마디로 경찰이 표적/위법수사를 했다는 것이다.

윤 씨는 위법수사 책임자로 조현오 당시 경찰청장과 황운하 경찰청 수사기획관을 지목했다. 이 두 사람의 사주를 받고 서울경찰청 광역수사대가 무리한 수사를 했다는 것이다.

윤 씨는 경찰이 편파수사를 했다고도 주장했다. 2012년 수사 당시 경찰은 윤 씨가 육류수입업자에게 현금과 골프비 대납을 제공받은 것 외에 갈비세트 100개를 받아 챙긴 것도 뇌물로 보고 수사했다. 2011년 추석 명절에 영등포세무서장 윤우진이 직원들을 동원해 받은 것이었다. 경찰 수사에 따르면, 윤 씨는 이렇게 받은 갈비세트를 대부분 언론인과 경찰, 검찰 간부들에게 명절선물로 살포했다.

윤 씨는 2012년 경찰 수사 당시 "갈비세트를 받아간 언론인 16명의 명단을 경찰에 제출했지만, 경찰이 이 부분은 문제 삼지도, 언론에 흘리지도 않았다"고 주장했다. 만약 갈비세트가 뇌물이었다면, 이 뇌물을 최종적으로 받은 사람들도 수사하고 언론에 알려 망신을 줘야 하는데, 하지 않았으니 편파수사라는 것이다. 그는 갈비세트를 받아간 언론인 이름은 구체적으로 밝히지 않았지만, 대부분 여의도에 있던 주요 방송사 간부들이라는 취지로 말했다.

자정 너머 이어진 '막걸리 파티'는 화기애애하게 끝났다. 윤 씨는 이 자리에서 해 준 얘기, 즉 "이남석 변호사를 윤석열에게 소개받았다"는 증언을 조만간 정식인터뷰에서 다시 확인해 주기로 약속한 뒤 나와 헤어졌다.

그 대신 자신의 '사생활'과 관련된 보도는 더는 하지 말라고 부탁했다. 나는 그렇게 하겠다고 답했다. 며칠 뒤, 우리는 논의 끝에 정식인터뷰를 진행할 날짜와 장소를 결정했다. 새해(2021년) 1월 9일 저녁 서울 강남의 한 호텔 중식당이었다.

하지만 두 번째 만남에서 윤우진은 돌변했다. 그는 약속장소에 들어오자마자 "이남석 변호사를 소개한 사람이 윤석열인지, 윤대진인지 모르겠다"며 열흘 전 나에게 했던 말을 뒤집었다. 당황한 나는 그와 두 시간 넘게 옥신각신했다. "왜 얘기가 달라졌냐"는 질문에 그는 "기억이 정확하지 않다"고 답했다. 한때 고성이 오갈 정도로 분위기가 좋지 않았던 두 번째 만남은 그렇게 파행으로 끝났다.

4부 치명적 결함, 윤우진 '뇌물 사건'

윤 씨가 돌변한 이유를 아는 데는 채 하루도 걸리지 않았다. 그의 측근인 L을 통해서였다. L은 이렇게 말했다.

"한 기자를 만난 뒤, 윤우진 서장이 한 기자와 나눈 대화 내용을 검사출신인 자신의 변호인에게 말해 줬습니다. 그런데 변호인이 윤 서장에게 '왜 이런 시점에 기자를 만났느냐' '왜 윤석열 검찰총장을 자극하는 발언을 했느냐'고 난리를 쳤다는 겁니다. '검찰이 수사하는 상황에서 윤 총장에게 불리한 기사가 나가면 불이익을 받을 수 있다'고 윤우진에게 겁을 줬다고 들었습니다. 그래서 어제 증언을 번복했던 겁니다."

윤 씨가 말을 바꾼 뒤, 그와 한 인터뷰 내용을 보도하려던 계획은 미뤄졌다. 당사자가 진술을 바꾼 상황에서 보도를 강행하기는 어렵다고 판단했다. 이후 나는 윤 씨 측에 "한 치의 거짓도 없이 본인이 알고 있는 사실을 얘기해 달라"는 요청을 반복해 보냈다.

Y의 '윤우진 진정서'

2021년 5월 〈뉴스타파〉에 윤우진 씨에 관한 제보가 들어왔다. 제보자는 여성사업가 Y 씨.

Y는 인천 영종도에서 대형낚시터를 운영하는 최모 씨를 통해 2017년 말 윤우진 씨를 처음 알게 됐다고 했다. 윤 씨 측근인 최 씨와 함께 사업하면서 윤 씨와 여러 차례 돈거래를 했는데, 그 과정에서 7억 원 넘는 금전 피해를 봤다고 주장했다. 최 씨는 윤 씨가 2012년 경찰 수사를 피해 해외로 도피했을 때 동행했던 사람이다.

Y는 검찰에 진정서를 낸 사실도 밝혔다. 지난해 윤 씨에 대해 검찰이 재수사에 나선 직후 인천지검에 "윤우진을 처벌해 달라"는 내용의 진정을 냈지만, 곧바로 기각됐다. 이후 서울중앙지검 형사13부에 비슷한 내용의 진정서를 다시 냈다. Y는 검사의 요청을 받고 서울중앙지검에 두 번 들어가 진정인 조사도 받았다고 말했다.

Y의 설명과 진정서에 따르면, 윤우진 씨는 Y와 최 씨가 공동 창업한 부동산개발회사에 5억 원을 빌려줬다. 이후 윤 씨는 매달 이자로 1500만 원을 받아갔다. 연리 30%가 넘는 고리대금이었다. 이자는 1년 넘게 지급했다고 한다.

Y는 나와 두 번째 만난 5월 15일, 2018~2019년 자신이 작성한 다이어리를 공개했다. 다이어리에는 윤 씨를 만난 날 그에게 지급한 이자 등이 상세히 기록됐다. 예를 들어 2018년 5월 6일에는 '윤 회장 1500만 원', 같은 달 21일에는 '윤 1500만 이자' 같은 식으로 기재됐다. 2018년 한 해 다이어리를 보면, 매달 서너 차례 윤 씨를 만난 것으로 나온다.

Y는 윤 씨에게 지급한 고문료, 고위직 공무원들에게 밥값, 술값, 골프비를 낸 카드 사용 명세 등도 공개했다. Y에 따르면 윤 씨는 고리대금을 챙긴 데서 그치지 않고, 사업자금을 빌려준 것을 빌미로 반강제적으로 고문료와 세무기장 비용을 매달 받아가고, 고위공무원이나 검사, 정치인을 만날 때마다 자신을 불러내 밥값, 술값을 내게 하고, 골프비를 대신 결제하게 했다는 것이다. Y는 "고위공무원들이 윤우진에게 인사청탁, 사건청탁을 하는 모습을 여러 번 목격했다"고 말했다.

Y가 공개한 자료 중에는 윤 씨 소개로 알게 된 고위공무원들에게 받은 명함도 있었다. Y는 내게 손모 부장검사와 특수부 검사 출신 김모 전 관세청장, 검사장 출신 신모 법무법인 S 대표, S건설사 이모 부사장 등 윤 씨와 가까운 사람들을 만난 장소와 대화 내용, 심지어 식사 메뉴까지 말해줬다. 법인카드 사용 명세서가 확실한 물증이었다.

Y에 따르면 윤우진 씨는 이들과 만나 사건처리나 인사 문제를 상의했다고 한다. Y는 진정서에서, 모 사찰에서 만난 S건설 이 부사장이 현직 검사인 자기 남편을 위해 윤 씨에게 인사청탁을 했다는 사실도 폭로했다.

진정서에는 윤석열 전 검찰총장과 윤대진 검사장 이름도 등장한다. 최씨가 윤우진 씨의 '배경'을 과시했다는 대목에서다.

Y가 '윤우진 진정서' 문제로 서울중앙지검 형사13부 소속 검사를 만난 건 2020년 11월 9일이었다. 오후 2시부터 4시간가량 면담을 진행했다. 그리고 3일 후인 11월 12일 다시 검찰청에 들어가 진술조서를 작성했다.

Y는 이후 한 번 더 검찰에 출석해 윤 씨의 주변사람들, 특히 Y가 윤 씨에게 불려 다니며 밥과 술을 사고 골프비를 대납한 사람들에 대한 진술을 추가하기로 검사와 약속했다고 말했다. 아울러 각종 자료를 검찰에 제출했다고 했다. 나에게 공개한 밥값, 술값, 골프비 대납 내역과 윤우진 소개로 만난 전·현직 고위공직자들의 명함이다.

하지만 검사가 약속했던 추가 조사는 이뤄지지 않았다고 한다. 검찰이 몇 달이 지나도록 아예 연락도 하지 않았다는 것이다. Y는 "전·현직 검사들에게 접대했다는 내 말이 영향을 미친 것 같다는 생각이 들었다"고 말했다.

취재진은 서울중앙지검에 연락해 "전·현직 검사들의 비위사실을 알리자 검찰이 수사를 중단했다"는 Y의 주장을 어떻게 생각하는지 물었다. 중앙지검 측은 "현재 이 사건은 진행 중이고 검토 중이다"라는 답변을 보내왔다.

전·현직 검사 등 고위공직자들이 윤 씨의 스폰서 노릇을 한 Y에게 수십만 원짜리 밥과 술을 얻어먹고, 골프비를 대납시킨 행위는 '부정청탁 및 금품 등 수수의 금지에 관한 법률'(김영란법) 저촉 대상이다. 검사는 왜 Y를 더 부르지 않는 걸까?

PART 05

처가 의혹과
'윤로남불'

도이치모터스
주가조작 의혹

3월인데도 봄 같지 않은 날씨였다. 서울의 체감 온도는 영하 5도였고 때 아닌 눈까지 내렸다. 궂은 날씨 속에도 서울 서초동 대검 예식장은 하객들로 인산인해를 이뤘다. 축의금을 내려는 줄은 2층 예식장에서 시작해 1층 복도를 지나 건물 바깥까지 이어졌다. 결혼식에 참석하려는 차들 때문에 서초역 일대는 교통정체가 빚어졌다. 2012년 3월 11일이었다.

이 성대한 결혼식의 주인공은 당시 우리 나이로 53세이던 윤석열 대검 중수1과장과 12살 연하의 신부 김건희 씨였다. 잘 나가는 특수부 검사가 나이 차 많은 신부에게 늦장가를 가는 바람에 하객이 엄청나게 몰렸다는 점을 제외하면, 이 결혼에 특별한 점은 없어 보였다.

2017년 윤석열이 서울중앙지검장에 발탁되고 난 뒤부터 이 결혼의 특별한 점이 하나씩 알려지기 시작했다. 먼저 화제가 된 건 신부 김 씨의 막대한 재산이었다. 2018년 3월 일반에 처음 공개한 윤 검사의 재산 내역에 따르면, 본인의 재산은 예금 2억 4000만 원 정도인데, 부인의 재산은 60억 원이 넘었기 때문이다. 김 씨는 젊은 나이에 어떻게 그렇게 많은 재산을 모았을까?

뭔가 해명할 필요라도 느낀 듯, 다음 달인 2018년 4월 김 씨는 〈주간조선〉 인터뷰에 응했다.[1] "1990년대 후반 IT 붐이 일 때 주식으로 번 돈을 밑천 삼아 사업체를 운영하며 불렸다"고 재산 증식 과정을 설명했다. 남편에 대해서는 "결혼 당시 통장에 2000만 원밖에 없었다"면서 "가진 돈도 없고 내가 아니면 영 결혼을 못할 것 같았다"고 말했다. '정당하게 돈을 번 부유한 여성 사업가가 돈 없는 검사를 안쓰러워해서 결혼을 해줬다'는 뜻으로 비쳤다. 그녀의 말이 얼마나 사실에 들어맞는지, 재산 형성 과정에 문제가 없었는지는 다음 장에서부터 확인해보자.

얼마 지나지 않아 이 결혼의 두 번째 특별한 점이 알려졌다. 바로 유별난 장모의 존재다. 2018년 8월 윤석열 서울중앙지검장의 장모 최은순 씨에 관한 기사가 〈신동아〉에 나왔다.[2] 2년 뒤 세간을 시끄럽게 했던 이른바 '340억 잔고증명서 위조 사건'을 본격적으로 다룬 첫 기사였지만, 그때는 큰 주목을 받지 못했다.

이 사건은 최 씨가 동업자 안모 씨와 함께 경기도 성남의 땅을 공매로 사

---

1) 황은순, "윤석열 지검장의 재력가 부인은 누구?", 〈주간조선〉(2018.4.9).
2) 허만섭, "윤석열 지검장 장모의 이상한 법정 증언", 〈신동아〉(2018년 9월호).

들여 수십억 원의 이익을 취득하는 과정에서 파생됐다. 이 사건을 비롯해 최 씨가 벌인 여러 부동산 투자 사업에는 두 가지 공통점이 있다. 첫째, 돈을 벌기 위해서 온갖 수법을 동원한다. 둘째, 동업자들에게 반드시 법적으로 문제가 생긴다는 점이다. 이 과정에서 우연의 일치인지 몰라도 검찰권이 항상 최 씨에게 유리하게, 동업자들에게 불리하게 작동했다는 점이 눈길을 끈다.

윤석열이 그저 한 명의 특수부 검사라고 할지라도 하나같이 문제가 될 법한 사안들이다. 하물며 그가 전국 검찰을 지휘하는 검찰총장에 오르고, 나아가 국가권력의 최정점인 대통령을 바라보는 위치에까지 이르렀으니 검증을 피하기는 더욱 어려워졌다.

인사청문회 '거짓말'

나는 2020년부터 윤석열 전 총장 처가 의혹을 쫓아왔다. 먼저 부인 김 씨가 연루된 도이치모터스 주가조작 의혹 사건부터 들여다보자.

이야기는 2019년 7월 8일, 윤석열 검찰총장 후보자의 인사청문회로 거슬러 올라간다. 당시만 해도 '적폐수사 영웅' 윤석열 후보자를 엄호해 검찰총장 자리에 앉히려는 여당 의원들과 윤 후보자를 낙마시키려는 야당 사이에 팽팽한 전운이 감돌았다. 지금과는 정반대였던 양당 의원들의 태도를 생각하면 쓴웃음이 나온다.

인사청문회를 앞두고 여러 의혹을 적극적으로 제기한 것도 보수언론과 극우매체들이었다. 비록 이념지향성이 강한 보수언론과 극우매체들의 보도였지만, 관심을 가지고 기사들을 일별했다. 사실이라는 건 정파와 무관하니까. 그런데 그중에 '꽂히는' 게 하나 있었다. 김건희 씨의 도이치파이낸셜 주식 의혹이었다.

도이치파이낸셜은 독일 자동차 BMW를 수입해 파는 도이치모터스의 자회사다. 현대자동차가 차를 팔 때 자동차 할부금융을 현대캐피탈이 전담하는 것처럼 도이치모터스가 BMW를 팔 때는 도이치파이낸셜이 자동차 할부금융을 맡는다.

그러니까 이 회사는 도이치모터스가 계속 BMW를 파는 한 자동으로 매출이 발생하는 회사다. 누워서 떡 먹기, 손 짚고 헤엄치기식으로 돈을 벌 수 있기에 갖고 있기만 해도 주식 가치는 계속 올라간다. 바로 그런 이유로 이렇게 내부 거래의 비중이 큰 회사의 주식은 통상 사주 일가가 나누어 가지거나 승계를 받아야 하는 2세나 3세가 가진다. 현대그룹의 글로비스나 SK그룹의 SK C&C, 삼성그룹의 에버랜드 같은 회사를 떠올리면 되겠다.

2013년 김건희 씨는 이 알짜 회사의 주식 40만 주를 사들였다. 비상장이기 때문에 일반인은 사고 싶어도 살 수 없는 주식이었다. 그것도 회사 설립 직후에 배정받은 물량이었다. 가격은 액면가인 주당 500원. 어떤 이유에선지 몰라도 도이치모터스의 사주인 권오수 회장이 처음부터 김 씨에게 특혜를 주기로 마음을 먹었다고 생각할 수밖에 없다. 특수관계가 아닌 다음에야 불가능한 일이다.

그리고 2년 뒤 예상대로 도이치파이낸셜은 흑자전환했고 도이치파이낸셜 주식은 1500원에 거래가 됐다. 김 씨가 가진 40만 주의 평가액은 2억 원

에서 6억 원으로 부풀었다.[3]

이뿐이 아니다. 김 씨는 2017년 1월 도이치파이낸셜 주식 20억 원어치를 더 사기로 계약을 맺었다. 그런데 이때 계약한 가격은 주당 800원이었다. 이미 주당 1500원에 거래가 되는 주식을 주당 800원에 주겠다는 거다.

만약 거래가 성사되었더라면 김 씨는 앉아서 17억 5000만 원을 벌었을 거다. 노골적인 특혜다. 비록 윤석열 검사가 중앙지검장이 되고 난 뒤 거래를 취소하는 바람에 특혜는 미수에 그쳤지만, 이쯤 되면 도이치모터스 사주인 권오수 회장과 김 씨가 대체 어떤 관계인지 의문을 품지 않을 수 없다. 2019년 7월 윤석열 검찰총장 후보자가 인사청문회에서 이 문제를 어떻게 해명할지 궁금했다.

청문회 전에 제출한 서면 답변서에서, 윤석열 후보자는 부인이 2013년에 사들인 2억 원어치 주식에 대해 "공모를 통해 배정받았다"고 해명했다. 거짓말이었다. 당시 공모 절차가 아예 없었기 때문이다. 20억 원어치의 주식 매매 계약에 대해서는 "수익이 보장되는 배당 우선주가 아니라 일반주였기 때문에 싸게 계약했다"고 답변했다. 역시 이치에 맞지 않는 해명이었다. 배당주가 아닌 일반주가 1500원에 거래된 적이 있었기 때문이다.

두둥. 드디어 청문회 막이 올랐다. 그런데 허탈하게도 청문회에서는 이 문제가 거의 다뤄지지 않았다. 윤석열 후보자가 관련 자료를 전혀 제출하

---

3) 윤석열은 서울중앙지검장에 임명된 이후 김건희가 이때 배정받은 도이치모터스 주식 2억 원어치를 시세차익 없이 2억 1300만 원에 매도했다고 주장했다. 사실이라면 6억 원어치 주식을 누군가에게 2억 1300만 원에 매도했다는 얘기다. 따라서 그 '누군가'가 누구인지는 중요한 쟁점이다. 인사청문회 위원들은 이를 밝히기 위해 매도 계약서를 제출하라고 요구했으나 윤석열은 응하지 않았다.

지 않았기 때문이다. 인사 청문위원들은 주식거래 계약서 등의 자료를 제출하라고 요구했지만, 윤 후보자는 "배우자의 과거 재산 증식 문제는 본인과 관계가 없다"며 무시해 버렸다.

증인으로 채택된 권오수 도이치모터스 회장은 마치 사전 조율이라도 한 것처럼 청문회에 불출석했다. 공격적인 검증을 하고 싶어도 '재료'가 별로 없었다. 윤 후보자는 청문회에서 부인 김 씨의 주식 관련 의혹을 그냥 '뭉 갰다'.

당시 바른미래당 소속이던 채이배 의원만이 외롭게 이 문제를 거론하며 고군분투했다. 만약 여당인 민주당 의원들이 참전했더라면 양상은 조금 달라졌을지도 모르겠다. 그러나 당시 민주당 의원들은 윤석열 후보자와 관련된 의혹을 차단하는 데만 모든 관심이 쏠려 있었다. 게다가 청문회 막판이 책을 함께 쓴 한상진 기자가 윤우진 사건과 관련된 윤 후보자와의 통화 녹취를 보도하면서 김 씨의 도이치파이낸셜 주식 문제는 완전히 잊혔다.

한밤중에 날아온 이메일

인사청문회가 끝난 뒤, 나는 김 씨의 도이치파이낸셜 주식 문제에 관심을 두고 취재를 시작했다. 도이치파이낸셜이 비상장회사여서 공시자료 등에서는 실마리를 찾기 힘들었다. 검사들이 재소자를 수사에 이용하는 실태를 파헤친 '죄수와 검사' 연속 보도를 하던 때라 시간을 많이 내기도 어려운 상황이었다. 그래도 틈이 날 때마다 도이치모터스 주변을 수소문하며 여기저기 찔러봤지만 이렇다 할 성과는 없었다.

그로부터 다섯 달이 지난 2019년 12월 초, 이때쯤 되니 워낙 바쁘기도 하고 시간도 많이 흘러 김 씨 주식에 관한 취재는 거의 반 포기한 상태였다. 그런데 갑작스러운 반전이 생겼다.

그날은 첫째 딸의 생일이었기 때문에 기억이 생생하다. 집에서 간단한 생일 파티를 하고 가족과 시간을 보내다 잠자리에 들던 순간, 새로운 메일이 도착했다는 알림이 왔다. 침대에 누운 채 무심코 이메일함을 열었다. 밤 11시가 넘은 시각이었다. 제목을 보고 곧바로 스프링처럼 몸을 일으켰다.

윤석열 총장 배우자 주가조작 정황 제보합니다.

급하게 일어나 거실로 나가다 다리를 침대 모서리에 부딪혔다. 아픈 다리를 감싸 쥐며 메일을 읽었다.

안녕하세요. ○○경찰서 ○○○ 경감이라고 합니다. 우연히 받게 된 내사 자료에 윤석열 배우자이자 도이치모터스사 주주 김건희가 주가 상승 조작을 조건으로, 주가조작 혐의자에게 돈을 건네줬다는 정황이 있어 제보합니다. 문제는 여타 근거 자료가 없어서 입증에 많은 어려움이 있다는 점입니다. 연락주시면 자세한 내용 설명드리겠습니다.

다음 날 서울 모 경찰서 앞 커피숍에서 제보자를 만났다. 현직 경찰관이었다. '죄수와 검사' 시리즈에 나오는 전직 검사의 주가조작 기사를 보고 〈

뉴스타파〉에 제보를 하기로 마음먹었다고 했다. 기사를 통해 신뢰를 쌓고 그 신뢰가 다시 중요 제보로 이어지는, 탐사보도의 선순환이다.

경찰 내사보고서

그가 건넨 자료를 급하게 훑어봤다. 정말로 '김건희'라는 이름이 있었다. 그런데 안타깝게도 제보자는 자료 작성자가 아닌 터라 자료에 대해 아는 내용이 거의 없었다.

보고서를 받아 사무실로 돌아온 뒤 천천히 여러 번 되풀이해서 읽어보았다. 2013년 작성된 경찰 내사보고서의 토대는 주식시장에서 주가조작 '선수'로 활동하던 이모 씨의 자필서였다. 이 씨의 자필서 내용을 제3자 시점에서 요약한 형태로 기재한 뒤 이를 뒷받침하는 조사 결과와 경찰관 자신의 해석을 번갈아 서술한 형태다.

이OO은 2009년 11월 중순 강남구 삼성동 도심 공항 터미널 부근 증권브로커 정OO 회장의 사무실에서 도이치모터스 회장 권오수를 소개받고, 잦은 만남을 갖던 중 권오수로부터 시세 조정 제의를 받고 이를 승낙하였으며, 2009.11~12월 말경 주가는 1800원 상당이었다고 함.

2010. 2월 초순경 권오수 회장이 이OO에게 김OO, 양OO 등을 소개해 주었고, 증권 계좌를 위탁하면 높은 수익과 원금을 보장하겠다고 제의하여 도이치모터스 주주인 양OO가 삼성증권 계좌를 위탁하였음. 그 후 또 다른 도이치모터스 주주인 김건희를

강남구 학동 사거리 근처 동인이 경영하는 미니자동차 매장 2층에서 이〇〇에게 소개하고 주식을 일임하면서 신한증권 계좌 10억 원으로 도이치 주식을 매수하게 되었음.

요약하면, 권오수 회장이 자기 회사인 도이치모터스의 주가를 올리기 위해 주가조작 '선수'인 이 씨에게 의뢰해 주가조작 작전을 펼쳤는데, 여기에 도이치모터스 주주들이 '전주'로 참여했다는 것이다. 그리고 김 씨도 도이치모터스의 주주이자 전주로서 자신이 가진 주식과 증권계좌, 10억 원을 '선수'인 이 씨에게 맡겼다는 것이다.

당시 1800원이던 주가는 그로부터 1년 만에 4000원을 넘어섰다. 30쪽 분량의 보고서에서 '김건희'라는 이름은 딱 두 번 나오지만, 내용상으로 보면 꽤 중요한 인물 중 한 사람이었다.

사실 확인보다 기사 파급력이나 정치적 효과를 우선시하는 언론사라면 이 시점에서 이미 기사를 썼을지도 모른다. 경찰 내사보고서라는 강력한 증거를 확보했기 때문이다. 그러나 확인과 검증이라는 절차를 거치지 않고 기사를 쓸 수는 없었다. 확인과 검증은 습관이다.

퍼즐을 맞추다

우선 보고서 내용이 객관적인 정황과 부합하는지를 확인했다. 도이치모터스의 과거 공시자료에서 김건희 씨 이름을 찾아냈다. 김 씨는 2009년 5월, 권오수 회장이 보유한 도이치모터스 주식 8억 원어치를 장외 매수했다.

보고서에 나온 것처럼 김 씨가 도이치모터스의 주주였다는 사실이 확인된 것이다. 보고서에 등장하는 다른 도이치모터스 주주 양모 씨의 이름이 주주명부에 있다는 사실도 확인했다.

그다음으로 보고서에 등장하는 인물을 하나씩 찾아내 접촉했다. 한 사람 한 사람 찾는 게 쉽지 않았다. 사람 찾는 데는 검색과 탐문 외에 왕도가 없다. 작전에 개입한 것으로 나오는 증권사 간부와 경제지 기자는 그래도 몇 다리를 건너 찾을 수 있었다.

그런데 경찰 내사보고서의 핵심인 자필서의 당사자, 즉 김건희 씨와 권회장으로부터 직접 주식과 계좌를 위임받아 실제로 주가조작을 했다는 '선수' 이모 씨를 찾는 게 거의 불가능해 보였다. 달랑 이름 석 자만 있었을 뿐이니까 말이다.

이 과정에서 '죄수와 검사' 취재로 알게 된 제보자 X가 결정적인 도움을 주었다. 그는 주식시장의 전문가로서 모든 네트워크를 가동해 이모 씨로 추정되는 사람을 찾아냈다. 알고 보니 이 씨는 라임 사태와도 관계가 있는 인물이었다.

큰 기대 없이 이 씨에게 전화를 걸었다. 부인할 게 뻔했다. 시인하는 순간 범죄를 자백하는 꼴이기 때문이다. 그런데 뜻밖에도 그의 반응은 '부인'이 아니었다. 아래는 그와 주고받은 말이다.

– 도이치모터스라는 종목 관련해서 권오수 회장님하고 같이 일을 하지 않으셨나요?

"갑자기 왜 전화를…"

— 경찰이 작성한 보고서에 선생님의 자술서라는 게 나오더라고요.

"지금은 좀 그런데…"

— 김건희 씨를 만난 적이 없으신가요?

"나중에 얘기하시죠. 지금 사람들하고 얘기하고 있어 가지고…"

— 보고서에는 논현동 사거리 미니 매장에서 만났다고 되어 있거든요. 만나신 건 맞나요?

"제가 기억이 잘 안 나거든요. 나중에 한번 통화하시죠. 제가 전화드리겠습니다."

이 씨는 모든 질문에 단 한 번도 부인하지 않았다. 이틀 뒤 다시 이뤄진 통화에서는 긍정도 부정도 없이 "이 일에 관여하고 싶지 않다"라는 입장만을 전했다. 이 씨로부터 'NCND'⁴⁾의 답변을 얻은 것은 생각을 뛰어넘는 긍정적 결과였다. 경찰의 내사보고서라는 강력한 증거가 있는 한 핵심 피의자의 NCND 답변 정도라면 보도를 할 수도 있겠다고 생각했다.

그러나 아직 가장 중요한 부분이 남아 있었다. 해당 보고서가 진짜로 경찰 내사보고서가 맞는지를 확인하는 것이다. 이게 중요하다고 생각한 건 제보자로부터 건네받은 보고서가 평소 보아왔던 경찰 보고서와 좀 달랐기 때문이다. 형식도 다소 산만했고 내용도 다듬어지지 않은 느낌이 들었다. 만약 제보자가 아는 것과 달리 보고서 작성자가 그저 시험 삼아 개인적으

---

4) Neither Confirm Nor Deny. 긍정도 부정도 하지 않는다는 뜻의 정치용어.

로 써 본 것이고 경찰이 실제 내사를 진행한 사실이 없다면? 돌이키기 힘든 대형 오보로 이어질 수도 있다.

경찰청을 담당하는 국회 행정안전위원회에 소속된 여러 의원실에 부탁을 해봤지만, 어느 의원실도 과거 내사 사실을 확인해 내지는 못했다. 밑도 끝도 없이 "도이치모터스 내사 사실이 있는지 경찰에 확인해 달라"고 부탁했으니 의원실에서도 황당했을 것이다.

결국 과거 경찰청에 출입할 때부터 알고 지낸 여러 경찰 고위 간부들과 접촉한 끝에 "도이치모터스 주가조작 사건을 내사한 적이 있다. 즉 정식 내사 번호가 존재한다"는 답변을 얻어냈다. 단 한 마디의 구두 확인이었지만 그게 없었다면 보도를 할 수 없었을 것이다. 보도 예정일을 불과 며칠 앞둔 시점이었다.

마지막으로 당사자 반론을 들어야 했다. 김건희 씨가 대표로 있는 코바나컨텐츠와 권오수의 도이치모터스에 전화를 걸고, 찾아가고, 손 편지를 남기고, 등기우편까지 보냈지만 두 사람은 어떤 반론도 해오지 않았다.

2020년 2월 17일 두 꼭지의 기사를 보도했다. 제보를 받은 지 두 달 반 만이었다. '윤석열 아내 김건희, 주가조작 연루 의혹, 경찰 내사 확인'이라는 기사에서는 경찰 내사보고서 내용과 그에 대한 검증을 담았다. '윤석열 아내 김건희-도이치모터스 권오수의 수상한 10년 거래'라는 제목의 기사에서는 2009년부터 10년 가까이 이어진 김 씨와 권 회장의 돈거래 내역을 정리해 보도했다.

정리하면 두 사람의 돈거래는 모두 6차례다. ①2009년 5월 권오수가 보유 주식 8억 원어치를 김건희에게 장외 매도 ②2009년 11월~2011년 11월로 추정되는 주가조작 작전 ③2012년 11월, 권오수가 보유하고 있던 신주인수권 1억 원어치를 김건희에게 매도 ④2013년 권오수가 도이치파이낸셜 비상장주식 2억 원어치를 김건희에게 배정 ⑤2014년 3분기 김건희가 도이치파이낸셜에 10억 원 대출 ⑥2017년 권오수가 도이치파이낸셜 비상장주식 20억 원어치를 김건희에게 매도하기로 계약. 주가조작 의심 사건 하나만 떼 놓고 보면 뜬금없어 보일 수도 있지만 두 사람 사이의 오랜 돈거래 흐름과 함께 보면 개연성이 훨씬 커진다.

기사에 대한 반응은 예상했던 대로 폭발적이었다. 포털사이트는 관련 뉴스로 뒤덮였고 유튜브 영상 조회수도 금세 수십만을 넘어섰다.

참을 수 없는 기자들의 가벼움

기사가 나가고 한두 시간 뒤 서울경찰청 지능범죄수사대로부터 전화가 걸려왔다. 문제의 내사보고서가 생산된 부서다.

"심 기자님, 그걸 어떻게 입수하셨습니까? 제가 상부에 보고를 해야 해서…"

"말씀 못 드리는 것 잘 아시잖아요."

"후… 네, 알겠습니다. 그런데 저희는 김건희 씨가 내사 대상이었다는 건 부인할 수밖에 없어요."

"아니, 내사보고서에 이름이 나와 있는데 어떻게 내사 대상이 아닌가요?"

"주요 피의자는 아니었으니까요."

"네. 좋을 대로 하시죠. 그런데 그게 의미가 있을까요? 기자들이 바보도 아니고.."

수사 대상에는 피의자와 참고인이 있다. 쉽게 얘기해 피의자는 혐의가 상당해 곧 기소가 될 가능성이 큰 사람이다. 반면 참고인은 사건과 관련되어 있지만 범행에 연루되지 않거나 기소할 만한 혐의가 없는 사람이다.

그런데 피의자인지 참고인인지 딱 잘라 말하기 어려운 수사 대상도 있다. 이럴 때 수사기관은 '피의자성 참고인'이라는 다소 애매한 용어를 쓴다. 아직은 참고인이지만 피의자로 전환될 가능성이 있을 때 쓰는 용어다.

정식 수사가 아니라 내사라 해도 크게 다를 것은 없다. 도이치모터스 사건에 대한 경찰 내사보고서의 주요 내사 대상, 즉 주요 피의자는 권오수 도이치모터스 회장과 주가조작 선수 이모 씨다.

그렇다면 '전주'인 김건희 씨는 피의자일까, 참고인일까. 당장은 주범이 아니기 때문에 참고인이라 말할 수 있겠지만 범죄 혐의와 관련됐기에 내사를 수사로 전환했다면 조사 대상이 됐을 개연성이 크다.

이런 관점에서 보면 내사보고서에 주가조작의 '전주'로 등장하는 김 씨가 "내사 대상이 아니었다"라고 하는 건 말장난에 지나지 않는다. 내사보고서가 겨냥한 '주범'은 아니었다는 의미 이상은 아니다. 내가 "기자들이 바보도 아니고…"라고 말한 건 이 정도는 어지간한 2, 3년차 경찰 기자도 다 아는 얘기이기 때문이었다.

사흘 뒤 〈KBS 1라디오〉 '최경영의 경제쇼'에 함께 출연한 노영희 변호사가 이 상황을 이렇게 정리했다.

"경영이가 인보를 때렸어요. 그래서 학교폭력위원회의 조사가 시작됐죠. 그런데 인보를 때리는 경영이 옆에 영희가 함께 있었습니다. 경찰의 해명은 이런 상황에서 경영이만 조사 대상이고 영희는 조사 대상이 아니라고 얘기하는 것과 같습니다. 그런데 하필 영희가 교장 선생님 딸인 거고."

사실 조금만 생각해 보면 경찰 설명의 핵심은 〈뉴스타파〉 보도를 확인해 준 것이라고 봐야 한다. 해당 내사보고서가 존재하는 게 맞고 거기에 '김건희'라는 이름이 나온 것도 맞는다고 확인을 해줬으니 말이다.

다만 그걸 확인해 주면서 김 씨가 '주범'은 아니라고 단서를 단 것이다. 그런데 놀랍게도 포털사이트는 "김건희가 내사 대상이 아니었다"라는 내용을 제목에 내세운 기사들로 도배되기 시작했다. 지금 검색해도 십여 건의 기사가 뜰 정도다. 대표적인 게 이런 제목들이다.

경찰청 "윤석열 검찰총장 부인 내사한 적 없어" (연합뉴스)

경찰 "윤석열 부인 김건희, 내사 대상자 아니었다" (서울신문)

경찰청 "윤석열 부인 김건희, 내사 대상자 아니었다" (헤럴드경제)

경찰이 주가조작 범죄 의혹에 대해 내사를 했는데 거기에 검찰총장의 아내가 등장했다는 보도, 그리고 경찰이 그 보도를 사실로 확인해 준 상황. 그런데 기자들은 이 중대한 의혹보다는 지엽적인 문제, 그것도 검찰총장의 아내에게 유리한 부분만 크게 부각한 제목을 달아 마치 의혹이 사실무근인 것처럼 몰고 갔다.

포털사이트가 이런 제목의 기사로 뒤덮이는 사이, 이 중대한 의혹을 취재하고 싶다며 정보를 공유해 줄 수 없냐고 전화를 걸어 온 언론사는 〈KBS〉〈MBC〉〈한겨레〉〈오마이뉴스〉 등 4개 매체뿐이었다.

편파적인 보도는 이에 그치지 않았다. 한두 달 뒤 〈머니투데이〉와 〈조선일보〉는 "〈뉴스타파〉가 경찰 보고서 내용을 오독해 오보를 낸 것으로 본다"는 수사기관 관계자의 말을 인용해 보도에 흠집을 내려 들었다. 수사기관이 작성한 문서는 대개 비문이 많고 주술 관계가 정확하지 않은 경우도 자주 있다(심지어 검찰 공소장에도 비문이 많다).

경찰 내사보고서에서 '김건희'가 등장한 문장 역시 그렇다. 문장이 길고 복잡하다 보니 주술 관계가 분명치 않다. 이걸 빌미로 주가조작 선수 이모 씨에게 계좌와 돈을 위임한 주체가 김 씨가 아니라 권오수 도이치모터스 회장이라고 트집을 잡은 것이다.

그러나 경찰 내사보고서에는 〈머니투데이〉와 〈조선일보〉가 트집을 잡은 문장 말고도 '김건희'가 한 번 더 등장한다. "2010년 2월 초순경 김건희 신한증권 10억 원 자금 조달"이라는 표현이다. 이 문장은 오독의 여지가 없다. 경찰이 계좌와 돈을 일임한 주체가 김건희 씨라고 본 것은 분명하다. 〈머니투데이〉와 〈조선일보〉가 이를 몰랐다면 기사를 작성하면서 보고서 전체를 한 번도 살펴보지 않았다는 얘기고, 알았다면 악의적으로 사실을 왜곡해 윤석열 편을 든 것이다.

2010-01-25	2,420	▲80(3.42%)	2,300	2,475	2,240	126,039	297
2010-01-26	2,560	▲140(5.79%)	2,415	2,560	2,365	213,417	
2010-01-27	2,700	▲140(5.47%)	2,600	2,700	2,450	654,067	1,672
2010-01-28	2,690	▼10(0.37%)	2,695	2,700	2,550	364,716	943
2010-01-29	2,670	▼20(0.74%)	2,665	2,695	2,520	282,298	733
2010-02-01	2,740	▲70(2.62%)	2,665	2,740	2,615	198,227	532
2010-02-02	2,700	▼40(1.46%)	2,700	2,745	2,610	85,353	227
2010-02-03	2,590	▼110(4.07%)	2,625	2,680	2,580	47,840	124
2010-02-04	2,585	▼5(0.19%)	2,555	2,635	2,530	43,069	110
2010-02-05	2,670	▲85(3.29%)	2,500	2,670	2,370	542,808	1,351
2010-02-08	2,735	▲65(2.43%)	2,700	2,735	2,445	494,251	1,285
2010-02-09	2,465	▼270(9.87%)	2,660	2,660	2,465	367,676	935

2010. 2. 10. 정███으로부터 5억원 자금 조달
2010. 2월초순경 김건희 신한증권 10억원 자금 조달

2010-02-10	2,455	▼10(0.41%)	2,465	2,520	2,420	82,975	204
2010-02-11	2,415	▼40(1.63%)	2,410	2,500	2,370	91,065	219
2010-02-12	2,405	▼10(0.41%)	2,370	2,470	2,370	46,575	113
2010-02-16	2,405	0(0.00%)	2,410	2,475	2,400	53,169	128
2010-02-17	2,415	▲10(0.42%)	2,430	2,430	2,360	76,991	184
2010-02-18	2,400	▼15(0.62%)	2,415	2,430	2,385	27,813	66

▲ 도이치모터스 주가조작 의혹 사건에 대한 경찰의 내사보고서 중 김건희가 등장하는 두 번째 부분이다. "김건희 신한증권 10억 원 자금 조달"이라는 표현은 오독의 여지가 없다.

언론사는 정파적일 수 있고, 개별 기사에도 정치적 의도가 있을 수 있다. 그러나 사실관계를 왜곡하면서까지 정치적 의도를 실현하려고 한다면 그건 언론이 아니다.

제보내용 아닌 제보자를 수사하다

보도 이후 수사기관의 반응은 기대와 정반대로 흘러갔다. 검찰과 경찰은 검찰총장 부인의 주가조작 범죄 연루 의혹을 수사할 의지가 전혀 없어 보였다. 검찰이야 자기 조직의 수장과 관련된 일이니 그렇다 치더라도 경찰의 반응은 이해하기 어려웠다. 경찰은 오히려 내사보고서를 제보한 경찰관에 대해 수사기밀 유출 혐의로 수사에 착수했다.

제보자는 수사를 받게 되자 무척 힘들어했다. 그는 수사경찰이라는 자신의 일에 누구보다도 큰 자부심과 열정을 가진 사람이다. 도이치모터스 내사보고서를 입수하게 된 것 역시 스스로 주가조작 사건을 공부하기 위해 자료를 모으다가 벌어진 일이고, 거기에서 검찰총장 부인의 이름을 발견하자 고민 끝에 제보한 것도 순수한 정의감에서 비롯된 일이었다. 현직 검찰총장 부인이 자본시장의 규칙을 허물고 불특정 다수의 투자자에게 피해를 준 주가조작 사건에 연루되었는데, 이걸 그냥 묻고 지나가는 건 말이 안 된다는 '상식'을 지키기 위해 제보를 한 것뿐이었다.

그는 수사와 법적인 처벌보다 자신이 그토록 사랑하는 수사에서 영영 배제되는 것을 더 걱정했다. 당사자에 비할 바는 아니겠지만 나 역시 정신과 상담이 필요할 정도로 무척 힘든 시간을 보냈다. 무고한 사람의 운명을 망가뜨리면서까지 취재와 보도를 한다는 게 어떤 의미가 있을까, 하는 회의가 들었다.

나는 수사기밀 유출 사건을 수사한 경찰의 참고인 조사에서 이렇게 진술했다.

"이 사건을 제보한 OOO 경감의 제보 동기는 누가 보더라도 개인의 사익을 취하는 것이 아니고 공익을 위한 것인바 공익 제보 요건을 갖추고 있다는 것이 분명해 보입니다. 공익 목적으로 이루어진 제보에 대해, 제보 내용 자체는 수사하지 않고 제보 경위와 문건 유출 경위에 대해 수사한다는 것은 본말이 전도된 것입니다. 경찰에 깊은 유감을 표합니다."

이 자리를 빌려, 공익을 위해 큰 용기를 냈으나 마땅한 보답을 받지 못한 제보자에게 다시 한번 깊은 사과의 마음을 전한다.

김건희 씨의 도이치모터스 주가조작 혐의와 관련된 수사는 최강욱 열린민주당 대표의 고발과 추미애 당시 법무부 장관의 수사지휘권 발동이 있고 난 뒤에야 겨우 시작되었다. 〈뉴스타파〉 보도 이후 7개월 만이었다. 이 글을 쓰는 2021년 7월 현재, 수사는 여전히 진행 중이다.

쓰지 못한 기사들

김건희 씨의 도이치모터스 주가조작 의혹 기사가 나간 날 아침, 짤막한 이메일이 하나 도착했다.

> 심인보 기자님 안녕하세요. 김건희 씨 기사 잘 보았습니다. 이제야 터지는군요. ○○○○년 ○○월 ○○○○ 주식을 살펴보면 아실 겁니다. 여기에도 김건희 씨가 포함되어 있습니다. 허위제보 아닙니다.

익명의 제보자가 보낸 이메일이었다. 즉각 답장을 보냈고 이를 시작으로 수십 차례 연락을 주고받았다. 익명이 보장되는 지메일과 텔레그램만으로 연락해 오는 매우 조심스러운 제보자였다. 자신의 신원이나 전화번호 등은 끝까지 밝히지 않았다. 수십 차례 연락과 설득 끝에 피신해 있던 그를 만났고 결국 인터뷰를 하는 데까지 성공했다. 그가 털어놓은 얘기는 충격적이었다.

아직 취재가 끝나지 않은 상태라 자세히 쓰기는 어렵지만, 김건희 씨가 과거의 어떤 경제 사건에 연루되어 있으며 그에 관한 증거를 갖고 있다는 제보였다. 도이치모터스 주가조작 사건과는 별개 사건이었다. 이외에도 그가 털어놓은 얘기가 여럿 있었는데, 하나하나가 엄청난 폭발력을 가지고 있었다. 그가 어떻게 그런 비밀에 접근하게 되었는지에 대한 배경 설명도 신빙성이 높아 보였다.

인터뷰를 마친 뒤 그는 "다음 주에 증거를 보내겠다"고 약속했다. 떨리는 마음으로 서울로 돌아왔다. 그러나 며칠 뒤 연락이 끊기고 말았다. 이름도 전화번호도 모르는 상황, 이메일을 보내니 반송됐고 텔레그램 대화방역시 폭파되어 버렸다. 다시 연락을 복원할 방법이 없었다.

안타깝지만 인터뷰만 가지고는 보도할 수 있는 게 하나도 없었다. 나는 그의 인터뷰를 수십 차례 읽으며 가능한 부분을 취재하기 시작했다. 그가 얘기한 회사의 주가 차트를 분석했고, 그가 말한 '공범'의 행적을 추적했다. 그의 주장은 객관적 상황과 매우 부합했다. 이 취재는 아직 진행 중이다. 제보자가 다시 연락해 오기를 간절히 기다리고 있다.

도이치모터스 주가조작 보도 이후 들어온 제보는 이것 하나뿐이 아니다. 그중에는 근거가 희박한 것도 있지만 그럴듯한 것도 있었다. 선정성에 목매는 언론사라면 이미 기사를 쓰고도 남을 만한 제보도 있었다. 그러나 철저한 검증을 거쳐 사실로 확인된 것만 보도한다는 〈뉴스타파〉의 원칙을 저버릴 수는 없다.

아직 실체가 분명히 드러나지 않은 도이치모터스 주가조작 연루 의혹 하나만 가지고 김건희 씨의 재산 형성 과정에 문제가 있다고 주장하는 건 무리다. 그러나 나는 위에서 언급한 여러 제보에 비춰 김 씨에 강한 의문을 품고 있다. '주식으로 돈을 벌었다'는 그의 인터뷰는 사실일 것이다. 다만 주식으로 돈을 버는 방법에는 정당한 방법도 있고 정당하지 않은 방법도 있다. 김 씨가 어느 쪽인지는 시간이 말해 줄 것이다.

도이치모터스와 최은순

윤 전 총장 처가 문제를 꽤 오랫동안 취재하다 보니 장모 최은순 씨와 지인 사이의 대화를 녹음한 녹취파일을 여러 개 입수하게 됐다. 돈 문제 때문에 불만을 품은 최 씨의 지인이 대화를 녹음해 누군가에게 넘긴 파일이 건너 건너 내게까지 들어오게 된 것이다. 내가 김건희 씨의 도이치모터스 주가조작 연루 의혹을 보도한 지 8일 뒤에 녹음된 이 녹취파일 안에는 최 씨가 "도이치모터스는 내가 했다"고 시인하는 내용이 들어 있었다.

(지인) 그러니까 그때 도이치 그거는 회장님이 했었잖아.

(최은순) 어 그럼.. 그거는 벌써 2천 몇 년인가 뭐…

(지인) 그래서 나는 '왜 회장님이 한 건데 왜 따님이 한 걸로 나오지?' 속으로 그랬다니까.

(최은순) 응, 그러니까.

(지인) 아이 참, 아이고, 그래요. 회장님 알겠어요.

물론 이 대화를 가지고 최 씨가 도이치모터스 주가조작에 개입했다는 결론을 내릴 수는 없다. 그가 말하는 게 도이치모터스에 대한 단순한 투자인지 주가조작인지 알 수 없고, 지인의 질문에 진실한 대답을 하고 있다고 단정할 수도 없다. 마찬가지로 이 녹취를 근거로 김건희 씨가 도이치모터스 주가조작에 연루되지 않았다는 결론도 내릴 수 없다.

그런데 최근 〈노컷뉴스〉[5] 보도에 따르면 검찰은 2010년 9월~2011년 초에 누군가 동일한 IP에서 최 씨의 주식계좌와 도이치모터스의 임원 모 씨, 그리고 다른 여러 사람 명의의 주식계좌에 수십 차례 접속한 흔적을 확인했다고 한다. 주가조작범들의 통상적인 수법을 감안할 때, 동일한 IP에서 복수의 주식계좌에 로그인해 같은 종목의 주식 거래를 반복적으로 한 사실이 확인된 거라면 혐의가 입증될 가능성이 있다.

이에 대해 최 씨는 손경식 변호사를 통해 낸 입장문에서 "주가조작에 관여한 사실이 없을 뿐 아니라 공소시효도 완성됐다"며 보도 내용을 반박했다.[6]

코바나컨텐츠 의혹

아마 현시점에서 대한민국에서 가장 유명한 전시기획사는 코바나컨텐츠일 것이다. 김건희 씨가 운영하는 전시기획사다. 코바나컨텐츠는 2007년에 설립한 회사다. 설립 당시 대표는 김 씨가 아니라 다른 사람이었다. 2009년 김 씨가 등기이사에 오르면서 회사 이름도 코바나컨텐츠로 바뀌었다. 그러면서 본격적으로 전시사업을 시작한다.

---

5) 김구연 외, "檢, 도이치 주가조작 '윤석열 장모' 관여 정황 포착", 〈노컷뉴스〉 (2021.6.22).
6) 최훈진, "주가조작 관여 논란에 윤석열 장모 '사실무근'", 〈서울신문〉 (2021.6.28).

그 뒤 신생업체라고는 믿기 힘들 만큼 굵직한 전시를 잇따라 성공시켜 왔다. 2009년 앤디 워홀 전(展), 2010년 샤갈 전, 2013년 폴 고갱 전, 2012 년 반 고흐 전이 대표적이다. 미술에 관심 없는 사람들조차 모두 알 만한 이 름들이다. 2015년 마크 로스코 전은 앞선 화가들만큼 유명하지는 않지만, 전시회에 동원된 작품들의 평가액이 2조 원이 넘을 정도로 대단한 전시회 였다. 3개월 동안 관객 25만 명을 동원했다.

문제는 이 같은 전시에 기업체 후원이나 협찬이 반드시 따라붙는다는 점이다. 김 씨가 윤석열 검사와 결혼한 2012년 이후, 혹은 윤 검사와 교제 를 시작한 것으로 추정되는 2009년 이후 기업들의 전시회 후원에 이상한 점이 없는지 의심하는 것은 자연스럽다. 특히 윤 검사가 서울중앙지검장에 오른 2017년 5월 이후 코바나컨텐츠에 기업 후원이 늘었고, 그중에는 서울 중앙지검의 수사 대상인 기업들도 있었기 때문이다.

윤석열 검찰총장 후보자의 인사청문회에서도 이 부분이 쟁점이 될 뻔했 다. 야당 의원들은 코바나컨텐츠의 재무제표와 후원, 협찬 내역을 제출하 라고 요구했다. 그러나 윤 후보자는 코바나컨텐츠에 대한 어떤 자료도 제 출하지 않았다. 도이치모터스 주식 거래 의혹과 마찬가지로 의혹을 그냥 뭉개 버렸다. 역시 도이치모터스 건과 마찬가지로 여당인 더불어민주당 의 원들의 묵인이 있었기에 가능한 일이다.

2019년 윤 총장은 이른바 조국 사태를 기점으로 정권과 대립하기 시작 했다. 2020년 추미애 법무부 장관이 수사지휘권을 발동해 윤 총장 가족 의 혹에 대한 수사를 지시한 후 코바나컨텐츠에 대한 기업들의 후원과 협찬

내역도 수사 대상이 됐다. 이 글을 쓰는 2021년 7월 현재도 서울중앙지검 반부패수사2부가 수사를 진행 중이다.

나는 코바나컨텐츠의 후원 협찬 내역을 자세히 검토해 봤다. 물론 정확한 후원 협찬 액수를 알 수가 없기에 한계가 있다. 그러나 후원과 협찬을 한 기업들의 면면을 살펴보는 것만으로도 의미가 있다.

가장 눈에 띄는 기업이 김건희와 관계가 깊은 도이치모터스. 코바나컨텐츠가 홈페이지에 실적으로 게시한 12개의 전시나 공연 가운데 무려 10개에 후원이나 협찬을 했다. 그다음으로 주목할 기업은 신안저축은행이다. 신안저축은행은 윤석열 처가의 재산 증식 과정에 핵심적인 역할을 여러 차례 했다.

그 밖에 삼성이나 현대, LG, 포스코 등은 워낙 큰 기업들이라 후원이나 협찬이 자연스러워 보일 수도 있다. 물론 검찰과 관련된 현안이 있었다면 얘기가 달라지지만 말이다. 내가 주목하는 건 그 밖의 다른 소규모 회사들이다. 그 회사들을 따라가다 보면 김건희의 '비즈니스'가 보인다. 이에 관한 취재도 여전히 진행 중이다.

2장

'큰손' 장모님의
부동산 사랑

윤석열 전 총장의 장모 최은순 씨는 1946년생이다. 1960년대 후반 최 씨는 20대 초반의 나이로 경기도 양평군 공무원이던 10살 연상 김광섭 씨와 결혼했다. 부부는 슬하에 2남 2녀를 뒀다. 그중 셋째가 윤 전 총장의 부인 김건희 씨다. 김 씨 위로는 언니와 오빠가, 아래로는 남동생이 하나 있다.

고(故) 김광섭 씨는 어떤 인물이었을까. 양평군에서 오랫동안 은행지점장을 했던 김 씨의 지인이 전하는 흥미로운 얘기를 들어보자.

"걔가 옥천면 사무소로 발령이 나서 전근을 갔어. 그런데 걔가 항상 제자리에 안 있고 땅 사러 다니는 걸 군수가 아니까 하루는 뒤를 추적했어. 별안간에 군수가 옥천면에 와서, 지금 김광섭 어디 갔냐고. 면장한테는 어느 부락에 출장 간다고 해놓고서는 나가거든. 그러고 땅 사러 다니는 거야. 그래서 군수가 그 부락 이장한테 물으니까 '안 왔다' 이거야. 그래서 군수가 화가 났지. 그 이튿날 아침에 출근해서는 광섭이한테 너 지금 빨리 내 방에 오라고. 그래서 군수실에 들어갔더니 군수가 '사표를 내든지 근무를 충실히 하든지 둘 중에 결정해라', 그러니까 얘가 그 자리에서 나 관두겠습니다, 그러고 사표 내고 관뒀어."

사실 여부를 최종적으로 확인하지는 못했지만, 상당히 가까웠던 지인이 전해 준 얘기니 아마도 사실에 가까울 것이다. 부동산 투자에 열을 올리다 공무원까지 그만두게 된 김광섭은 그 뒤로 더욱더 부동산 투자에 열중했다고 한다. 은행지점장이던 이 지인에게 부동산 매입자금 대출을 부탁하는 일도 많았다. 심지어 하루에 서너 번씩 땅을 계약한 날도 있었다고 한다.

"그때는 뭐 하루에, 아침에 땅을 계약하면 계약을 세 번, 네 번 해. 금방 계약하고는 또 다른 사람이 땅을 사러 와. 그러면 또 (가격을) 올려 받아. 그럼 점심때 또 와. 그리고 또 그걸 또 넘겨줘. 그렇게 하루에 땅 거래를 네 번 다섯 번씩 할 때야, 당시에는. 걔가 그렇게 해서 땅을 장만한 거야."

하루는 김 씨가 이 지인에게 양평대교 근방의 땅을 보여주며 이렇게 말했다고 한다.

"걔가 나보고 이러더라고. 저기 다리 밑에 저쪽에 2300평이 내 땅이라고. 지금은 이렇지만 앞으로 20~30년 뒤면 엄청난 가격이 될 거라고. 그때는 양평이 이렇게 될지 아무도 생각을 못 했을 때야."

선견지명이라고 해야 할까, 아니면 매우 희귀했던 탐욕이라고 해야 할까. 1970년대 내내 부동산 투기에 열중하던 김 씨는 1987년 사망하면서 많은 땅을 유산으로 남겼다. 지금도 경기도 양평군 병산리 일대에는 그가 사들인 땅을 최 씨와 자녀들이 상속받아 보유한 필지가 수십 개 있다. 훗날 최 씨가 발휘한 부동산 투자 실력에는 다 이유가 있었던 거다.

부동산 투자의 화려한 역사

남편이 숨진 뒤 최 씨는 그가 남긴 서울 송파구 석촌동의 땅을 팔아 경기도 남양주시 화도읍 금남리에 모텔을 지어 운영했다. 모텔을 운영하는 과정에서 최 씨는 건축법 위반, 폐수 처리에 관한 법률 위반, 식품위생법 위반, 농지법 위반 등의 혐의로 벌금형을 선고받은 이력이 있다. 어쨌든 모텔이 영업이 잘돼서 이후 호텔로 업그레이드까지 했다고 한다. 현재는 그 자리에 요양원이 들어서 있다. 요양원 대표는 최 씨의 큰아들이다.

이와 비슷한 시기에 미시령 옛길 정상에 있던 미시령 휴게소의 사업권을 따내 운영했다. 1987년 7월 22일 '미시령'이라는 법인을 설립한 것으로 보아 남편이 사망한 직후 사업을 시작한 것으로 보인다. 2006년 미시령 터널이 개통되기 전까지는 강원도로 넘어가려면 반드시 미시령 옛길을 넘어야 했으므로 장사가 잘됐을 것이다.

　최은순 씨는 미시령 휴게소와 관련해 16억 원의 세금을 고지받은 적도 있다.[7] 세금이 16억 원이니 매출도 상당했을 것이다. 이 법인에는 최 씨의 두 아들과 김건희 씨가 이사로 등재되기도 했다. 김 씨의 이사 등재 시기는 2005년 3월부터 2014년 2월까지로 만 10년에 가깝다.

　남편의 유산, 여기에 모텔과 휴게소 운영으로 쌓은 자본력을 바탕으로 최 씨는 본격적인 부동산 투자에 나섰다. 최 씨의 투자 내역 가운데 확인된 것만 간략히 정리해보자.

　확인된 것 가운데 시점상 가장 앞서는 최 씨의 부동산 사업은 2001년 아산 신도시 예정지의 공장 대지에 30억 원을 투자해 4년 만에 100억 원가량의 차익을 얻은 것이다. 구영식 〈오마이뉴스〉 기자의 보도에 따르면 최[8] 씨는 2001년 5월 10일 충남 아산시 배방면 장재리의 땅 5만 9000m^3를 경매로 30억 1000만 원에 낙찰받았다.

　이어 2004년 7월 이 땅이 신도시 용지로 수용되면서 무려 132억 3581만 원의 토지 보상금을 수령했다. 3년여 만에 102억 원가량의 시세차익을 올린 것이다. 계좌 내역으로 확인된 것만 이 정도고, 실제 보상금은 그보다 더 많았다는 얘기도 있다.

　최 씨와 지인들 간 대화가 담긴 2008년 녹취록에 따르면,[9] 최 씨가 납부한 세금은 60억 원 정도였다. 세금을 빼고 보수적으로 계산해도 40억 원 이

---

7)　2004년 7월 26일 법정에서 최은순이 진술한 내용이다.
8)　구영식, "윤석열 장모 아산신도시 땅투기, LH 132억 보상금, 102억 차익", 〈오마이뉴스〉(2021.3.24).
9)　2008년 7월 최은순과 숙모 김모 씨, 최은순과 특수관계인 김모 씨 3자 간 대화내용이다.

윤석열과 검찰개혁

상의 시세차익을 올린 것으로 추정된다.

아산 부동산과 관련해 최 씨는 손경식 변호사를 통해 "공장 임대를 위해 매입한 토지가 어쩔 수 없이 수용된 것일 뿐 시세차익을 노린 투자는 아니었다"며 "양도 차익 대부분을 세금으로 납부했다"고 주장했다. 손 변호사의 '입장문' 요지는 다음과 같다.

▲당시 아산 신도시 개발계획은 이미 수차례 언론을 통해 공표된 공지의 사실이었다. ▲"이른바 국제통화기금(IMF) 외환위기 여파로 인해 부동산 경기가 최악이라 경매가 4회나 유찰되는 상황이었다. ▲최 씨는 지인으로부터 추천 및 설명을 듣고 임대 부동산으로서의 수익성이 있다고 판단, 5차 입찰기일에 참여해 30억 1000만 원에 낙찰받았다. ▲양도차액에 관해 세금 60억 원을 자진납부했다.

최씨는 2001년 연말 서울 송파동에 있는 60평짜리 고급 주상복합아파트 2채를 분양받았다. 한 채는 자기 이름으로, 한 채는 오빠 이름으로 샀다. 당시 분양가는 5억 원대 중반이었다. 자기 이름으로 된 한 채는 2014년에 9억 6000만 원에 매도해 4억 원가량의 시세차익을 봤다. 오빠 이름으로 소유한 한 채는 2005년 최 씨와 특수관계라고 알려진 1939년생 김모 씨에게 매도됐으나 단순 매도라고 보기에는 석연치 않은 구석이 있다. 법조계에서 발이 넓다고 알려진 김 씨는 최 씨와 함께 여러 법인을 만들었다.

2003년에는 이른바 '정대택 사건'으로 잘 알려진 서울 송파구 오금동 스포츠센터 투자에 나선다. 아산 신도시 토지 보상금을 받기 전의 일이다. 아산 신도시 토지에 이미 30억 원을 투자한데다 서울 송파동 주상복합 2채를 사들인 상태에서 또 다른 거액의 투자를 감행했으니 최 씨의 자금력을 짐작할 수 있다.

이 사업으로 최 씨가 올린 수익은 53억 원가량이다. 최 씨와 동업하다가 분쟁을 벌인 동업자 정대택 씨는 이익 분배금을 갖지도 못하고 구속까지 됐다. 다음 장에서 자세히 쓴다.

2005년에는 서울 암사동의 4층짜리 빌딩을 사들였다. 매입 당시 걸린 근저당이 13억 원이었던 점에 비춰 보면 매입가는 20억 원이 되지 않을 것으로 보인다. 2015년 이 건물을 64억 원에 매도해 40억 원 이상의 시세차익을 챙겼다.

같은 해, 최 씨는 가족회사인 '이에스아이앤디'를 설립한다. '이에스'는 자신의 영문 이름 머리글자에서 따온 것으로 추정된다. 이 회사를 통해 2012년부터 2016년까지 경기도 양평군 양평읍 공흥리 일대에서 아파트 시행사업을 벌여 아파트 350세대를 분양했다. 감사보고서에 따르면, 이에스아이앤디가 이 사업에서 올린 매출은 727억 원에 달한다.

2009~2016년에는 이른바 '노덕봉 사건'으로 알려진 경기도 양주의 추모공원 경영권 분쟁 사건에 개입했다. 이 사건에서 최은순 씨는 추모공원의 소유주였던 노덕봉 씨와의 금전대차 관계를 빌미로 추모공원 운영회사의 주식을 신탁받았다. 그런데 이 주식을 원소유주인 노 씨의 허락 없이 앞서 언급한 김모 씨에게 넘겼고, 이를 토대로 김 씨가 추모공원의 운영권을 빼앗아 갔다는 게 노 씨 주장이다.

하지만 수사기관 판단은 달랐다. 노 씨는 2020년 1월 최 씨를 횡령 혐의로 고소했으나 경찰은 불기소 의견으로 검찰에 송치했다. 검찰이 재수사를 지휘했으나 경찰은 2021년 6월 11일 다시 혐의가 없다고 판단해 불송치 결정을 내렸다.

2012년 9월에는 동업자들과 함께 불법 의료재단을 설립한 후 이듬해 2월 의료재단 명의로 파주에 요양병원을 세운다. 최 씨는 초기 자금 2억 원을 투자했다. 나중에 밝혀진 바로는, 자신의 암사동 건물을 담보로 대출받은 17억 원도 병원으로 흘러 들어갔다. 그러나 요양병원 사업에서는 별다른 수익을 보지는 못한 것으로 보인다.[10] 동업자들이 모두 기소된 가운데 최 씨는 이른바 '책임면제각서'를 통해 법적인 책임을 벗어났다.

2013년에는 동업자 안모 씨와 함께 경기도 성남시 도촌동 땅을 공매로 40억 원에 낙찰받은 뒤 우여곡절 끝에 3년 뒤 130억 원에 매각했다. 이 사건을 통해 최 씨가 올린 수익은 40억 원가량으로 추정된다. 안 씨는 정대택 씨와 마찬가지로, 돈은 한 푼도 벌지 못한 채 구속됐다. 이 과정에서 불거진 게 이른바 350억 원대 잔고증명서 위조 사건이다. 역시 뒤에서 자세히 소개한다.

취재를 통해 확인한 최은순 씨는 한마디로 이재에 매우 밝고 부지런한 사람, 재산 증식을 위한 수완이 보통이 아니다. 그의 성격이나 여러 정황으로 봤을 때 그 밖에도 알려지지 않은 투자가 훨씬 더 많을 것이다. 이를 감안하면 최 씨 일가가 부동산 투자로 일군 재산은 적게 잡아도 300억 원대를 훌쩍 넘길 것으로 추정된다.

---

10) 이 의료재단은 2015년 국민건강보험 요양급여 23억 원을 부당 청구한 혐의로 경찰 수사를 받게 되는데 동업자 4명 가운데 최은순 혼자만 기소를 피했다. 2020년 언론보도 이후 검찰이 수사를 다시 시작해 최은순을 기소했다. 4장에서 자세히 다룬다.

3장

'정대택 사건'과
두 검사

정대택 씨와 최은순 씨의 악연은 2003년 4월로 거슬러 올라간다. 당시 정 씨는 '돈 되는 사업계획'을 갖고 있었다. 그 계획은 이렇다.

서울 송파구 오금동에 감정가 300억 원짜리 스포츠센터 건물이 경매로 나왔다. 건물에 걸린 근저당 채권은 152억 원, 그러나 건물이 언제 팔릴지 모르기 때문에 채권자들이 돈을 언제 회수할 수 있을지 불투명한 상황이다.

그러나 정 씨는 건물이 곧 팔릴 거라고 확신하고 이 채권을 사들이기로 결심했다. 152억 원어치의 채권이지만 공매 가격이 99억 원으로 나왔다. 나중에 건물이 낙찰되면 이 채권에 근거해 152억 원을 배당받을 수 있으므로 53억 원의 차액이 생긴다.

정 씨는 이런 계획을 세우고 금융회사들을 설득해 89억 원의 자금을 조달하는 데에도 성공했다. 이제 10억 원의 초기 자금만 마련하면 되는 상황이었다.

여기서 등장하는 사람이 최은순 씨다. 정 씨는 지인 소개로 '재력가'라는 최 씨를 만났다. 최 씨는 초기 자금 10억 원을 대기로 했다. 계획은 정 씨가 수립해 실행하고, 최 씨는 초기 자금을 댔으므로 나중에 수익이 나면 절반씩 나누기로 했다는 게 정 씨 주장이다. 정 씨 돈은 들어가지 않은 셈이다.

정 씨의 중학교 동창인 법무사 백모 씨가 입회한 자리에서 약정서도 체결했다. 일은 순조로웠다. 6월 28일 최 씨 명의로 152억 원어치 채권을 99억 원에 사들였다. 그리고 그해 11월 드디어 건물이 팔렸다. 계획대로 채권에 근거해 152억 원의 배당금을 받았다. 불과 몇 달 사이 53억 원의 차익이 생긴 것이다. 약정서대로라면 26억 5000만 원씩 나눠 가지면 동업은 끝난다.

그런데 최 씨는 약속한 돈을 주지 않았다고 한다. 정 씨는 자신이 받기로 했던 26억 5000만 원에 대해 가압류를 걸었다. 그러자 최 씨는 정 씨를 강요와 사기 미수 혐의로 고소했다. "정 씨의 강요로 어쩔 수 없이 약정서를 체결했다"는 주장이었다.

그런데 약정서를 체결할 때 입회했던 법무사 백 씨가 재판에서 "약정서 체결에 입회하지 않았다"고 증언했다. 그 바람에 정 씨는 재판에서 패했다. 징역 1년에 집행유예 3년의 유죄 판결을 받은 것이다. 형사재판에서 졌으니 돈을 돌려 달라는 민사재판에서도 이길 도리가 없었다. 정 씨 주장에 따르면, 자신의 몫이라는 26억 5000만 원이 고스란히 최 씨 수중에 들어갔다.

"검찰의 해는 서쪽에서 떠서 동쪽으로 진다"

정 씨는 억울했다. 앞선 재판 과정에서 최 씨가 위증을 했다고 고소했다. 최 씨는 약식기소됐고 위증 혐의가 인정돼 벌금형을 선고받았다. 그런데 여기서 첫 번째 이상한 일이 벌어진다. 검찰은 정 씨가 고소한 내용 중 일부가 거짓이라며 정 씨를 무고 혐의로 기소했다. 고소한 사건이 유죄로 귀결됐는데 고소 내용 가운데 일부가 사실과 다르다는 이유로 고소인을 무고로 기소하는 것은 이례적인 일이다.

그런데 바로 이 무고 혐의를 다투는 2심 법정에서 엄청난 반전이 펼쳐진다. 앞의 재판에서 최 씨에게 유리한 증언을 했던 법무사 백 씨가 '양심선언'을 한 것이다. 2005년 9월, 백 씨는 법정에서 "앞선 재판에서 최은순으로부터 돈 2억 원을 받고 거짓 진술을 했다"고 증언했다. 김건희 씨 명의의 아파트가 백 씨 가족에게 헐값에 넘어간 사실도 드러났다.

백 씨는 자신을 뇌물수수와 모해위증 혐의로 처벌해 달라고 했다. 뇌물을 받고 위증을 한 사람이 처벌받게 되면 돈을 주고 위증을 부탁한 사람, 즉 최 씨도 처벌을 피할 수 없는 상황이었다. 일생일대의 위기가 온 것이다.

그런데 여기서 두 번째 이상한 일이 벌어진다. 법무사 백 씨가 자백하고 그를 뒷받침하는 증거가 있는데도 검찰이 백 씨를 뇌물과 위증이 아니라 변호사법 위반으로 기소한 것이다. 최 씨가 건넨 2억 원과 김 씨 명의 아파트는 '뇌물'이 아니라 '변호사비'라는 게 검찰 논리였다. 변호사 자격증이 없는데도 변호사비를 받았으므로 변호사법 위반이라는 것이다.

결국 백 씨는 양심선언 8일 만에 구속됐다. 뇌물과 위증이 아닌 변호사법 위반 혐의로. 최 씨는 큰 위기에서 벗어났다. 정 씨를 무고 혐의로, 백 씨를 변호사법 위반으로 기소한 검사는 뒷날 법무부 인권정책과장과 의정부지검 차장검사를 지낸 김OO이다.

최 씨 모녀는 백 씨가 양심선언을 한 직후 그에게 준 2억 원과 헐값에 넘긴 아파트에 대한 반환소송을 제기했다. 백 씨가 '약속'을 어겼으므로 그에게 준 금전적 이익을 회수하려 한 것이다. 법원은 "아파트는 돌려주되 돈은 돌려줄 필요가 없다"고 판결했다.

2년 형기를 마치고 출소한 백 씨는 이듬해인 2008년 8월, 서울 송파경찰서를 찾아가 다시 자수했다. 이미 변호사법 위반으로 실형을 살고 나온 상황에서 자신을 제대로 수사해 뇌물 수수와 위증으로 처벌해 달라고 자수한 것이다.

정 씨는 백 씨의 자수를 근거로 다시 한번 최 씨 모녀 등을 고소했다. 그러나 검찰은 관련 사건을 모두 불기소 처리했다. 〈JTBC〉가 입수해 보도한[11] 당시 녹취에는 최 씨의 심정을 엿볼 수 있다.

"그래서 이 XX (법무사 백 씨) 입 틀어막느라고 1억 5000, 5000… 그러니까 또 정대

---

11) 이상엽 신아람 박진규, "'입 틀어막느라고'…윤 총장 장모 대책회의 정황", 〈JTBC〉 (2020.9.23).

택이하고 그럴까 봐 1억 주겠다고 했거든. (중략) 같이 집어넣었으면 두 놈(정 씨와 법무사 백 씨)이 짜거나 말거나 똑같은 건데…"

백 씨가 숨지기 1년 반 전 검찰에 제출한 자술서에는 이렇게 씌어 있다.

지난날 수많은 진술과 대질을 통하여 이미 실체적인 사실관계는 모두 밝혀졌다고 판단이 됩니다. 단지 그것이 외압이든 자의적인 판단이든 간에 검찰은 해가 서쪽에서 떠서 동쪽으로 진다고 기소하고, 법원은 물이 낮은 데서 높은 곳으로 흐른다고 판결하였을 뿐입니다. (중략)
감언이설과 금품의 유혹에 눈이 멀어 중학교 동창인 40년 죽마고우를 욕되게 하고 인생을 망치게 하는 데 중요한 역할을 했음을 뼈아프게 참회하는 바입니다.
—법무사 백 씨 자술서(2010.9.10).

2012년 법무사 백 씨가 암으로 숨진 뒤에도 정 씨의 법정 싸움은 계속됐다. 위증과 사문서위조 혐의 등으로 최 씨와 그 측근들을 여러 차례 고소했으나 검찰은 번번이 불기소 처리했다. 반대로 검찰은 정 씨의 고소 내용이 허위라며 5차례나 그를 무고 혐의로 기소했다. 그 가운데 두 차례는 유죄로 인정돼 정 씨는 모두 34개월의 징역을 살았다.[12]
최 씨는 정대택 사건에 대해 언론에 직접 해명한 적은 한 번도 없지만, 그동안의 재판과 검찰 수사에서 "2003년 최초로 오금동 스포츠센터에 투자

---

12) 정대택은 '최은순이 약정서에 찍힌 도장을 지웠다'고 고소했으나, 검찰은 이를 무고라며 기소했다.

할 당시 정대택 씨의 강요로 인해 강제로 약정서를 쓴 것"이라는 주장을 고수하고 있다.

김건희-최은순의 뒷배

정 씨는 무려 16년 동안 계속된 법적공방에서 왜 검찰이 늘 최은순-김건희 모녀 편을 드는지 의문을 가졌다. 그는 그 의문을 풀기 위해 두 사람 주변의 검찰 인맥을 추적했고, 그 과정에서 '뒷배'로 의심되는 이들을 찾아냈다.

먼저 양모 검사였다. 정 씨는 최 씨의 숙모 김모 씨로부터 김건희 씨가 2003년경부터 2008년경까지 유부남이던 양모 검사와 교제했다는 얘기를 듣는다. 두 사람의 관계에 대해서는 최 씨의 숙모가 제3자와 대화한 내용이 녹취록으로 남아 있다.[13]

두 사람의 교제 의혹을 뒷받침하는 다른 증거와 정황도 있다. 첫째는 최 씨가 당시 미국에 있던 양 검사의 아내에게 돈을 송금한 내역이다. 최 씨는 2004년 8월 13일 자신의 명의로 미화 1만 달러를, 2004년 10월 29일 위에 언급한 숙모 명의로 8800달러를 송금했다.

2004년 7~8월에는 양 검사와 최 씨 모녀가 함께 10박 11일의 유럽 여행을 다녀왔다. 이는 2015년 최 씨가 검찰 조사에서 시인한 사실이다. 양 전 검사 역시 2020년 4월 방송된 〈KBS〉 '시사기획 창'의 취재진에게 최 씨 모

---

13) 최은순의 숙모와 그 숙모의 며느리가 대화한 내용이다. 당시 이 숙모의 다른 아들이 형사사건에 연루되었는데, 김건희와 양 검사가 특수한 관계이니 그 사건처리를 김건희에게 부탁하라는 취지의 대화다. 녹취록에는 두 사람 관계를 구체적으로 묘사한 대목도 있다.

5부 처가 의혹과 '윤로남불'

녀와 함께 해외여행을 다녀온 사실을 시인했다. 다만 여행 비용을 최 씨 모녀가 부담하지는 않았다고 덧붙였다.

한 가지 이상한 것은 그 시기 최 씨의 출입국 내역은 확인됐지만 양 검사와 김 씨의 출입국 내역은 확인되지 않는다는 점이다. 이에 대해 일각에서는 출입국 내역을 위조했다는 의혹을 제기하고 있지만, 김 씨는 2021년 6월 30일 〈뉴스버스〉와 한 인터뷰에서 "공권력을 다 동원해서 출입국 기록을 지울 수 있으면 방법을 알려 달라"며 강하게 부인했다. 아울러 양 전 검사와의 교제 의혹에 대해서는 이렇게 반박했다.

"당시 친구들과 모여 살았어요. 누구랑 동거할 수 있는 시간이 없는데 어떻게 누구랑 동거를 합니까? 우리나라 공무원 사회가 얼마나 무서운데 그 검사가 바보입니까?"

논란이 일자, 홍사훈 '시사기획 창' 소속 기자가 다음 날인 7월 1일 취재 비화를 공개했다. 홍 기자에 따르면, 양 전 검사는 당시 최 씨 모녀와 함께 출국한 사실을 뒤늦게 시인하면서 김건희와 사귀고 싶어 하는 '제이슨'이라는 해외 벤처기업가의 부탁으로 동행했다고 해명했다.

하지만 최 씨 모녀와 '가족처럼' 지낸다는 김모 씨는 양 전 검사의 주장을 부인했다. 김 씨는 홍 기자와의 인터뷰에서 최 씨 모녀와 양 전 검사 셋이 유럽 여행을 다녀왔다고 증언했다.[14]

양 검사가 최 씨로부터 돈을 송금받고 최 씨 모녀와 함께 해외여행을 갔던 2004년 7~10월은 정대택 씨와 최 씨가 서로 고소해 법정 다툼이 벌어지

---

14) 홍사훈, "김건희 씨 출입국 기록이 왜 문제일까?", 〈KBS〉 (2021.7.1).

던 시기다. 정 씨로서는 김건희 씨와 교제한 것으로 보이는 양 검사가 사건에 영향력을 행사한 게 아닌지 의심할 만했다. 정 씨는 2008년 10월 양 전 검사를 뇌물수수 혐의로 고발했으나 검찰은 불기소 처리했다.[15)]

정 씨는 2009년경 김 씨가 다른 검사와 만나 교제하고 있다는 얘기를 듣게 된다. 이후 김 씨가 새롭게 교제하는 검사가 윤석열이라는 얘기를 듣고 두 사람의 관계를 확인하기 위해 애쓰다 2012년 2월 두 사람이 '깊이' 사귄다는 사실을 알아냈다고 한다.

이어 김 씨 명의로 임차한 서울 서초동의 아파트 주소를 알아내 그 주소로 윤석열 검사에게 내용증명 우편을 보냈다. 최은순과 자신이 얽힌 법적 분쟁에 개입하지 말라는 내용이었다. 우편물은 반송되지 않았다. 이와 관련해 한 가지 흥미로운 주장이 있다. 최 씨의 '40년 지기'라는 김모 씨의 증언이다. 김 씨는 한 유튜브 방송에 출연해 당시 정씨가 보냈다는 내용증명과 관련해 최 씨의 요청으로 두 사람 간 중재를 시도했다고 주장했다.[16)]

정 씨는 3월 7일 법무부와 대검에 윤 검사와 김건희 씨에 관한 진정서를 제출했다. 윤 검사가 김 씨와 '깊이' 사귀면서 최 씨 모녀가 관련된 사건에 개입한 의혹이 있다는 주장이었다. 공교롭게도 그로부터 4일 뒤인 3월 11일 두 사람은 대검 예식장에서 결혼식을 올린다.

정 씨는 김 씨와 관련이 깊은 두 전직 검사가 재직 시 자신의 사건에 영

---

15) 2008년 퇴직한 양 전 검사는 지난해 이 사건을 취재한 〈KBS〉 취재진에게 "김건희와 교제한 적이 없으며 당시 제이슨이라는 재미 사업가에게 송금을 부탁했는데 왜 최은순이 돈을 보냈는지는 모르겠다. 이후 부장검사에게 나오는 특수활동비를 모아 이 돈을 갚았다"고 답변했다.

16) https://www.youtube.com/watch?v=yrnXF_5V1Bk

향력을 행사했다고 믿고 있다. 2003~2008년은 양 검사가, 2009년경부터는 윤 검사가 관여했을 개연성이 있다는 것이다.

2009년경부터 윤 전 총장이 김 씨와 교제했다고 추정하는 근거는 장모 최은순 씨의 검찰 진술이다. 최 씨는 2011년 5월 25일 검찰 조사에서 "딸 김건희가 2011년 11월에 결혼할 예정이며, 결혼할 사람은 라마다 호텔 조남욱 회장이 소개해 준 사람으로 2년 정도 교제했습니다"라고 답했다.

실제 결혼 시점은 2012년 3월이었지만, 이 기간에 교제 상대가 바뀌었을 가능성이 없다고 가정하면, 당시 최 씨가 언급한 대상자는 윤석열 검사로 봐야 한다. 최 씨의 답변 시점을 기준으로 역산하면 두 사람의 교제 시작 시점은 2009년경으로 추정된다.

물론 두 전직 검사가 사건에 개입했다는 직접적인 증거는 없다. 다만 정대택 사건에서 결정적인 국면마다 검찰이 한쪽으로 치우친 듯한 수사를 벌인 점은 여러 각도에서 짚어볼 만하다.

지난 16년 동안 정 씨가 만난 기자는 수십 명에 이른다. 그러나 이른바 주류언론에서 기사화한 것은 한 번뿐이다. 2006년 11월 이진동 〈조선일보〉 기자가 정 씨의 사연을 기사화한 것이다.[17] 윤석열이 서울중앙지검장에 오른 뒤인 2017년 6월에는 주간지 〈시사저널〉도 보도했다.[18]

나는 2018년 4월 정 씨가 두 번째로 수감되었을 당시 처음으로 그의 동생을 만나 최 씨와의 법적 분쟁을 들었고, 그가 출소한 이후 취재를 재개해

---

17) 이진동, "위증 믿고 수사재판 잘못했나", 〈조선일보〉(2006.11.6).
18) 이석, "장모가 윤석열 지검장의 '손톱 밑 가시' 될까", 〈시사저널〉(2017.6.7).

2020년 3월 기사를 썼다.[19] 정 씨의 기구한 사연과 오랜 법정 투쟁이 제대로 알려진 것은 이때가 처음이었다. 포털사이트 '다음'에서만 2만 1000여 개 이상의 댓글이 달릴 정도로 기사는 큰 반향을 일으켰다. 최은순 씨 측은 보도 전에도, 보도 이후에도 반론은 물론 아무런 반응을 보이지 않았다.

최은순 씨는 2021년 7월 21일 경찰에 정대택 씨를 무고 및 명예훼손 혐의로 고소했다. 최 씨 변호인은 "이번 고소는 지난 14년간 총 11번 유죄판결에서 확정된 정대택의 허위 주장에 관한 것"이라며 "정대택이 2019년 경부터 고소인과 그 가족들을 끌어들여 언론과 유튜브를 통해 위 판결에서 확인된 악의적 허위사실을 유포한 데 따른 것이다"라고 주장했다.

---

19) 심인보, "윤석열 장모 사건…김건희 씨도 깊숙이 개입", 〈뉴스타파〉(2020.3.13).

파주 불법 요양병원 분쟁

2021년 7월 2일, 윤석열 전 총장이 대선 출마를 선언한 지 나흘 뒤였다. 의정부지방법원에서는 취재진 수십 명이 진을 치고 윤 전 총장의 장모 최은순 씨를 기다리고 있었다. 이른바 '승은의료재단 사건'의 선고일이었기 때문이다.

선고 공판 예정 시간을 훌쩍 넘긴 11시쯤 나타난 벤츠 AMG 승용차에서 최 씨가 내렸다. 카메라 플래시가 터지고 기자들의 질문이 쏟아졌다. 최 씨는 아무런 답변도 하지 않고 법정에 들어섰다.

피고인석에 앉은 최 씨 얼굴에서 표정을 읽어 보려 했지만, 아무것도 읽을 수 없었다. 그 정도로 담담해 보였다. 곧 판사가 들어와 선고를 시작했다.

"피고인에게 징역 3년을 선고한다."

담담하게 듣던 최 씨는 판사 입에서 징역 3년이라는 말이 나오자 옆에 앉은 변호인을 돌아봤다. 변호인이 뭔가 귓속말을 했다. 그 사이 판사의 선고가 계속됐다.

"증거 인멸과 도주의 우려가 있어 법정구속한다."

최 씨는 '법정구속'이라는 말을 제대로 알아듣지 못했는지 다시 변호인을 돌아봤다. 변호인의 표정이 일그러졌다. 판사가 마지막 발언 기회를 줬지만, 최 씨는 마이크를 잡고 첫 운을 떼다 말문이 막혀 아무 말도 하지 못했다. 판사가 마지막으로 물었다.

"법정구속이기 때문에… 혹시 구속 사실을 알려야 할 사람이 있습니까?"

최 씨는 방청석에서 알아듣기 힘들 만큼 작은 목소리로 "변호인이요"라고 답했다. 대기하던 여성 교도관 두 명이 최 씨의 양옆에서 팔짱을 꼈다. 법정구속이 되면 곧장 호송차를 타고 구치소로 직행해야 한다. 7건의 전과가 있기는 하지만 평생 수많은 사건에 연루되었던 최 씨가 징역형을 받은 건 처음이었다.

이 사건의 시작은 2012년으로 거슬러 올라간다. 최 씨는 새로운 투자를 감행했다. 부부인 주모 씨와 나모 씨가 의료재단을 설립하고 그 의료재단 명의로 요양병원을 개설하는 데 2억 원을 투자한 것이다. 주 씨 부부는 최 씨에게 "2억 원을 투자하면 5억 원을 돌려주겠다"고 했다. 또 다른 투자자 구모 씨는 10억 원을 투자했다.

주요 투자자인 최 씨와 구 씨의 이름을 한 글자씩 따서 의료법인의 이름을 '승은의료재단'이라고 지었다. 최 씨는 의료재단이 설립되자 구 씨와 함께 공동이사장에 취임했다. 이듬해인 2013년, 의료재단 명의로 경기도 파주시의 요양병원을 인수해 운영하기 시작했다.

불법이었다. 먼저 의료법 위반. 우리나라에서 병원을 만들 수 있는 것은 공공기관을 제외하면 의사와 의료법인뿐이다. 비록 의사를 고용한다고 해도 비의료인이 병원 개설과 운영을 주도해서는 안 된다. 중간에 의료법인을 끼운다고 해도 마찬가지다. 비의료인이 주도적인 역할을 하면 역시 의료법 위반이 된다. 이런 병원을 통상 '사무장 병원'이라고 부르는데, 승은의료재단이 설립한 요양병원은 전형적인 사무장 병원이었다.

의료법인이 영리를 목적으로 병원을 운영하는 것도 불법이다. 영리를 목적으로 하면 과잉 진료 등으로 환자와 건강보험공단에 직·간접적 피해가 발생할 우려가 있기 때문이다.[20] 비영리이기 때문에 한번 의료재단에 출연한 재산을 다시 되돌려 받아서도 안 된다.

그런데 승은의료재단의 경우 돈을 투자한 최 씨와 구 씨에게 "병원을 운영해 수익을 돌려주겠다"고 했다. 영리 목적이 우선이다 보니 병원은 엉망으로 운영됐다. 의사들의 급여를 수시로 삭감해 의사들이 병원을 그만두는 일이 잦았다.

둘째, 형법상 사기. 사무장 병원이 수사를 받으면 보통 의료법 위반에 덧

---

[20] 이명박 정부 당시 기획재정부는 영리병원을 허용하겠다는 방침을 밝혔다가 시민단체와 의료계의 반발에 부딪혀 철회한 적도 있다. 병원에서 운영하는 매점 등 일부 부대사업은 예외다.

붙여 사기 혐의가 따라온다. 적법한 병원인 것처럼 건강보험공단을 속여서 요양급여 비용을 타낸 것으로 간주하기 때문이다. 승은의료재단은 25개월 동안 23억 원가량의 요양급여 비용을 편취했다.

19억 투자한 최은순은 무사

2015년 2월 경기도 파주경찰서가 승은의료재단에 대한 수사를 시작했다. 의료법인과 병원 설립을 주도한 주 씨 부부는 각각 징역 4년과 2년 6개월, 공동 투자자였던 구 씨는 징역 2년 6개월에 집행유예 4년 판결을 받았다. 그런데 유독 최 씨는 기소조차 되지 않았다. 검찰은 최 씨를 한 차례도 부르지 않고 전화로만 조사했다. 어떻게 된 일일까.

경찰 수사가 시작되기 9개월 전인 2014년 5월, 최 씨는 느닷없이 공동이사장 구 씨에게 '책임면제각서'를 써달라고 요구했다. 자신이 병원 경영에 전혀 관여하지 않았으며 모든 민·형사 문제에 책임을 지지 않는다는 내용이었다. 동시에 공동이사장직도 사임했다. 경찰 수사를 미리 알고 한 행동이라고 보기에는 시차가 커서 무리가 있지만 어쨌든 '나이스 타이밍'이고 대단한 감각이다.

경찰은 이 책임면제각서를 근거로 최 씨를 불입건했고, 검찰 역시 최 씨를 기소하지 않았다. 비록 투자한 액수는 다르지만 같은 시점에 같은 이유로 투자했고 공동이사장을 지낸 두 사람 가운데 구 씨만 기소하고 최 씨를 불기소한 것은 합리적으로 설명하기 어렵다. 검사 사위의 힘이 작용한 것은 아닐까, 아니면 정대택 사건 등을 통해 쌓은 최 씨의 '법조 경험'이 작용한 것일까. 이에 대해 윤 전 총장 측은 "최 씨와 구 씨의 가담 정도가 달라서 기소 여부도 달라졌다"고 주장했다.

이렇게 묻힐 뻔한 사건은 언론보도로 되살아났다. 〈문화일보〉가 2019년 7월 1일 처음으로 '최은순 씨가 기소조차 되지 않은 것은 검찰 기소 재량권의 남용'이라는 취지로 보도했고[21], 〈MBC〉 '스트레이트'가 한 번 더 보도하면서 판을 키웠다[22]. 2020년 10월 추미애 당시 법무부 장관이 윤석열 전 총장 가족 의혹 사건에 대한 수사 지휘권을 발동하면서 다시 검찰 수사가 시작됐다.

수사와 재판 과정에서 몇 가지 의미 있는 사실이 새롭게 드러났다. 가장 중요한 건, 최 씨가 승은의료재단에 투자한 돈이 더 있었다는 사실이다. 최 씨는 자신이 소유한 서울 암사동 4층 건물을 담보로 17억 원을 빌렸다.

그런데 채무자 이름은 최 씨 본인이 아니라 승은의료재단이었다. 시기는 2013년 3월, 승은의료재단이 요양병원을 설립한 지 한 달 뒤다. 즉, 최 씨가 초기 자금 2억 원만 투자한 게 아니라 자기 건물을 담보로 17억 원을 더 투자한 사실이 드러난 것이다. 이렇게 되면 이 사건으로 유죄 판결을 받은 공동이사장 구 씨보다 투자금이 더 커진다. 7월 2일 최 씨를 법정구속한 1심 재판부는 "최은순의 도움이 없었다면 병원 설립이 어려웠을 것"이라고 지적했다.

둘째, 최 씨의 또 다른 사위, 즉 윤 전 총장의 동서 유모 씨가 병원 행정원

---

21) 김리안, "윤석열 장모 의료법 위반 혐의 불입건 논란", 〈문화일보〉(2019.7.1).
22) "장모님과 검사 사위", 〈MBC〉 '스트레이트'(2020.3.9).

장으로 근무한 사실이 새롭게 밝혀졌다. 역시 "병원 운영에 적극적으로 개입하지 않았다"는 해명이 무색해지는 정황이다. 1심 재판부도 이 부분을 중요하게 봤다.

마지막으로, 불기소 근거가 된 책임면제각서 위조 논란이 불거졌다. 지금까지 책임면제각서를 써 준 것으로 알려진 공동이사장 구 씨가 언론과의 인터뷰에서[23] "내가 써 준 것이 아니다"라고 주장했기 때문이다. 실제로 책임면제각서의 필적과 구 씨의 필적은 달랐다. 최 씨는 이에 대해 "직접 쓴 건 아니라고 해도 도장이 날인돼 있고, 구 씨가 동의해서 써 준 것은 맞다"고 반박한다.

1심 재판부는 책임면제각서에 대해 "자신의 잘못을 은폐하기 위해 책임면제각서를 받는 등 죄질이 불량하다"고 언급했다. 6년 전 수사 당시에는 무혐의 처분의 근거였던 책임면제 각서가 이번에는 유죄의 근거가 된 것이다. 재판부는 징역 3년에 법정구속이라는 중형을 선고한 이유를 이렇게 설명했다.

"상당수 사건에서는 요양급여가 환수되는 경향이 있는데 이 사건에서는 대부분 환수되지 않았다. 그런데 최은순은 국민건강보험공단으로부터 받은 요양급여로 자신의 투자금을 환수했다. 건강보험의 재정을 악화시켜 국민 전체에게 피해를 입혔다."

선고 공판이 끝나고 난 뒤 최 씨를 변호했던 손경식 변호사는 "검찰의 왜곡된 수사에 대해 유감을 표한다"고 말했다. 어디서 많이 듣던 얘기 아닌

---

23) 이수진 김태형. "'윤석열 장모 무혐의 근거 된 각서는 위조' 동업자 주장", 〈JTBC〉(2020.10.27).

가? 그렇다. 지금까지 최은순과 동업을 하다 수사를 빋거니 형사처벌을 받은 사람들은 하나같이 "검찰이 최은순 편에 서서 왜곡된 수사를 했다"고 주장해왔다. 아이러니라고 할 수밖에 없다.

최 씨에게 죄가 있느냐 없느냐를 떠나서, 과거의 검찰은 입건조차 하지 않았던 최 씨를 현재의 검찰이 재수사해 정반대 결론을 내린 부분은 씁쓸한 뒷맛을 남긴다. 지금까지 검찰이 판단을 뒤집은 수많은 사건에서 그랬듯, 이번에도 검찰은 "그때는 맞고 지금은 틀린" 이유를 설명하지 않았다. 이와 관련해 윤 전 총장은 방송 인터뷰에서[24] "장모가 관련된 요양병원 사건을 총장 인사청문회 때 처음 알았다"고 주장했다.

---

24) 오대영, "〈인터뷰〉 윤석열 '장모 관련 사건', 총장 청문회 때 처음 알아", 〈JTBC〉 (2021.7.14).

5장

도촌동 땅과
허위 잔고증명서

앞에서 설명한 승은의료재단 투자를 하던 2012년 말에서 2013년 초, 최 씨는 동시에 경기도 성남시 도촌동 땅 공매 투자에 뛰어든다. 하나의 투자가 마무리되기도 전에 다른 투자를 감행하는 걸 보면 참 부지런한 사람이다.

유형은 정대택 사건과 비슷하다. '돈 되는 사업' 정보를 가져오고 실행 계획을 세운 것은 동업자 안모 씨였다. 최 씨는 초기 투자금을 댔다. 그리고 분쟁이 생겨 최 씨가 이익을 독점하고 동업자 안 씨는 감옥에 갔다.

'돈 되는 사업 정보'란 경기도 성남시 도촌동 일대의 땅 6필지가 공매로 나온다는 정보였다. 면적은 무려 55만 3000㎡, 여의도 면적의 5분의 1에 가깝다. 개발제한구역 등으로 묶여있지만 인근의 개발 압력이 높아 언젠가는 개발을 기대할 수 있는 땅이다. 감정가는 174억 원, 공매 가격은 40억 원 가량이었다.

동업자 안 씨가 가져온 정보를 토대로 이들은 사업계획을 세웠다. 계약금 4억 1000만 원은 최 씨가 내고, 일단 계약한 뒤에는 대출을 받아 잔금을 해결하기로 했다. 수익금은 절반씩 나누기로 했다. 이들은 자신의 명의가 아닌 차명으로 공매에 참여했다. 차명 소유주는 최 씨가 데리고 왔다. 최 씨 큰아들의 지인이었다.

2013년 1월 이들은 신탁회사와 계약을 체결하는 데 성공했다. 최 씨는 계약금 4억 1000만 원 가운데 3억 원을 냈다. 그런데 문제가 생겼다. 최 씨가 데리고 온 차명 소유주, 즉 아들 친구가 토지거래 허가 절차에 협조를 거부한 것이다. 명의만 빌려달라고 한 최 씨가 갑자기 이런저런 서류에 사인하라고 하니 겁이 났을 것이다. 계약금 4억 1000만 원은 몰취당했다.

최 씨는 '특기'를 살려 계약금을 돌려 달라는 소송에 돌입했다. "나는 충분한 자금이 있어 잔금을 지급할 여력이 있었는데 절차 문제로 계약이 취소된 것이니 계약금을 돌려달라"는 논리였다. 그러자니 자신의 자금력을 입증할 필요가 있었다. 최 씨는 딸 김건희 씨의 지인 김모 씨를 찾아갔다. 그리고 자신의 통장에 100억 원이 들어있음을 입증하는 잔고증명서를 위조해 달라고 부탁했다.[25]

김 씨는 금융컨설팅과 대출중개업을 하던 인물인데, 사무실이 신안저축

---

25) 최은순 혼자 벌인 일인지, 안 씨의 요구를 받고 같이한 일인지에 대해서는 두 사람의 주장이 다르다. 다만 김 씨에게 잔고증명서 위조를 직접 부탁한 사람이 최은순이라는 데에는 이견이 없다.

은행과 같은 건물에 있었던 것으로 보아 신안저축은행 대출을 주로 취급한 것으로 보인다. 김 씨는 포토샵 프로그램 등을 활용해 잔고증명서를 위조해 주었다. 최 씨는 몰취된 계약금을 돌려달라는 소송에 이 위조된 잔고증명서를 제출했다.[26] 사문서위조 및 행사다. 이 소송에서 최 씨는 패소했다.

다시 본론으로 돌아와 이들의 투자가 어떻게 되었는지 살펴보자. 최 씨와 안 씨는 두 차례 더 시도한 끝에 땅을 매입하는 데 성공했다. 두 번째와 세 번째 계약에서는 최 씨가 데리고 온 다른 동업자 강모 씨가 계약금을 냈다. 최 씨와 안 씨는 이 땅을 담보로 신안저축은행에서 48억 원짜리 마이너스 통장을 개설했다. 그리고 이 마이너스 통장에서 36억 원을 인출해 잔금을 납부했다. 마이너스 통장의 채무는 양측이 절반씩 부담하기로 했다고 한다.

몇 달 지나지 않아 땅을 사겠다는 사람이 나타났다. 한 건설사가 이 땅을 75억 원에 사겠다고 제안한 것이다. 계약 체결 직전까지 갔다. 만약 이 계약이 성사됐더라면 대출금을 갚고도 34억 원이 남으므로 각각 17억 원가량의 차익을 남기고 동업은 끝났을 것이다.

그런데 여기서부터 일이 틀어진다. 공동 소유이므로 계약을 체결하려면 양측 모두의 협조가 필요한데 최 씨가 매매계약에 협조하지 않았다는 것이다. 안 씨에 따르면 이 건설사 외에도 땅을 사겠다는 사람은 많았다. 그러나

---

[26] 이후 최은순은 김 씨에게 3차례나 더 잔고증명서 위조를 부탁했고, 김 씨는 최은순의 요구를 들어주었다. 최은순이 김 씨를 통해 만든 가짜 잔고증명서의 총액은 349억 원이다. 이 가짜 잔고증명서를 활용해 최은순과 안 씨는 다른 사람들로부터 돈을 빌렸다. 위조사문서 행사의 주체가 누구인지에 대해서는 양쪽 주장이 엇갈린다.

최 씨가 계속해서 계약에 협조하지 않았다는 게 안 씨 주장이다.

엑시트[27]할 수 있는 기회를 여러 차례 놓치고, 매각이 늦어지면서 문제가 생겼다. 안 씨가 대출이자를 연체하기 시작한 것이다. 신안저축은행에서 개설한 48억 원짜리 마이너스 통장에는 잔금을 내고도 12억 원가량의 잔액이 있었다. 안 씨는 이 돈으로 대출이자를 납부하기를 원했으나 마이너스 통장을 관리하던 최 씨 측이 통장을 내주지 않아 돈을 인출할 수 없었다는 게 안 씨 주장이다.

여기서부터 이야기가 좀 복잡해진다. 최 씨는 자신의 가족회사 '이에스아이앤디'를 통해 신안저축은행으로부터 48억 원짜리 채권을 사들였다. 채권은 그동안 이자가 붙어 48억 5000만 원이 되어 있었다. 채무 절반은 원래 최 씨 자신의 것이었으므로 상계되는 셈이고, 결과적으로 안 씨의 채무를 사들인 셈이다.[28] 따라서 이제 최 씨는 동업자한테 빚 독촉을 할 수 있는 처지가 됐다.

이렇게 한 데는 물론 이유가 있었다. 한 달 뒤 최 씨는 동업자가 가진 절반의 지분에 대해 임의경매를 신청했다. 최초 감정가는 90억 원, 그러나 경매는 계속 유찰됐다. 어차피 한 덩어리로 된 땅의 절반만 경매에 나와 있으므로 제3자가 응찰하기는 어려웠을 것이다.

3차례 유찰 끝에 최 씨의 가족회사 이에스아이앤디가 안 씨 몫인 절반의 지분을 33억 7000만 원에 낙찰받았다. 채권자가 이에스아이앤디이므로

---

27) '투자 후 출구전략'을 뜻하는 말로, 투자자가 자금을 회수하는 것이다.
28) 재미있는 사실은 최은순이 48억 원짜리 채권을 담보로 다시 신안저축은행으로부터 38억 5000만 원의 대출을 받았다는 것이다. 채권을 사들이는 데 실질적으로 들어간 돈은 10억 원가량인 셈이다.

이 돈은 다시 이에스아이앤디로 돌아왔다. 결국 최 씨와 안 씨가 절반씩 지분을 가졌던 도촌동 땅은 마법처럼, 전부 최 씨 것이 되었다.

이후 최 씨는 자신이 원래 가진 절반의 지분을 계약금을 댔던 다른 동업자 강모 씨에게 26억 원에, 안 씨 몫이던 절반의 지분은 한 건설사에 65억 원에 팔았다. 공매가 40억 원대 땅을 경매로 사들여 91억 원에 판 것이다. '채권 부실화 → 가압류 → 채권 매입 → 경매 신청 → 유찰 끝 낙찰'이라는 복잡한 과정을 거쳐 마침내 뜻한 바를 이룬 셈이다.

최 씨가 투자한 돈은 1차 계약 당시 낸 3억 원과 채권을 사들일 때 들어간 대출금 48억 5000만 원을 포함해 51억 5000만 원. 자기자본만으로 계산하면 3억 원을 투자해 3년 10개월 만에 39억 5000만 원을 벌어들인 셈이다. 물론 대출이자와 거래 비용, 변호사 비용 등을 감안하면 순수익은 이보다 줄어든다.

2015년에는 최 씨가 안 씨를 사기 혐의로 고소하는 일이 벌어졌다. 안 씨가 최 씨에게 도촌동 땅 투자 외에도 여러 건의 투자를 유도하며 돈을 빌려간 뒤 갚지 않은 탓이었다. 검찰은 이듬해 1월 안 씨를 구속기소했고, 안 씨는 징역 2년 6개월의 실형을 선고받았다.

그런데 안 씨 재판 과정에서 흥미로운 일이 벌어진다. 2016년 4월 14일 서울남부지법에서 열린 공판에서, 최 씨가 잔고증명서 위조 사실을 시인한 것이다. 다음은 안 씨 변호인과 최 씨 사이에 오간 문답이다.

(변호인) 증인은 피고인(동업자 안 씨)에게 잔고증명서를 교부한 사실이 있지요?

(최은순) 예.

(변호인) 이것은 누가 만들었나요?

(최은순) 제가 김OO에게 부탁했습니다.

(중략)

(변호인) 증인이 신안상호저축은행의 직원도 아닌 김OO에게 "필요하니까 만들어 달라"고 해서 4장을 다 받은 것은 맞다는 것이지요?

(최은순) 예.

(변호인) 이것은 다 허위이지요?

(최은순) 예.

법정 증인신문에서 최 씨가 사문서위조 혐의를 인정했지만, 검찰은 최 씨를 기소하지 않았다. 물론 당시 재판의 피고인은 동업자 안 씨였으므로, 담당 검사가 이를 사건 외 상황으로 간주해 무시했을 수도 있다.

그러나 명백한 범죄에 대해 법정 자백이 이루어졌는데도 이를 묵과하고 넘어간 것은 이해하기 어렵다. 당시 최 씨의 사위 윤석열은 대전고검 검사였다. 비교적 한직이라 해도 검사는 검사다. 최 씨 부탁으로 잔고증명서를 위조한 사람은 딸 김건희 씨가 운영하는 코바나컨텐츠의 감사였다.

이 사건이 다시 언론에 보도되자 검찰은 2020년 3월 최 씨의 도촌동 땅 투자 과정을 다시 수사해 최 씨와 잔고증명서를 위조해 준 김건희 씨의 지인 김모 씨를 기소했다. 사문서위조 및 행사, 부동산 실명법 위반 혐의 등이었다. 4년 전 법정에서 범죄 자백이 있었음에도 입건조차 하지 않았던 사건을 재조사하고 관련자를 기소한다고 발표하면서, 검찰은 단 한 마디의 사과나 해명도 덧붙이지 않았다. 이 사건은 현재 재판이 진행 중이다.

윤 전 총장의 처가와 관련된 의혹은 검찰이 가지고 있는 무소불위의 권한에 대한 논의로 이어질 수밖에 없다. 우연의 일치인지 몰라도, 최은순-김건희 씨 모녀는 종종 검찰 덕을 본 것으로 보인다. 반대로 최 씨와 동업하다가 분쟁을 빚은 사람들은 사법처리 대상이 됐다.

사회 곳곳에서 작동하는 검찰권력의 위력과 선택적 수사 및 기소를 감안하면, 그리 특별한 사례가 아닐지도 모른다. 그러나 김 씨와 최 씨는 이제 유력 대선후보의 부인과 장모가 되었다. '공정과 법치야말로 지금의 시대정신'이라는 윤석열 후보는 부인과 장모가 살아온 방식이 자신의 신조에 부합하는지 답해야 한다.

〈윤석열 처가 의혹 주요 사건〉

사건	발생시기	내용	관련자	참고사항
도이치모터스 주가조작	2009	BMW 수입사인 도이치모터스 회장으로부터 장외매수 등 특혜를 받고 주가조작에도 연루됐다는 의혹.	권오수 김건희	추미애 장관 수사지휘권 발동, 수사 중
코바나컨텐츠 '대가성 후원'	2017	윤석열 서울중앙지검장 취임 후 김건희의 기획사 코바나컨텐츠에 대한 기업 협찬이 급증했다는 의혹.	김건희	서울중앙지검 수사 중
오금동 스포츠센터 이권 분쟁	2003	경매로 나온 서울 오금동 스포츠센터 건물 처분 이권을 둘러싼 악성채 변조 및 위증교사 논란.	정대택 최은순 김건희	대검 재기수사 명령(2021.7)
파주 불법 요양병원 급여 편취	2012	불법 의료재단 설립에 투자해 요양병원 급여를 편취했다는 의혹.	최은순	1심 징역 3년 (2021.7)
도촌동 땅 은행 잔고증명서 위조	2013	공매로 나온 성남 도촌동 땅을 사고파는 과정에 은행 잔고증명서를 위조해 대출을 받았다는 의혹.	최은순 김건희	재판 중, 김건희 지인 김모 씨 기소

PART 06

검찰개혁과
윤석열

오래된 권력

2020년 11월 한 유튜브 방송에 출연해 윤석열 총장 개인보다 검찰권력의 문제점을 더 강조했더니 분위기가 약간 썰렁해졌다. 게다가 '눈치 없게도' 지금 그를 맹비난하는 사람들이 몇 년 전 그가 적폐청산 수사를 진두지휘할 때는 뜨겁게 환호했던 일을 언급하기도 했다.

나중에 알았지만, 그 대목에서 실시간 비난 댓글이 올라온 모양이다. 윤석열의 '돌변'과 '배신'에 분개해 당장 끌어내리고 싶어 하는 사람들 앞에서 그가 변한 게 아니라고 말하니 화가 났던 모양이다. 내가 분명히 '검찰주의자'라는 말을 강조했는데도 말이다.

윤석열은 과연 변한 걸까? 배신한 걸까? '조국 수호!'와 '윤석열 타도!'를 외치는 사람들은 그렇게 믿는 듯싶다. "은혜를 원수로 갚았다"라거나 "때가 되면 진보정권을 치기 위해 발톱을 숨겼다"라는 주장도 나온다.

나는 그렇게 보지 않는다. 그는 좋게 얘기하면, '범죄가 지나가는 걸 두고 보지 못하는' 천생 검사다. 비판적으로 평하자면, 모든 사회현상을 수사로 단죄할 수 있다고 믿는 수사만능주의자다. 나쁘게 말하면, 검찰의 이익과 명예를 최우선 가치로 여기는 철저한 조직이기주의자다. 정의의 기준도 검찰이요, 공정의 기준도 검찰이라고 믿는 완고한 검찰지상주의자다. 측근 검사와 처가 비리 의혹에 대한 인식과 태도를 보면 '내로남불'의 대가다. 공적으로는 정의롭지만, 사적으로는 그다지 공정하지 않은 이 땅의 수많은 검사 중 한 사람이다.

하긴 검사만 그러겠는가? 우리 사회에서 힘깨나 쓰거나 목소리 높이는 사람들 가운데 언행일치가 안 되고 이념과 생활이 다르고 공사 구별이 뚜렷하지 않은 사람이 한둘이랴? 나를 비롯한 평범한 시민도 마찬가지일 테고. 검찰의 조국 수사 배경과 범죄혐의도 그런 관점에서 바라봐야 공정하지 않을까?

윤석열은 배신자인가?

내가 윤석열에 대해 변하지 않았다고 언급한 것은 박근혜 정부 초기 국정원 댓글 사건 수사 외압을 폭로할 때 그가 보여준 소신과 기개가 아니라 검찰주의자 본연의 모습이다. 그런데 대놓고 비난하지 않으니, 마치 옹호하는 것처럼 비친 모양이다. 그 심정이 이해되지 않는 건 아니지만, 씁쓸했다.

내가 다른 유튜브 방송에 출연해 "대통령이 철저한 검찰주의자인 윤석열 검찰총장과 조국 장관에게 쌍두마차처럼 함께 검찰개혁을 하라고 주문한 건 난센스였다"고 말한 것도 그런 맥락이다. 굳이 대통령의 인사실책을 드러내려는 건 아니지만, 아프더라도 인정할 건 인정해야 한다. '윤석열이 배신했다'는 건 사실이라기보다는 믿음이다.

나는 이날 유튜브 방송에서 "검찰개혁은 제도 개혁을 통해서만 완성되지, 윤석열 개인에만 초점을 맞추면 자칫 본질이 흐려질 수 있다"고도 말했다. 그해 연말 추미애 법무부 장관이 윤 총장의 직무정지와 징계를 밀어붙이다 실패함으로써 여론 악화로 외려 검찰개혁의 동력이 떨어진 것도 이런 관점에서 재조명할 필요가 있다.

제도 개혁이란, 애초 검찰 제도 취지에 맞게 검찰청을 공소청으로 거듭나게 하는 것이다. 지금처럼 수사권과 기소권이 결합된 권력기관이 아닌, 경찰 수사내용을 점검하고 기소 여부를 판단하는 소추기관으로 말이다.

그렇다고 과거 검찰이 더러 의미 있는 수사를 통해 사회정의 구현과 민주주의 발전에 이바지한 공을 폄훼하는 건 공정하지 않다. 다만 우리 사회 곳곳에서 민주화가 진행되면서 권력기관에 대한 국민의 비판의식과 인권의식이 높아진 만큼 검찰도 바뀔 운명을 맞은 것뿐이다.

고도비만인 검찰이 견제와 균형이라는 민주주의 원리에 맞게 권한을 분산해 정상 몸무게를 되찾으면, 자연스럽게 정치검찰이나 검언유착 시비도 잦아들 것이다. 권위주의 정부든 민주 정부든 검찰의 칼을 어떤 식으로든 활용하고 싶은 유혹에서 벗어나게 하려면 그 방법밖에 없다. 수사만능주의와 선택적 정의감으로 사회와 정치를 좌지우지하려는 검찰지상주의자들이 발붙일 여지를 주지 말아야 한다.

　일반인에게는 법의 잣대를 칼같이 들이대면서 검찰 구성원들에게는 한없이 너그러운 철밥통 조직이기주의를 깨트리는 것이야말로 검찰개혁 및 사법 민주화의 첫걸음이다. 그런 점에서 시간이 걸리더라도 철저하고도 본질적인 개혁을 해야 한다. 국회를 통과한 검찰개혁 관련 법안과 시행령은 여전히 미흡하고 보완할 점이 많다.

검찰주의자들의 저항

　나는 또 그날 방송에서 검찰 제도 자체를 근본적으로 바꾸지 않고서는 유사한 검찰주의자들의 저항이 계속될 것이라는 취지로 말했다. 우리 사회 곳곳에서 위력을 발휘하는 검찰패밀리의 의식세계는 일반 국민과 완전히 다르기 때문이다. 그들의 시각으로는 살아 있는 정치권력과 맞서 싸우는 정의로운 검찰의 힘을 왜 줄이고 나눠야 하는지, 수긍할 수도, 이해할 수도 없는 것이다.

　검찰권력과 손잡은 언론권력, 검찰과 정보권력을 공유하는 제도권 언론사 기자들도 마찬가지다. 권력 감시와 비판이라는 언론의 사명감을 정치권력에만 들이대고 개인의 사적인 문자메시지와 일기장, 꿈까지 검열하는 검찰권력의 위험성에는 눈감은 자들이 그럴듯한 논리로 대중을 오도하고 사실로 진실을 가릴 때마다 가슴에 통증을 느낀다. 나도 검찰 취재를 하면서 더러 저질렀던 오류이기에.

　전화로 연결한 또 다른 유튜브 방송에서 진행자가 물었다. 왜 다수의 길을 버리고 소수의 길을 택했느냐고? 그가 언급한 다수의 길은 여론장악력이 큰 친검찰 친언론 노선이다. 소수의 길은 검찰권력과 언론권력을 비판하는 것이다. 한국식 검찰권력과 언론권력의 결합은 지구 최강 권력이다. 나는 이렇게 답했다. 역사를 보면 늘 다수가 이기는 것도 아니고, 다수가 소수로 바뀌거나 소수가 다수로 바뀌기도 한다고. 나는 소수의 길을 택한 것이 아니라 상식의 길을 택한 것이라고.

누가 권력자인가?

방식을 두고 논란이 있기는 하지만, 검찰개혁은 상식이다. 그런 점에서 상식과 비상식의 싸움이라는 표현이 시대정신에 맞는다. 문재인 정부는 검찰개혁을 핵심 대선공약으로 내걸고 출범했다. 국민과 한 약속을 이행하려는 정부와 여당의 권한 행사에 해당 공무원 집단이 조직적으로 저항하는 건 사리에 맞지 않는다.

2020년 11월 윤석열 검찰총장의 직무정지와 징계를 추진한 추미애 법무부 장관에게 조남관 대검 차장은 "검찰 구성원들의 마음을 얻는 개혁"을 호소했다. 언뜻 합리적으로 보이지만, 현실성이 없는 얘기였다.

언론사 재직 시 오랫동안 검찰을 취재했던 사람으로서 감히 말하건대, 조 검사가 말하는 개혁은 거의 불가능하다. 검찰은 이미 국정원이나 기무사를 뛰어넘은 거대 권력기관이기 때문이다. 권력기관 개혁은 그 생리상 자율이 아닌 타율일 수밖에 없다. 현실적으로 가능하지도 않지만, 설령 내부 구성원들의 마음을 얻는 개혁을 했다고 치자. 그게 국민 눈높이에 맞는 개혁일까?

역사 앞에 책임감을 가진 검찰 고위 간부라면, 조직보다 국민을 바라보고, 장관에게 내부 불만을 전달하기에 앞서 켜켜이 쌓인 검찰의 과오에 대해 국민에게 먼저 사과하는 것이 도리였다. 수사권을 무기로 떼지어 무력시위를 벌이거나 조직이익을 앞세워 상사에게 몰려가 사표를 요구하는 건 볼썽사납다. 검찰을 위한 검찰이 아니라 국민을 위한 검찰로 거듭나는 길을 진지하게 고민해야 하지 않을까?

검찰은 행정부 산하 공무원 집단이면서도 밥그릇을 조금이라도 건드리면 항명을 밥 먹듯이 했다. 수사와 기소로 겁주고 옥죄었다. 주로 검찰개혁을 적극적으로 추진한 정권에서 벌어진 일이다.

대통령은 검찰총장 징계 처분이 행정법원의 결정으로 효력을 잃은 데 대해 국민에게 사과했으나, 검찰총장은 검사들이 고급 술집에서 수사 대상자한테 접대받은 사실이 드러났는데도 끝내 사과 한마디 하지 않았다. 그것도 국정감사장에서 국민 앞에 약속해놓고. 누가 권력자인가?

2장

오래된 논쟁

시대정신은 검찰권력 해체를 원한다. 독립성과 중립성을 유지하되 민주적 통제를 받는 검찰로 거듭나야 한다. 그 전제는 과도한 권한의 분산과 견제다. 이 간단한 이치를 이해하면 검찰개혁의 당위성을 누구도 부정하기 힘들 것이다. 권력의 향방에 맞춰 정치적 수사를 벌이면서 스스로 권력이 된 검찰의 지난날 과오를 들먹일 것도 없이.

검찰 내 다수파인 형사부 검사들은 한 달에 수백 건씩 사건을 처리해야 하는 과도한 업무 스트레스를 호소해 왔다. 소수정예 특수부 검사들은 실적을 내기 위해 무리한 수사를 벌이거나 청와대 하명수사를 이행하느라 불면의 나날을 보냈다. 검찰개혁이 완성되면, 기소와 공소 유지에 전념하면 되니 업무량이 크게 줄어들 것이다. 전관예우 또는 전관특혜 풍속도 바뀔 테니 사법정의 실현에도 이바지할 것이다.

범조국 사태만 봐도, 검찰의 무절제한 수사만능주의와 수사권 남용은 예나 지금이나 변한 게 없다. 이를 검찰 독립 또는 중립과 동일시하는 검사들의 집단항명은 조직이기주의일 뿐이다.

그런 점에서 검치(檢治)와 법치(法治)를 구별하지 못한 채, 고전적인 권력비판 논리에 사로잡혀 정치권력을 향해서만 가시 돋친 비판을 하거나 기계적인 양비론으로 본질을 흐리는 지식인들은 보기 안쓰럽다. 말재주와 글재주에 취해 요설로 대중을 현혹하는 자들도 마찬가지다. '수사내용=사실보도'라는 확증편향에 빠진 친검 기자들은 말할 것도 없고.

검찰은 노무현 정부 때 획득한 중립성과 독립성을 이명박-박근혜 정부 때 반납했다. 법무부 장관과 청와대 민정수석, 비서실장이 검찰을 뒤에서 흔들고 조종했다. 장관이 수사내용과 관련해 검사에게 직접 전화를 하고, 일부 검사들은 총장을 제치고 청와대와 직거래했다. 검찰은 정권이 원하는 수사를 하면서 거의 한몸으로 움직였다.

추미애 전 장관이 수사지휘권과 감찰권으로 검찰을 통제하려 했다는 것은 사실이지만 진실은 아니다. 선수들끼리는 다 아는 얘기지만, 과거 검찰 선배가 민정수석이나 법무부 장관 할 때는 굳이 수사지휘권이나 감찰권을 행사할 필요가 없지 않았나? 원인을 외면하고 결과만 놓고 비판하는 건 합리적이지 않다.

민주주의가 발전한 만큼 검찰의 기능도 제도 취지에 맞게 바뀌어야 한다. 아무리 검찰의 독립성과 중립성이 중요하더라도 선출된 권력(대통령,

장관, 국회 등)의 적법한 통제를 받아야 하는 건 상식이다.

끔찍했던 '검사와의 대화'

문재인 정부의 검찰개혁은 노무현 정부의 기조를 이어받았다. 과거를 알아야 현재가 보인다. 노무현 정부는 검찰권 남용을 막으려 인사와 조직 개편, 검경수사권 조정, 대검 중수부 폐지 등을 시도했지만, 실효성을 거두지 못했다. 한마디로, 노무현 정부의 검찰개혁은 실패했다. 이는 노 전 대통령도 인정한 바다.

나는 검찰의 중립을 보장한 것에 대해 자부심을 느낀다. 국가 발전을 위해서는 그렇게 하는 것이 옳다고 생각한다. 그러나 대통령이 검찰의 정치적 중립을 보장하면 검찰도 부당한 특권을 스스로 내려놓지 않겠느냐는 기대는 충족되지 않았다. 검찰은 그렇게 하지 않았다.[1]

그때 대통령과 우리는 검찰개혁의 출발선을 검찰의 정치적 중립으로 봤다. 즉 '정치 검찰'로부터 벗어나는 게 개혁의 핵심이라고 본 것이다. 사실 이 목표는 제도의 문제라기보다는 정치권력이 검찰을 정권의 목적에 활용하려는 욕망을 스스로 절제하고, 검찰 스스로 정권의 눈치 보기에서 벗어나는 '문화의 문제'로 봤다.[2]

---

1) 노무현재단 · 유시민, 〈운명이다-노무현 자서전〉(돌베개, 2010.4), 273p.
2) 문재인, 〈문재인의 운명〉(가교출판, 2011.6), 238p.

노무현 정부의 검찰개혁이 실패한 주요 원인은 물론 검찰의 조직적 저항이지만, 개혁주체세력의 오판과 실책도 지적하지 않을 수 없다. 출발부터 불안했다. 대통령이 검사들과 직접 대화하겠다고 법무부 장관을 대동해 마련한 '검사와의 대화'는 보기 민망한 정도를 넘어 끔찍했다. 참석한 검사들은 오로지 인사 독립을 요구하면서 대통령의 부당한 인사 개입 의혹까지 제기했다.

강금실 장관의 어색한 표정과 노 대통령의 노기 띤 음성은 20년 가까이 지난 지금도 생생하다. 이 사건은 향후 벌어질 혼란의 신호탄이었다. 뜻은 좋으나 현실과 동떨어진 노무현 정부 개혁정책의 한계를 예고한 사건이었다.

정권 초기 검찰개혁을 주도한 사람은 문재인 민정수석과 강금실 장관이었다. 문 수석은 검찰의 정치적 중립화, 검경수사권 조정, 공수처 도입 등 검찰 권한 분산을, 강 장관은 검찰 내부 개혁, 즉 인사와 조직 개편을 추진했다.

강 장관의 개혁은 겉으로는 이런저런 성과를 거두었다. 인사위원회 실질화, 경향(京鄕) 인사교류 의무화, 검사동일체 원칙 폐지, 직급 체계 단순화, 준법서약서 폐지 등 짧은 기간에 여러 영역에서 변화를 일으켰다.

하지만 검찰권력의 산물인 위계적 조직문화와 지독한 조직이기주의는 쉽게 바뀌지 않았다. 검사동일체는 규정에서만 사라졌을 뿐 실제로는 사라지지 않았다. 직급도 마찬가지다. 바뀐 규정에 따르면, 검찰에는 총장과 검사 두 직급뿐이다(검찰청법 제6조). 하지만 이와 별도로 '대검 검사급 이상 검사의 보직기준'을 마련해 사실상 검사장을 직위/직급으로 인정하고 있다(검찰청법 제28호).

국가보안법 폐지는 보수언론과 검찰의 강한 반발에 무산됐다. 총장 직할 부대이자 특수수사 사령탑으로 정치적 논란에 휩싸였던 대검 중수부 폐지는 "내 목부터 쳐라"는 송광수 검찰총장의 대찬 항명에 없던 일이 돼버렸다.

중수부 폐지 실패는 노무현 정부 검찰개혁의 한계를 드러낸 상징적인 사례였다. 뒷날 문 대통령은 "중수부 폐지는 검찰의 탈(脫)정치, 정치중립을 위한 상당히 중요한 과제였다. 그러나 역설적으로 정치중립 요구 때문에 손을 대지 못했다"고 털어놓았다.[3]

그렇기는 해도 청와대가 주도한 검찰의 정치적 중립화는 성과가 있었다. 문재인 민정수석은 검찰과의 핫라인을 끊어버리고 검찰 인사와 수사에 개입하지 않는다는 자세를 취했다. 검찰 관련 업무는 오로지 법무부 장관과만 협의하고 주요 수사내용도 장관을 통해서만 파악했다.

불법대선자금 수사로 노 정권을 휘청거리게 했던 안대희 전 대검 중수부장의 증언도 이를 뒷받침한다. 안 전 중수부장은 〈신동아〉 인터뷰에서 "검찰이 정치적 독립을 이루는 데 정권이 크게 이바지했다"고 인정했다.[4] 송광수 당시 검찰총장도 뒷날 불법대선자금 수사와 관련해 "청와대가 일절 개입하지 않았다"며 "전례 없던 관계였다"고 회고했다.[5]

이에 비해 검경수사권 조정은 검찰의 강력한 반발에 제자리서 맴돌기만 하고 거의 진전을 보지 못했다. 경찰에 대한 청와대의 불신도 한몫했다. 대통령과 민정수석을 비롯해 법조인 출신이 즐비한 청와대는 검찰개혁 당위

---

3) 문재인, 같은 책, 239p.
4) 조성식, 〈대한민국 검찰을 말하다 2〉(나남, 2010.4), 184p.
5) 조성식, 같은 책, 380p.

성은 인정하면서도 경찰에 수사권을 넘기는 데는 주저했다. 경미한 생활범죄 정도만 떼어 주려는 생각이었다.

"먼 훗날 얘기"

당시 문재인 민정수석은 청와대에서 검경 대표들과 토론하는 자리에서 황운하 경찰청 수사권조정팀장이 '전면적 수사권 독립'을 요구하자 "먼 훗날 얘기"라고 선을 그었다.[6] 거기에 경찰 수사권 독립을 강하게 밀어붙이던 허준영 경찰청장이 황 팀장에 대한 인사 문제 등으로 청와대와 충돌하다 농민시위사망사건에 책임지는 모양새로 경질당한 이후 검경수사권 조정은 물건너갔다.

공수처 설치는 국회 벽에 막혀 무산됐다. 공수처 수사대상에 국회의원들이 포함된 게 주원인이었다. 그나마 성과라면 검찰의 정치적 중립이었다. 검찰은 역대 어느 정부에서보다 독립성을 보장받았다.

그런데 이는 노무현 정부의 오판이었다. 정권이 바뀌자마자 검찰의 칼끝이 전직 대통령에게로 향했으니 말이다. 노 전 대통령의 통한의 회고다.

정권이 바뀌자 검찰은 정치적 중립은 물론이요, 정치적 독립마저 스스로 팽개쳐 버렸다. 검경수사권 조정과 공수처 설치를 밀어붙이지 못한 것이 정말 후회스러웠다. 이러한 제도 개혁을 하지 않고 검찰의 정치적 중립을 보장하려 한 것은 미련한 짓이었다. 퇴임한 후 나와 동지들이 검찰에서 당한 모욕과 박해는 그런 미련한 짓을 한 대

---

6) 황운하 · 조성식, 〈검찰은 왜 고래고기를 돌려줬을까〉(해요미디어, 2019.11), 33p.

가라고 생각한다.[7]

이명박/박근혜 두 정부에서 검찰개혁은 거의 원점으로 되돌아갔다. 그래도 작은 진전은 있었다. 이명박 정부 때 형사소송법 일부를 개정해 경찰의 수사개시권을 명문화하고, 박근혜 정부 때 대검 중수부를 폐지한 것이다.

하지만 검찰개혁의 본질과는 거리가 한참 멀었다. 경찰의 수사개시권은 빛 좋은 개살구였다. 검찰의 수사지휘권은 조금도 흔들리지 않았고, 주요 수사는 여전히 검찰 몫이었다. 경찰은 검사 관련 사건은 무조건 검찰로 넘겨야 했다. 중수부는 반부패강력부로 간판을 바꾸었는데, 직접수사 기능은 폐지한 대신 일선 특수부 수사를 지휘했다. 특수부는 문재인 정부 때 반부패수사부로 이름을 바꿨다.

노무현 정부의 실패를 가장 가까이서 지켜본 문재인 대통령의 검찰개혁 의지는 확고했다. 수사/기소 분리를 핵심 대선공약으로 내세우면서 국민적 공감대를 확보하려 했다. 형사법을 전공하고 오랫동안 검찰개혁 방안을 연구해 온 조국 서울대 법대 교수의 민정수석 등용이 그 신호탄이었다.

문재인 정부의 검찰개혁 밑그림은 2018년 1월 조 수석의 발표로 드러났다. 공수처 신설과 법무부의 탈검찰화, 검경수사권 조정, 경찰 국가수사본부(국수본) 신설과 자치경찰제 실시 등이었다. 당시 발표내용에는 국가정보원의 국내정보 수집 업무 폐지도 포함됐다.

조 수석은 검찰의 벽에 번번이 가로막혔던 이전 정권의 실패를 반면교사

---

7) 노무현재단 · 유시민, 같은 책, 275p.

로 삼아 검찰과 경찰을 지휘하는 행정부처 장관들 사이에서 합의를 이끌어 내는 전략을 택했다. 법무부, 행정안전부, 민정수석실 3자 간 오랜 논의 끝에 마침내 2018년 6월 검경수사권 조정안을 합의하기에 이르렀다. 대선 공약이자 검찰개혁의 종착점인 수사/기소 분리는 자치경찰제를 시행하는 시점에 맞춰 추진하기로 했다.

합의안에 따르면 경찰은 1차 수사권과 수사종결권을 갖고, 검찰은 사후에 보완적 수사 및 재수사 요구 등으로 경찰 수사를 견제한다. 고소인이 경찰 수사에 이의를 제기하면 직접수사도 가능하다. 다만 고도의 전문성이 필요한 분야에 대한 수사권은 검찰에 남기기로 합의했다. 그에 따라 검찰의 직접수사는 부패 경제 공직 선거 방위산업 대형참사 등 6개 영역으로 한정하게 됐다.

청와대의 오판

이전 정권과 비교하면 획기적 진전이라 할 만했다. 하지만 기소권을 독점한 검찰이 여전히 수사권을 행사한다는 점에서, 말이 6개 분야 한정이지 주요 수사는 대부분 검찰 영역으로 남았다는 점에서 검찰개혁의 본질과 거리가 멀다는 비판이 제기되기도 했다. 물론 경찰에 대한 수사지휘권을 놓게 된 검찰은 격하게 반발했다.

이에 대해 조국 전 장관은 회고록에서 "문재인 정부 말기, 늦어도 다음 정부 초기에 수사와 기소의 분리를 구현하면 좋겠다고 생각했다"고 밝혔다. 조 전 장관의 말은 논리적이고 합리적이다. 차근차근 단계를 밟아 검찰개혁을 완성하겠다는 구상이기 때문이다.[8]

하지만 권력기관 개혁은 이성과 합리가 아닌 힘의 논리가 작용할 수밖에 없다. 힘이 있을 때 확실하게 밀어붙어야 했다. 반쪽짜리 개혁은 이전에 비하면 대단한 성취였으나 나머지 반쪽을 남겨둠으로써 개혁 대상의 조직적 저항과 반격을 초래했다.

이듬해 8월 문재인 대통령은 조국 민정수석을 법무부 장관으로 지명했다. 그 직후 언론이 각종 비리 의혹을 쏟아내더니 국회 인사청문회를 앞두고 검찰이 실력행사에 나섰다. 사모펀드 및 입시비리와 관련한 전방위적 압수수색이었다.

청문회를 앞둔 장관 후보자에 대한 전례 없는 수사 착수는 검찰개혁을 밀어붙이는 여권에 대한 반격으로 비치기에 충분했다. 더욱이 수사 대상자가 문재인 정부의 검찰개혁 설계자이자 주도자인 조국이었기에 그러한 의심은 합리적이었다.

그보다 넉 달 전인 2019년 4월 국회 사법개혁특별위원회는 검경수사권 조정을 위한 형사소송법과 검찰청법 개정안을 신속처리 안건(패스트트랙)으로 지정했다. 여당은 그해 연말까지는 이 법을 통과시킨다는 방침을 세운 상태였다.

문재인 정부에서 적폐청산 수사를 주도하면서 한껏 몸집을 키운 서울중앙지검 특수부가 조국 수사의 선봉에 섰다는 점이 눈길을 끌었다. 물론 수

---

8) 조국, 〈조국의 시간〉(한길사, 2021.6), 139p.

사 사령탑은 윤석열 검찰총장이고, 실무 지휘자는 전국 특수수사를 조율하는 한동훈 대검 반부패강력부장이었다.

조국 수사를 분기점으로 검찰은 노골적으로 정권에 반기를 들었다. 일제 반격이었다. 유재수 감찰무마 의혹 수사로 청와대 비서진을 겨냥하더니 울산시장 선거개입 의혹 수사에 이르러서는 대통령과 정권 실세들을 정조준했다. 이어 월성 원전 수사로 정부 정책까지 바로잡겠다고 나섰다.

주목할 만한 성과

우여곡절 끝에 법무부 장관에 취임한 조국은 한 달이라는 짧은 재임 기간에 주목할 만한 성과를 거뒀다. 먼저 법무부 감찰관실과 대검 감찰본부의 활성화를 통해 검사 비위에 대한 감찰을 강화했다. 이어 검경수사권 조정에 맞춰 특수부를 비롯한 인지수사 부서를 축소했다. 특수부는 이름도 반부패수사부로 바꾸고 서울중앙지검을 비롯한 3개 검찰청에만 두기로 했다. 공공수사부 강력부 외사부 등도 광역별 거점청에만 두고 나머지는 형사부로 전환하기로 했다.

피의사실 공표와 관련해 형사사건 공개 금지 등에 관한 규정을 신설했다. 대검을 통해 포토라인과 심야조사도 폐지했다. 검찰이 대행하던 국가소송과 행정소송 지휘권을 법무부로 환수하는 계획은 후임 추미애 장관이 이어받아 '국가소송법 시행령' 개정으로 실현했다.

2019년 12월 말 공수처법이 국회에서 의결된 데 이어 이듬해 1월 추미애 장관이 취임한 직후 검경수사권 조정 관련 형사소송법과 검찰청법 개정안이 국회를 통과했다. 추 장관은 대검과 총장의 권한을 줄이고 법무부와 장관의 권한을 확대하는 정책을 추진했다.

그해 12월에는 국수본 설치와 자치경찰제 전국화 법안이 국회를 통과했다. 그 무렵 추 장관은 법무부 감찰관실에서 조사한 윤 총장의 비위 혐의를 발표하면서 그의 직무를 정지하고 징계를 밀어붙였다. 하지만 법원이 집행정지 가처분신청을 낸 윤 총장의 손을 들어주는 바람에 물거품이 돼버렸다. 문 대통령이 총장 징계사태에 대해 사과한 직후 추 장관은 사직했다.

2021년 들어와 여권에서는 수사와 기소의 완전 분리, 즉 검찰로부터 수사권을 완전히 떼어 내야 한다는 목소리가 높아졌다. 이른바 중대범죄수사청(중수청) 신설이다. 황운하 의원이 대표발의를 하고, 민주당 법사위 국회의원들과 최강욱 열린우리당 대표 등이 앞장섰다. 현재 검찰이 가진 6대 범죄 수사권을 중수청에 넘기겠다는 구상이다.

중수청은 변호사 자격증을 가진 법조인, 검찰 및 경찰 공무원, 수사 및 조사 업무 경력자 등 다양한 인력으로 구성된다. 전문 수사기관인 중수청이 발족하면 검찰은 공소청으로 거듭나게 된다. 본연 업무인 기소와 공소유지를 전담할 뿐 수사 기능은 상실한다.

이 구상이 실현되면 수사/기소 분리라는 검찰개혁의 최종 목표에 도달하게 된다. 하지만 3월 초 윤 총장이 이에 강력히 반발하며 사퇴한 데 이어 4월 지방자치단체장 재보선에서 여당이 참패한 후 주춤하는 분위기다.

세계적인 기형 조직

결과론적인 이야기이지만, 수사/기소 분리를 실현하지 못한 채 검찰에 수사권을 남겨 둔 것은 문재인 정부의 실책이다. 검경수사권 조정과 공수처가 출범했음에도 국민이 보기에 그다지 바뀐 게 없고 수사 현장에서 혼란이 가중되고 '정치수사' 시비가 잦아진 것도 다 검찰의 수사권이 건재한 탓이다.

사법 선진국들과 비교하면 금방 드러나지만, 그간 우리나라 검찰제도는 기형적이었다. 검찰이 경찰에 대한 수사지휘권과 영장청구권, 직접수사권에 기소권까지 독점한 것은 세계적으로 유례를 찾기 힘들다. 검찰은 이 막강한 권한을 정치권력과 줄다리기를 벌이고 조직이기주의를 다지는 데 활용했다.

더러 '국민검찰'이라는 칭송도 받고, 때로 '정치검찰'이라는 비판도 받았지만, 검찰은 권력기관이 된 이후 늘 자신을 위해 존재했다. '감히' 검찰권력을 흔들려 들면, 국회의원이든 장관이든 심지어 대통령조차 응징하려 했다. 독일 철학자 프리드리히 니체의 책 제목을 원용하자면, 무소불위 검찰권력은 그야말로 '비극의 탄생'이었다.

다음으로 문재인 정부의 모순된 행태를 지적하지 않을 수 없다. 수사/기소 분리라는 강력한 검찰개혁을 대선공약으로 내걸었음에도 정권 초기 검찰을 사실상 국정 동반자로 삼았다. 적폐청산을 내세우며 검찰과 밀월 관계를 유지한 것은 모순이었다. 게다가 문 대통령은 주변 반대를 무릅쓰고 적폐수사를 주도한 윤석열 서울중앙지검장을 검찰총장에 임명했다. 누가 봐도 보은성 인사였다.

여기서부터 문재인 정부의 검찰개혁은 방향을 잃기 시작했다. 검찰의 조직적 저항은 예상된 수순이었다. 서초동에 포진한 검찰주의자들은 자존심에 큰 상처를 입었다. 적폐청산에 검찰의 칼을 실컷 '활용'하고는 검찰개혁 고삐를 바싹 당기니 반발심이 커진 것이다. 물론 국민은 아랑곳하지 않은 그들만의 시각이지만.

검찰개혁의 정치화

마지막으로 짚어볼 문제는 '검찰개혁 시즌2'라고 할 수 있는 추미애 전 장관의 법무/검찰개혁이다. 추 전 장관의 강공은 검찰 직제 개편과 총장 권한 견제, 법무부의 탈검찰화에서 상당한 전과를 올렸음에도 '검찰개혁의 정치화'라는 비판도 제기됐다. 한상희 건국대 법학전문대학원 교수의 지적이다.

이 사태는 법무·검찰개혁의 디딤돌이 되기보다는 역으로 법무부 장관과 검찰총장 사이의 개인적인 대립과 같은 외관으로만 보이게 되고 종국에는 법무·검찰개혁 작업들에 대한 국민적 피로감만 가중하는 결과를 야기하기도 하였다. (중략) 소위 "추-윤 갈등"이라는 두 명망가의 권력대립 양상으로 세간의 관심이 집중되고 이를 다시 진영논리에 기반한 정치적 대립의 양상으로 전이시키게 됨으로써 검찰개혁의 방향성이나 그의 실천과제의 설정, 추진단계를 위한 전략 등의 논의는 어느 곳

에서도 이루어지지 못하게 된 것이다.[9]

한 교수의 비판은 일리가 있다. 추 전 장관의 의도와 상관없이 법무부와 대검의 격한 충돌 속에 검찰개혁이 정치적 논쟁으로 변질함으로써 본질이 희석된 면이 있기 때문이다. 하지만 제왕적 총장의 문민통제 거부에서 비롯된 일이므로 결과만 놓고 양비론으로 접근하는 건 공정하지 않다는 평가도 있다. 참여연대 검찰보고서도 추-윤 갈등의 의미를 다른 각도에서 조명했다.

이는 민정수석–법무부 장관–검찰총장에 이르기까지 정권과 검찰이 결탁하던 시대에는 볼 수 없었던 새로운 양상으로 법무부와 검찰 간의 갈등은 민주주의 확대, 법무부의 탈검찰화 등의 검찰개혁이라는 성과를 바탕으로 하고 있고, 뒤집어보면 긍정적인 신호라고 볼 수도 있었다. 그러나 언론과 국회는 이 과정을 '추-윤' 갈등으로 명명하며 사인 간의 진흙탕 싸움이라는 식으로 몰아가기에 급급했다.[10]

검찰개혁은 미완성이다. 여전히 갈 길이 멀다. 라임 사태 검사 불기소 사건과 김학의 사건 논란, 모해위증교사 의혹 사건 등에 대한 검찰의 제 식구 감싸기 행태와 '살권수'를 빙자한 일련의 선택적/편향적 수사, 검찰패밀리에 대한 봐주기 수사, 공수처와의 충돌 등을 보면 검찰권력은 약화한 듯하

---

9) 참여연대 사법감시센터, 〈문재인 정부 4년 검찰보고서〉 (참여연대, 2021.5), 221〜223p.
10) 참여연대 사법감시센터, 같은 책, 273p.

윤석열과 검찰개혁

면서도 건재하다.

　가장 큰 원인은 검찰의 직접수사권이다. 검찰개혁의 본질이자 최종 목표인 수사/기소 분리가 실현되지 않은 탓이다. 검찰개혁을 완성하면 검찰권력은 자연스럽게 해체된다. 다만 유의할 점이 있다. 국민 공감을 얻는 검찰개혁이어야 한다는 점이다. 강력한 검찰주의자인 윤석열 전 총장이 국민적 인기를 누리면서 유력한 대선후보로 떠오른 것은, 뒤집어 말하면 검찰개혁에 대한 국민적 불신과 반감이 커졌음을 뜻한다.

　여권은 이 점부터 반성해야 한다. 검찰개혁이 정권 수사 차단용이라든지 여권의 이익을 위한 것이라는 '오해'를 주지 않도록 국민적 공감대를 형성하는 데 주력해야 한다. 일찍이 공자가 말하지 않았나? 정치는 백성이 믿게 하는 것이라고. 백성이 믿어주지 않으면 나라가 존립할 수 없다고.[11]

---

11) 〈논어〉 12편(안연) 7.

3장

남은 과제와 제언

역대 어느 정부보다도 강력하게 추진된 문재인 정부의 검찰개혁은 국론을 분열할 정도로 거센 논란에 휩싸였다. 여권이 밀어붙이는 만큼 야권과 검찰의 반발도 컸다. 하지만 여당은 수적 우세를 앞세워 검경수사권 조정과 공수처 설치라는 1차 목표를 달성하는 데 성공했다.

어떤 개혁정책이든 성과가 있으면 부작용도 있게 마련이다. 또한 단점과 제도적 미비점도 눈에 띈다.

먼저 검경수사권 조정을 살펴보자. 핵심은 검찰의 수사지휘권 폐지다. 관련 법안에 따라 경찰은 독자적인 수사권과 수사종결권을 갖게 됐다. 경찰이 오랜 세월 검찰 지휘를 받았던 점을 감안하면, 가히 혁명적인 변화라 할 수 있다. 이로써 검경은 수직적 상하관계에서 벗어나 수평적 협력관계를 맺게 됐다.

개정법안은 수사지휘 공백에 따른 우려를 해소하기 위해 보완 장치도 마련했다. 경찰 수사를 견제하기 위해 검찰이 보완수사/재수사 요구권, 징계 요구권을 행사하도록 했다. 특히 고소사건의 경우 고소인이 경찰의 처분에 이의를 제기하면 검찰이 직접 수사할 수도 있다. 아울러 경찰 수사 과정에서 법령 위반이나 인권 침해 등이 의심스러우면 경찰에 사건기록 송부를 요구할 수 있도록 했다.

검경수사권 조정은 무엇보다도 막강한 검찰의 권한을 줄이고 나눴다는 점에서 긍정적 평가를 받을 만하다. 이로써 경찰은 수사권 독립이라는 숙원을 해결했다. 또 하나 의미를 찾는다면 검찰개혁의 최종 목표인 수사/기소 분리의 발판을 마련했다는 점이다.

그렇지만 한계도 분명하다. 수사 업무를 보는 일선 경찰관들 사이에서는 "수사종결권은 빛 좋은 개살구"라는 냉소가 나왔다. "수사권 조정으로 실속 없이 일만 늘고 책임만 커졌다"는 불만도 흘러나온다. 왜 그럴까?

실속 없는 수사권 조정

관건은 영장청구권이다. 일본 경찰은 법원에 직접 압수수색 영장을 청구할 수 있는데, 한국 경찰은 검찰이라는 문지기를 통과해야 한다. 전에도 그랬고 지금도 그렇지만, 검찰이 영장 길목을 차단하면 경찰 수사는 힘이 빠질 수밖에 없다. 깊이 있는 수사를 할 수 없다. 화이트칼라 범죄자들이 경찰 수사를 우습게 여기는 이유다. 검사 출신 전관 변호사들이 힘쓰는 이유이기도 하고.

그간 경찰은 검찰의 '영장권력'에 속수무책이었다. 특히 전·현직 검사가 관련된 사건에서는 영장을 받아 제대로 수사해 본 적이 거의 없다. 2차 관문인 법원 문턱은 밟지도 못한 채 첫 관문인 검찰에서 막혀 버린다.

그런 점에서 2007년 1월 서울 동대문경찰서가 검찰의 잇따른 영장 반려에 대해 법원에 준항고를 청구한 사건을 기억할 필요가 있다. 당시 동대문서는 검사 출신 변호사의 범죄 혐의를 포착하고 두 차례 압수수색 영장을 신청했는데, 검찰은 모두 거부했다. 이에 경찰이 법원에 검찰 결정에 이의를 제기하는 준항고를 청구했으나 기각당했다. 비록 실패하긴 했지만, 검찰의 영장 독점에 대해 일선 경찰서에서 사법적 판단을 구했다는 점에서 의미 있는 시도였다.

검찰의 영장청구권은 힘이 세진 경찰에 대한 강력한 견제 수단이라는 점에서 부정적으로만 볼 수는 없다. 수사지휘권을 놓은 상태에서 영장으로라도 경찰 수사를 견제하고 통제해야 한다는 논리다.

하지만 장점보다는 단점이 많아 보인다. 무엇보다도 경찰 수사의 한계다. 영장은 강제수사의 핵심 수단이다. 압수수색 영장이나 구속영장을 확보하지 않으면 수사 동력이 떨어지는 것은 물론 증거 수집의 어려움으로 실체적 진실에 다가서는 데도 큰 어려움을 겪는다. 경찰 재직 시 수사구조개혁팀장을 지내며 검경수사권 조정에 큰 공을 세운 황운하 의원은 "영장청구권이 중요한 이유는 그것을 갖지 못하면 경찰 수사의 독립성과 자율성을 보장할 수 없기 때문"이라며 "영장 거부가 수사 방해로 비칠 때가 많다"고

증언한다.[12]

검찰의 영장 거부에 막혀 경찰 수사가 실패하거나 왜곡된 사례는 수없이 많다. 2019년 윤석열 검찰총장 후보자 인사청문회장을 뜨겁게 달군 윤우진 전 용산세무서장 사건도 한 예다.

2012년 서울경찰청 광역수사대는 현직 특수부 검사의 친형인 윤우진 용산세무서장의 범죄 혐의를 포착하고 그가 검사들과 어울린 곳으로 의심되는 인천의 한 골프장에 대해 압수수색 영장을 신청했다. 하지만 검찰은 자그마치 5차례나 영장 신청을 받아주지 않았다. 그 사이 윤 서장은 해외로 달아났다.

이듬해 4월 인터폴에 체포된 윤 서장이 강제 송환되자 경찰은 다시 구속영장을 신청하지만, 이번에도 검찰 벽을 넘지 못한다. 석 달 뒤 재청구 때는 검찰 문턱은 넘어섰지만, 법원에서 기각당한다. 검찰은 2015년 초 윤 서장에 대해 무혐의 결정을 내린다. 이로써 3년에 걸친 경찰의 의욕적인 수사는 허무하게 막을 내렸다.

'영장 시장'에서 누리는 검사 출신 전관 변호사들의 부당한 영향력도 빼놓을 수 없다. 일반적인 수임료보다 훨씬 큰돈이 오가고 전·현직 검사의 유착 등 이런저런 뒷말이 나온다.

검사의 영장청구권 독점은 법학자들 사이에서 오랜 논란거리다. 검경수사권 조정과 관련한 논의에서도 영장 문제는 헌법 사안이라는 이유로 배제됐다. 헌법 제12조 3항에는 "체포·구속·압수 또는 수색을 할 때에는 적법

---

12) 황운하·조성식, 같은 책, 272p.

한 절차에 따라 검사의 신청에 의하여 법관이 발부한 영장을 제시하여야한다"고 명기돼 있다. 따라서 헌법을 고치기 전에는 경찰에 영장청구권을줄 수 없다는 게 학계 주류의 견해다.

영장청구권의 위력

개정된 형사소송법에서 보완 장치를 마련하긴 했으나 실효성이 없다는비판이 나온다. 경찰이 신청한 영장을 검찰이 정당한 이유 없이 청구하지않으면 고등검찰청 산하 영장심의위원회에 이의를 제기할 수 있도록 했는데, 검찰 영향이 미치는 곳이기에 공정성이 보장되지 않는다는 지적이다.

그런데 최근 검찰의 영장청구권 독점 논리를 약화하는 헌법재판소 결정이 나와 눈길을 끈다. 2021년 1월 헌재는 공수처 소속 검사의 영장청구권을 규정한 공수처법이 헌법을 위반한 것이 아닌지 가려달라는 위헌법률심판청구소송에서 합헌 결정을 내렸다.

이로써 헌법 개정을 하지 않고도 검찰의 영장청구권 독점 제도를 바꿀근거가 생겼다. 헌재 결정을 원용하면 일찍이 황운하 의원이 주장한 대로경찰, 즉 국수본이나 신설될 중수청 내에 영장 업무를 전담하는 검사를 배치하는 방안도 고려할 수 있다. 검찰의 수사 기능을 축소한 데 이어 폐지하는 단계에 이르면 영장청구권 문제가 재점화될 것으로 보인다.

정공법으로는 헌법에 명시된 검사의 영장청구권 규정을 바꾸는 게 맞다. 과거 정권이 검찰을 정치적으로 활용하고 '정치검찰'에 힘을 실어 주던공안시대의 유물인데다 수사/기소 분리가 완성되면 수사기관이 아닌 소추

기관에서 영장청구권을 행사하는 게 이치에 맞지 않기 때문이다. 검찰은 지금처럼 기소권으로 경찰 수사를 점검하고 견제하면 된다.

우리와 비슷한 수사구조를 가진 일본의 예를 보더라도 구속영장은 몰라도 최소한 압수수색 영장은 경찰이 독자적으로 청구할 수 있어야 한다. 어차피 발부 여부는 법원에서 판단하기 때문에 검찰의 수사지휘권이 사라지고 경찰이 독자적 수사권을 가진 이상 직접 법원의 판단을 받는 것이 합리적이다. 당장 헌법 개정이 여의찮으면, 일단 형사소송법, 검찰청법 등 관련법을 바꿔서라도 국수본과 중수청에 검사 자격을 가진 법률가를 배치해 자체적으로 영장을 청구할 수 있게 해야 한다.

공수처-검찰 교통정리

공수처와 검찰 간 교통정리도 시급한 문제다. 김학의 전 법무부 차관에 대한 불법 출금 의혹 사건에서 잘 드러났듯이 공수처와 검찰은 영역이 겹치거나 충돌하는 지점이 있다. 정확히 말하면 검찰이 공수처 영역을 넘나들고 공수처가 제 영역을 제대로 지키지 못하는 거지만.

검찰은 공수처에 이첩했다가 돌려받은 김학의 관련 사건에 대해 선택적 수사와 기소를 감행했다. 같은 사건에 연루된 전·현직 검사들에 대해 누구는 직접 수사하고 누구는 공수처로 넘겼다. 공수처가 기소 권한은 자신들에게 있으니 수사기록을 넘기라고 했으나 대놓고 무시하면서 일부 인사들을 독자적으로 기소해버렸다. 볼썽사나운 제 식구 감싸기였으나, 국민 눈에는 밥그릇 싸움으로 비쳤다.

문제는 청와대나 정부, 국회 어느 곳에서도 이런 문제를 해결할 의지나 역량이 안 보인다는 점이다. 법과 제도만 만들어놓으면 뭐 하나? 현장에서 제대로 돌아가지 않는데. 한편으로는 무책임해 보이기도 한다.

출범한 지 얼마 안 된 공수처가 조직체계와 수사역량을 갖추지 못한 점을 감안하더라도 이후 전개 과정을 보면 검찰은 자의적 해석으로 공수처의 권한을 침해하고 있다. 이런 문제를 확실히 해결하지 않으면 앞으로도 비슷한 시비가 벌어질 공산이 크다.

무엇보다도 앞으로는 공수처 수사 대상을 검찰이 임의로 수사하고 기소하는 편법은 확실히 차단해야 한다. 고위공직자 범죄 수사가 검찰, 경찰 등 다른 수사기관과 겹치는 경우 공수처법에 따라 공수처가 우선권을 갖는다. 다른 수사기관은 고위공직자 범죄를 인지한 경우 즉시 공수처에 통보해야 하고 공수처장이 사건 이첩을 요구하면 따라야 한다.[13]

공수처를 두고 아무런 견제나 통제를 받지 않는 '옥상옥'이라는 비판도 있는데, 공수처 검사의 비리는 검찰이 수사하게 돼 있다. 공수처장은 수사처 검사의 범죄 혐의를 발견한 경우 관련 자료와 함께 이를 대검에 통보하여야 한다.[14]

검찰이 공수처법을 대놓고 무시하는 정황은 곳곳에서 발견된다. 2021년 6월 7일 최강욱 열린우리당 대표를 비롯한 '처럼회' 소속 의원들이 기자회견을 해 공수처에 검찰의 공수처법 위반행위 수사를 촉구한 사건도 그

---

13) 고위공직자범죄수사처 설치 및 운영에 관한 법률 제24조.
14) 같은 법 제25조 1항.

중 하나다.

2020년 11월 추미애 법무부 장관은 윤석열 검찰총장에 대해 징계를 청구하면서 직무를 정지했다. 징계사유 중 대중적 폭발력이 컸던 것이 바로 '판사 사찰 문건'이었다. 추 장관은 대검 감찰부에 이에 대한 수사를 맡겼으나 검찰은 장관 지시를 무시한 채 서울고등검찰청으로 사건을 넘겼다.

이듬해 1월 공수처가 출범했다. 공수처법에 따르면, 공수처 외 수사기관에서 검사의 범죄 혐의를 발견한 경우 사건을 공수처에 넘겨야 한다.[15] 하지만 검찰은 공수처 출범 후 열흘 만에 자체적으로 만든 비공개 예규에 근거해 관련자들을 무혐의 처분했다.

송기헌 민주당 의원과 처럼회가 확인한 바에 따르면, 해당 예규명은 '고위공직자범죄 및 조사진정 사건 이송이첩 등에 관한 지침'이다. 의원들은 기자회견에서 검찰이 공수처법을 정면으로 어기고 '셀프 면죄부'를 발급했다고 비판했다. 이런 문제에 대한 행정적/입법적 보완책이 필요하다.

윤석열과 금태섭의 '자가당착'

검찰개혁의 대미는 수사와 기소의 완전한 분리다. 이를 위해서는 현재 민주당이 입법 발의한 중수청 설치법이 국회를 통과해야 한다. 공수처와 국수본이 출범한 후에도 수사권 영역에서 여전히 혼란과 잡음이 발생하는 것은 검찰이 6대 범죄 수사권을 가졌기 때문이다.

중수청 설치는 검찰이 기소 전문기관인 공소청으로 탈바꿈하는 것을

---

15) 같은 법 제25조 2항.

전제로 한다. 그렇게 되면 수사는 국수본과 중수청, 공수처 3대 수사기관이, 기소는 검찰이 도맡게 된다. 다만 검찰 견제 목적으로 출범한 공수처는 예외적으로 수사권과 기소권을 함께 행사한다. 국수본은 일반 범죄를, 중수청은 현재 검찰의 수사영역인 6대 범죄를, 공수처는 고위공직자 비리를 전담한다. 잘만 운용하면 우리나라도 수사기관 간, 수사기관과 공소기관 간 견제와 균형이 이뤄지는 형사사법 선진국 대열에 올라설 수 있다.

공수처가 수사권과 기소권을 다 갖는 것에 대해 비판적인 견해가 많다. 나도 한때 그랬다. 검찰에 대해서는 수사와 기소 분리를 추진하면서 공수처에 두 권한을 다 주는 것은 모순이라고 봤기 때문이다. 견제와 균형 원리에도 어긋나고. 자칫 '꼬마 괴물'이 탄생할지 모른다는 우려도 있었다.

지금도 그런 우려가 완전히 가신 건 아니다. 하지만 공소기관인 검찰을 견제한다는 차원에서, 또한 '치외법권'이나 다름없던 검사 비리를 수사한다는 특수성을 인정한다면 불가피한 조치가 아닌가 싶다. 공수처가 아무리 열심히 수사해도 검찰이 기소하지 않으면 말짱 도루묵이기 때문이다.

중수청은 검사와 경찰관, 금융 전문가 등 다양한 직군의 조사인력으로 꾸려질 예정이다. 중수청 모델은 영국 중대비리수사청(SFO)이다. 중대범죄를 다루는 전문 수사기관이라는 점에서는 같지만, SFO는 기소권까지 가졌다는 점에서 차이가 난다.

검찰은 물론 야당인 국민의힘과 보수언론까지 가세해 "검찰의 권력수사 차단용"이라며 중수청 설치를 반대한다. 하지만 별도의 수사청 논의는 새로운 것도 아니고 민주당에서만 주장하는 것도 아니다.

검찰 특수통 출신인 김성호 전 법무부 장관도 예전에 비슷한 주장을 했다. 검사와 경찰관, 변호사, 금융인, 회계사 등으로 구성된 중립적인 '국가수사청'을 만들자는 제안이었다. 지금 여권에서 추진하는 수사기구 개편안과 그다지 다르지 않다. 김 전 장관은 이명박 정부 첫 국정원장을 지냈다.

유승민 국민의힘 의원은 2017년 바른미래당 후보로 대선에 출마했을 때 수사권과 기소권 분리를 주장하며 제3의 수사청 설치를 제안했다. 인적 구성에 검찰 인력(검사, 수사관)과 경찰 인력의 혼합이라는 구체적 안까지 제시했다.

곽상도 국민의힘 의원도 2018년에 비슷한 주장을 폈다. 곽 의원은 수사청 신설법안을 대표발의했다. 당시 그가 밝힌 법안 제안 이유 중 일부다.

> 검찰이 가지고 있는 기소권과 수사권을 분리하여 검사는 공소제기와 유지 및 헌법이 정한 영장청구·집행에 관한 권한을 보유토록 하고, 검찰과 경찰이 보유한 수사권은 수사를 전문적으로 전담하는 별도의 기관인 수사청 설립을 통해 수사청 공무원인 수사관리가 이를 수행하도록 권한을 배분하여 기소와 수사가 전문적이고 합리적으로 이루어질 수 있도록 형사사법체계를 재편하고, 사법기관에 대한 국민적 신뢰를 회복하려는 것임.[16]

중수청 설치는 윤석열이 검찰총장직을 내던진 명분이었다. 윤 전 총장은 2021년 3월 사퇴하면서 여권이 추진하는 수사/기소 분리를 두고 "헌법

---

16) 국회 의안정보시스템

정신과 법치시스템 파괴"라고 주장했다. 이에 대해 조국 전 장관은 "그렇다면 수사와 기소의 분리를 대국민 약속으로 공표한 문재인 정부의 검찰총장을 왜 맡았는가"라고 반문했다.[17]

금태섭 전 의원은 여권의 중수청 추진 방침이 알려진 직후인 2021년 2월 페이스북에 "여당 의원들이 총대를 메고 검찰의 권한을 완전히 박탈하겠다는 중수본(*중수청의 오기인 듯)을 추진하고 있다"라고 비판했다.

무슨 말을 하고 싶은지는 알겠는데, 적어도 금 전 의원은 그렇게 말하면 안 된다. 그가 평소 주장했던 대로 수사와 기소를 분리하려는 것이 어째서 '완전 박탈'이라는 건지… 더욱이 고유 임무인 기소권은 그대로 유지하는데 말이다.

박탈이란 '남의 재물이나 권리, 자격 따위를 빼앗는 것'을 말한다. 수사권이 무슨 소유권, 재산권인가? 검찰의 천부적 권한이나 권리인가? 아니다. 기소권과 더불어 국민이 '선출권력'인 대통령과 국회를 통해 검찰에 위임한 행정업무 중 하나다.

그간 검찰이 욕도 많이 먹었지만, 민주주의 발전과 정의로운 사회를 구현하는 데 이바지한 공도 작지 않다고 본다. 과거 검찰의 공과에 대한 논란이야 그렇다 치고, 이제 그 시대적 사명을 다했기에, 견제와 균형이라는 민주주의 작동원리에 맞게, 기소와 공소 유지라는 검찰제도 취지에 맞게 수사권을 더 적절한 기관으로 옮기려는 것을 두고 '완전 박탈'이라고 하는 건 이치에 맞지 않는다.

---

17) 조국, 같은 책, 143p.

금 전 의원은 아마도 여권이 추진하는 검찰개혁이 정치적 목적으로 변질했다는 점을 강조하고 싶었던 건지 모른다. 그렇다 하더라도 사실과 주장은 명확히 구분해야 하지 않을까? 의견은 상황에 따라 바뀔 수 있다. 하지만 사실은 변함이 없다. 만약 그가 이렇게 말했다면 어느 정도 공감을 얻었을지 모른다.

중수청은 내가 평소 주장한 수사/기소 분리에 따른 수사청 설치에 부합한다. 다만 현재 정권과 검찰이 대립한 상황에서 검찰의 권력 수사를 원천 봉쇄하려 한다는 의심을 주지 않도록 국민에게 이익이 되는 방향으로 신중하게 추진하면 좋겠다.

민주당 의원들도 정치적 목적이라는 '오해'를 피하려 법안이 통과하더라도 곧바로 시행하지 않고 유예기간을 1년쯤 두겠다는 방침을 밝힌 상태다. 중수청 설치와 맞물려 검찰이 공소청으로 거듭나 수사기관과 공소기관 간 견제와 균형이 이뤄진다면 형사사법제도 선진화에도 이바지할 것으로 본다. 이는 국민에게 이롭다.

검찰 수사인력 전환

중수청 설치의 선결과제가 검찰 수사인력 전환이다. 검찰은 수사권 유지 명분으로 외국 사례를 들곤 하는데, 주요 선진국에서 검찰의 직접수사는 드물다. 수사권 또는 수사지휘권을 행사한다는 것과 자체 수사 조직과 인력으로 직접수사를 한다는 점은 다르다. 대체로 검찰 논리에 동조하는 보수언론은 그걸 혼동하거나 왜곡해서 엉뚱한 보도를 하곤 한다.

검찰 수사권 사례로 자주 거론하는 독일과 프랑스도 검사는 수사를 지휘할 뿐이지 일선 수사는 경찰이 담당한다. 프랑스는 중대범죄의 경우 수사판사(예심판사)가 경찰을 지휘하면서 수사를 이끌고 기소까지 맡는다. 하지만 일반적으로는 경찰이 수사하고 검사가 기소한다.

영국은 일찌감치 수사는 경찰, 기소는 검찰이라는 분권형 수사구조가 자리잡았다. 미국도 비슷하다. 수사는 원칙적으로 주(州)경찰과 연방수사국(FBI) 등 경찰 영역이다. 다만 지방검사나 연방검사가 직접 수사하기도 한다. 하지만 자체 수사인력이 적어 독자적으로 수사하는 경우는 드물고 대체로 FBI나 마약단속국 등 다른 수사기관과 협업한다. 이처럼 선진국 검찰에는 우리나라와 같은 거대한 중앙집권형 조직이 없을뿐더러 자체 수사인력이 없거나 있더라도 그 규모가 작다.

그나마 우리나라와 비슷한 검찰 제도는 일본에서 찾아볼 수 있다. 일본도 우리처럼 경찰과 검찰 모두 수사권을 가졌다. 수사는 원칙적으로 경찰이 하고, 검찰은 기소 유지에 필요한 2차적 또는 보충적 수사권을 행사하는 점도 비슷하다.

우리 검찰이 6대 범죄에 특별수사권을 가진 것처럼 일본도 특수부가 있는 검찰청에서 제한적으로 직접수사를 한다. 가장 큰 차이점은, 앞서 살펴본 대로 일본 경찰은 독자적으로 압수수색영장을 청구하는 등 독립된 수사기관의 위상을 갖고 있지만, 우리 경찰은 여전히 영장에 관한 한 검찰 통제를 받기에 독자적 수사를 하는 데 한계가 있다는 점이다.

윤석열과 검찰개혁

우리나라 검찰에는 검사 2200여 명과 수사관 6200여 명이 있다. 수사권 전환이 이뤄지면 그 많은 수사인력이 검찰에 남아 있을 이유가 없다. 먼저 중수청 수사관으로 재배치하는 방안을 생각해 볼 수 있다. 중수청에서는 검사든 검찰 수사관이든 경찰관이든 다 같은 수사관이다.

검찰 수사관의 재배치와 관련해 서보학 경희대 법학전문대학원 교수는 "형집행이나 범죄수익 환수, 호송 인치 등 비수사 업무로 전환하거나 경찰 공무원으로 채용할 필요가 있다"고 주장한다. 검찰 조직 개편과 검사 재배치도 필요하다. 경찰 송치사건을 맡는 형사부와 공소유지를 담당하는 공판부를 강화해야 한다. 아울러 수사검사를 줄이고 공판검사를 늘려야 한다.[18]

수사권 못지않게 막강한 권한이 기소권이다. 현행 법률대로라면 국수본이든 중수청이든 검사가 기소하지 않으면 수사 결실을 거둘 수 없다. 수사권과 기소권을 독점한 검찰은 그간 기소 재량권을 무기 삼아 수많은 전설과 신화를 만들어 냈다. 윤 전 총장의 대국민 허언(虛言)으로 화제가 됐던 룸살롱 검사 술접대 사건도 이 분야에서 불멸의 신기록으로 남았다.

대배심제 검토해야

2020년 12월 검찰은 라임 사태와 관련해 수사대상이던 김봉현 전 스타모빌리티 회장으로부터 고급 술집에서 접대받은 세 검사 중 한 명만 기소했다. 나중에 수사팀에 합류한 검사였다. 그날 술자리 참석자는 검사 출신 전관 변호사를 포함해 모두 5명이었다. 술값은 총 536만 원. 5분의 1로 나누

---

18) 서보학, '검찰개혁, 현주소와 향후 과제'(국회토론집, 2020.7), 16~18p.

면 인당 약 107만 원이다. 청탁금지법(김영란법)에 따르면 접대금액이 100만 원 이상이면 다 형사처벌 대상이다.

하지만 검찰 계산법은 달랐다. 두 검사가 밤 11시쯤 자리를 떴다는 이유로 이후 들어온 밴드와 접대부 비용(55만 원)을 전체 술값에서 뺀 나머지 금액(481만 원)을 참석자 수만큼 나누는 방식이었다. 그렇게 해서 두 검사에게 적용한 접대금액은 한 사람당 96만 2000원. 덕분에 두 사람은 청탁금지법에서 벗어나 기소되지 않았다.

신묘한 계산법도 문제지만 더 심각한 건 자의적 법논리다. 검찰은 접대받은 전·현직 검사 4명 중 나모 검사와 이모 변호사만 기소했는데, 형량이 무거운 뇌물죄 대신 청탁금지법을 적용했다. 라임 수사팀이 꾸려지기 전에 접대받았으니 직무 관련성이 없다는 논리였다. 다른 공무원이었다면 이렇게 '유연하게' 처리했을지 의문이다.

기소에는 두 가지 방식이 있다. 먼저 기소법정주의. 법률이 정한 조건을 충족하는 경우 무조건 기소해야 하는 제도다. 한 번 기소하면 공소 취소가 불가능하다. 대륙법계를 대표하는 독일이 그렇다. 다른 하나는 영미법계와 우리나라에서 채택한 기소편의주의다. 검사가 기소/불기소에 대한 재량권을 갖는다.

두 제도는 각각 장단점이 있는데, 우리나라는 검사의 기소편의주의에 대한 불신이 큰 만큼 대배심제와 같은 보완책이 필요하다. 대배심제는 일반 시민이 재판에 참여해 검사에 앞서 기소 여부를 판단하는 것으로, 검사의 독단과 전횡을 견제할 수 있다는 장점이 있다. 하지만 법률 비전문가인 시

363

민에게 기소 판단을 맡긴다는 점에서 비합리적이라는 지적도 있다.

이 제도를 도입한 영국과 미국에서는 대배심원단이 검사의 요구를 수용하는 경향이 뚜렷해짐에 따라 제한적으로만 운용되는 실정이다. 실효성이 떨어진다고 본 것이다. 하지만 검사에 대한 신뢰도가 낮은 우리나라에서는 잘만 운용하면 단점보다 장점이 두드러질 수도 있다. 대배심제를 도입하되 미국 연방법원처럼 중대 범죄의 경우에만 적용하는 등 제한적으로 시행하는 방안을 검토할 만하다.

PART 07

윤우진과
김건희,
그 후

윤우진 구속과
윤석열 무혐의

앞서 4부 '치명적 결함, 윤우진 뇌물 사건'에서 윤석열 국민의힘 대선후보의 아킬레스건으로 꼽히는 전 용산세무서장 윤우진 씨의 뇌물 사건 전말을 상세히 다룬 바 있다. 4부 뒷부분에는 2015년 검찰의 무혐의 처분으로 면죄부를 받은 윤 씨가 국세청에서 '명예롭게' 퇴직한 이후 어떤 행태를 보여왔는지를 상징적으로 보여주는 내용을 일부 담았다. 여성사업가 Y 씨가 윤 씨에게 어떻게 돈을 뜯기고 이용당했는지 상세히 밝힌 진정서를 토대로 했다. Y 씨는 이 진정서를 2020년 말 윤 씨 뇌물 사건을 재수사하던 서울중앙지검 형사13부에 냈으나 검찰은 이를 사실상 뭉개고 있었다.

2021년 7월 〈윤석열과 검찰개혁〉 초판이 출간된 이후 이 진정 사건, 나아가 윤우진 뇌물 사건 수사의 향배에 전기를 마련한 일이 터졌다. 바로

2021년 8월 12일 〈뉴스타파〉가 내놓은 보도다. 뇌물수수 혐의로 검찰 재수사를 받던 윤 씨가 자신의 범죄를 검찰에 고발한 사업가 Y 씨를 찾아가 억대 수표를 건네며 회유, 협박하는 영상이 담긴 리포트였다.

〈뉴스타파〉가 2021년 5월 19일 인천의 한 커피숍에서 Y 씨의 동의를 얻어 촬영한 것이다. 윤 씨가 이날 들고 온 돈은 수표 3장으로 모두 1억 1000만 원. 이 가운데 1억 원은 2018년경 윤 씨가 자신에게 부과된 세금을 Y 씨에게 강제로 내게 한 돈이었고, 1000만 원은 정관계 인사들을 만나는 자리에 Y 씨를 대동해 밥값, 골프비 등을 계산하게 했던 돈이다. Y 씨는 윤 씨가 건넨 수표를 거절했다.

이 영상에 세간의 관심이 쏠린 건 그전까지 검찰이 보인 수사 행태 때문이었다. 2020년 10월 추미애 법무부 장관이 수사지휘권을 발동했으나 이후 1년 가까이 수사를 제대로 하지 않았던 검찰, 2020년 11월 사업가 Y 씨로부터 윤 씨를 고발하는 진정서를 받고도 수사를 미적거린 검찰에 대한 분노였다. 〈뉴스타파〉 보도 4일 뒤, 〈한국일보〉는 데스크 칼럼을 통해 윤우진 사건을 조명했다. 〈뉴스타파〉 보도 영상을 캡처한 사진이 포함된 이례적인 글이었다. '윤우진을 들어보셨나요'라는 제목의 칼럼 말미에는 이런 내용이 있었다.

조만간 그(윤우진)를 둘러싼 흥미로운 이야기들이 속속 공개될 것 같다. 이미 〈뉴스타파〉 보도를 통해 일면이 드러나고 있다. 그를 비호하기 위한 움직임이 이번에도 통할지가 관전 포인트다. 떨고 있는 사람들이 많다고 한다. 서초동이 시끄러워질 것 같다.

〈뉴스타파〉의 '윤우진 회유 동영상' 보도가 나간 뒤, 잠잠하던 검찰이 분주히 움직였다. 서울중앙지검 형사부에 있던 Y 씨 진정 사건을 반부패 강력수사 1부에 재배당하고 강제수사에 돌입했다. 11월경까지 석 달가량 진정인 Y 씨를 10번 가까이 불러 조사했다. 수사결과가 나오기 시작했다.

먼저 윤우진 씨 최측근인 사업가 최모 씨가 두 달 넘는 도피생활 끝에 긴급체포돼 구속됐다. 최 씨는 Y 씨에게 4억 3000만 원, 또 다른 사업가에게 2억 원을 정관계 로비 자금 명목으로 챙긴 혐의(변호사법 위반)를 받았다.

윤 씨에 대한 수사결과도 이어서 나왔다. 12월 7일, 검찰은 세무조사를 무마해주겠다며 Y 씨 등 사업가 2명에게서 1억 3000만 원가량의 뒷돈을 받은 혐의(변호사법 위반)로 윤 씨를 구속했다.

Y 씨 진정 사건과는 별개로 진행된 '2012년 윤우진 뇌물 사건' 재수사 결과는 2021년을 사흘 남겨 놓은 12월 29일에 나왔다. 검찰은 2억 원가량의 뇌물을 받아 챙긴 혐의로 윤 씨를 재판에 넘겼다. 2015년 검찰이 내놓은 무혐의 결정이 6년 만에 뒤집힌 것이다.

검찰, '윤우진 뇌물 사건' 수사결과 스스로 뒤집다

이에 앞서 2021년 10월 6일, 〈뉴스타파〉를 포함해 4개 언론사가 2012년 윤우진 뇌물 사건 수사 내용이 담긴 '경찰 수사 의견서'(2013년 8월)와 검찰의 '불기소 결정문'(2015년 2월)을 입수해 공개했다. 2019년 윤석열 검찰총장 후보자 인사청문회 때부터 국회를 중심으로 공개 요구가 빗발쳤던 바로 그 자료다. 윤우진 뇌물수수 사건의 전말이 문서로 처음 확인된 순간이었다.

경찰 수사 의견서에 따르면, 2012~2013년 서울경찰청 광역수사대가 확인한 윤 씨의 뇌물수수 혐의는 총 8개, 1억 3800여만 원에 달했다.

1. 2010년 3~4월경 육류업자 김OO에게 1000만 원 현금 수수

2. 2010년 7월 중순경 육류업자 김OO에게 1000만 원 수수

3. 2011년 2월 1일경 육류업자 김OO에게 1000만 원 상당의 LA갈비 100세트 수수

4. 2010년 11월 21일~2011년 12월 18일경 육류업자 김OO로부터 21회에 걸쳐 4000만 원 상당의 골프접대.

5. 2011년 9월 20일 내연녀 계좌를 이용해 아파트 구입대금 명목으로 D세무법인 안OO 대표에게 5000만 원 수수.

6. 2011년 10월 7일 내연녀 계좌를 이용해 가전제품 구입대금 명목으로 육류업자 김OO에게 1000만 원 수수.

7. 2004년 10월~2012년 3월 세무사 안OO에게 86회에 걸쳐 809만 원 휴대전화 요금 대납

8. 2012년 3~7월까지 (주)OOOO 송모 대표에게 휴대전화를 제공받아 58만 원 휴대전화 요금 대납

경찰 수사 의견서에 따르면, 윤 씨가 받은 뇌물은 대부분 서울 마장동에서 육류업체 T사를 운영하던 김모 씨의 세무조사와 관련이 있다. 2011년 9월 중부지방국세청이 106억 원에 이르는 출처 불명의 김 씨 재산에 대해 자금출처 조사를 시작하자 윤 씨가 이를 무마해주겠다며 금품을 받아갔

다는 게 경찰 판단이었다.

이 세무조사로 김 씨는 40억 원에 달하는 세금과 추징금을 낼 것으로 예상됐는데, 실제로는 3억 원 정도의 세금만 내고 세무조사가 마무리된 사실도 경찰 수사로 확인됐다. 경찰은 윤 씨의 로비가 성공한 결과라고 판단했지만, 검찰은 달랐다.

윤 씨가 김 씨의 세무조사에 도움을 주는 대가로 뇌물을 받았음을 짐작하게 하는 정황은 차고 넘쳤다. 제보자 진술, 육류업자 최초 진술, 윤 씨 내연녀 진술 등이다. 가장 결정적인 건 윤 씨가 육류업자 세무조사를 담당하는 중부지방국세청 관계자들을 만나고 다닌 사실이 기록된 김 씨의 다이어리였다. 윤 씨가 뇌물을 받은 시기, 육류업자 세무조사 시점, 세무조사 담당자들을 만난 시기는 모두 정확히 겹쳤다. 하지만 이렇게 증거들이 차고 넘치는데도, 검찰은 2015년 2월 윤 씨의 8개 뇌물 혐의 전부를 무혐의 처분한 채 사건을 종결했다. "제보자 진술을 믿을 수 없다"거나 "대가성이 확인되지 않았다"는 등의 이유였다.

그런데 불기소 결정문에는 그동안 알려지지 않은 검찰 논리가 하나 더 담겼다. "윤우진은 육류업자가 세무조사를 받고 있다는 사실 자체를 몰랐던 것으로 보인다"는 것이다.

윤우진이 중부지방국세청의 (육류업자) 김OO에 대한 세무조사 사실을 알고 있었다거나 세무조사에 어떠한 영향력을 행사하였다고 볼만한 증거자료를 찾을 수 없다… (D세무법인 대표) 안OO은 (육류업자) 김OO와 개별적으로 쌓은 인연으로 윤우진과 관계없이 세무자문을 해주었다고 진술하는 점에 비추어 볼 때…

−검찰 불기소 결정문 (2015.2.23.)

경찰이 확인한 '윤우진 뇌물수수' 혐의는 대부분 육류업자 세무조사와 연동돼 있다. '세무조사 무마를 대가로 육류업자에게 금품을 받았다'거나 '세무조사 무마를 대가로 육류업자의 세무대리인에게 금품을 받았다'는 식이다. 육류업자 세무조사를 빼고는 뇌물수수 혐의가 적용될 수 없는 구조다.

그런데 검찰이 "윤우진은 육류업자에 대한 세무조사 사실 자체를 몰랐던 것으로 보인다"고 판단하면서 경찰이 쌓아 올린 윤씨의 범죄 혐의는 성립할 수 없게 돼버렸다. 육류업자에 대한 세무조사 사실을 몰랐으니 세무조사에 개입할 이유가 없고, 세무조사에 개입하지 않았으니 그것을 전제로 뇌물 혐의를 적용할 수 없다는 식이다. '윤우진이 성동세무서장 시절(2010년)부터 육류업자 김모 씨와 사적인 친분을 가졌고' '김 씨가 수사 초기 뇌물공여 사실을 시인했으며' '육류업자 김 씨의 세무 대리인(안OO 세무사)이 윤우진과 30년간 국세청에서 같이 근무한 동료였으며' '이 대리인을 육류업자에게 소개한 사람이 윤우진 본인'이라는 등의 경찰 수사결과는 모두 묵살됐다.

심지어 검찰은 경찰 수사 도중 윤 씨가 자신의 뇌물수수 사실을 알고 있는 부하직원을 찾아가 허위진술을 강요한 사실도 문제삼지 않았다. 검찰의 불기소 결정문에는 이와 관련된 판단이 단 한마디도 들어 있지 않았다. 윤 씨에게 불리한 증거는 모조리 날려버린 것이다. 하나부터 열까지 윤 씨 측의 일방적인 주장을 액면 그대로 받아준 결과였다. 경찰 수사 의견서에는 검찰이 무시해버린 윤 씨의 허위진술 강요 사실이 이렇게 기록돼 있다.

> 윤우진과 (육류업자) 김OO는 자신들의 범죄사실이 명백히 드러나자 증거인멸을 목적으로 서울 영등포구 양평동 소재 OOO 식당에서 육류업자를 대동하여 영등포세무서 부하직원인 L 씨를 만나 '2011년 구정 당시 갈비세트를 건네받은 혐의로 조사를 받고 있는데 L 과장이 협조를 해주지 않아 사건이 꼬여가고 있다. 자네(L 씨)가 이분 (육류업자)에게 갈비세트 값을 건넨 것으로 하라'며 경찰에 허위진술을 지시하고...
> −경찰 수사 의견서(2013.8.7.)

윤석열 아킬레스건, 윤우진 '3030 대포폰'

〈뉴스타파〉가 입수한 당시 경찰 수사 의견서에는 그간 제대로 알려지지 않은 의미 있는 사실이 많다. 그 가운데 하나가 바로 윤 씨가 2012년 경찰 수사 당시 쓰던 '3030 대포폰'이다. 이해를 돕기 위해, 2012년 시작된 윤우진 전 서장의 뇌물수수 의혹 수사 과정을 되짚어보면 이렇다.

경찰이 윤우진 용산세무서장의 뇌물수수 의혹 수사에 나선 2012년 2월경, 윤 씨는 국세청 동료 출신인 안모 세무사가 만들어준 차명 대포폰을 10년 가까이 쓰고 있었다. 경찰 수사가 시작되자 윤 씨는 기존에 쓰던 안 씨 명의의 휴대전화를 급히 없애고 새로 마련했다. 역시 '차명 대포폰'이었다.

윤 씨는 이렇게 만든 휴대전화로 경찰과 검찰 등에 깔린 자신의 비호세력과 수시로 통화하며 경찰 수사에 대비하고 수사 무마를 시도한 걸로 전해진다. 2012년 당시 '윤우진 뇌물수수 의혹' 수사에 참여했던 경찰 관계자는 이 차명 대포폰을 두고 이렇게 말한 바 있다. (괄호는 이해를 돕기 위해 적어 넣은 것)

"윤우진 휴대폰이 두 개인 건 아시죠? 마지막 대포폰은 (2012년) 3월인가 개설해서 도망(2012년 8월 말)갈 때까지 쓴 건데, 거기 보면 변호사들하고 연락하고 그런 게 쭉 있죠. 이 휴대폰은 자동차 외장부품 하는 회사 사장(이 만들어준) 휴대폰인데, 그 사람도 세무 관련된 것 때문에 (윤우진에게) 엮여가지고 빌려준 거예요."
　-'2012년 윤우진 사건' 경찰 수사팀 관계자(2012.11.)

이 경찰 관계자는 "윤우진이 경찰 수사 도중 해외로 도피하기 직전까지 이 대포폰으로 윤석열 당시 부장검사와 수시로 통화했다"고도 말했다. 윤석열 당시 부장검사가 윤우진 뇌물수수 의혹 사건에 개입했을 가능성을 보여주는 중요한 증거라는 것이다. 아래는 2012년 경찰 수사 당시 내가 경찰 관계자와 나눈 대화 내용.

"윤석열이 핵심이죠. 윤석열이 강하게 비호하는 거예요, 윤우진이를… (윤우진의 친동생인) 윤대진(2012년 당시 부장검사)은 오히려 한 발짝 물러선 인상이고 윤석열이가 코어에서 하고 차OO(2012년 당시 검사) 씨가 심부름하고."

  -윤석열 검사와 윤우진이 마지막으로 통화한 게 언제예요?

"(2012년) 8월 초쯤이나 되는 것 같은데, 7월 말인가."

  -8월 초면 한참 수사가 진행 중일 때?

"(윤우진이 경찰)소환에 응하지 않고 있을 때죠. 한참 사건이 진행되면서 (외국으로) 나가기 직전이라 할 수 있죠."

  -'2012년 윤우진 사건' 경찰 수사팀 관계자와의 대화(2012.11.)

경찰 수사가 진행 중이던 2012년경 윤석열 당시 부장검사와 윤 씨가 자주 통화했다는 것은 나중에 윤석열 후보가 나와 통화하면서 인정한 사실이다(249p 참고). 윤 씨가 해외 도피 직전까지 윤 후보와 수시로 통화했다는 사실은 여러 측면에서 궁금증을 낳는다. 윤 후보가 윤 씨의 해외 도피를 조언했거나 도운 건 아닌지, 경찰 수사 무마에 힘을 보탠 것은 아닌지 의문이 들기 때문이다.

그런데 '경찰 의견서'에는 문제의 대포폰 관련 내용이 상세히 기록돼 있다. 대포폰의 끝자리 번호가 '3030'이며 명의자가 사업가 송모 씨라는 등의 내용이다. 아래는 '경찰 의견서' 내용 중 일부다.

2012년 3월경부터 같은 해 7월경까지 피의자 윤우진으로 하여금 그 직위를 이용하여 ㅇㅇ자동차 부사장 이ㅇㅇ에게 하청업체 (주)ㅇㅇ산업을 지속적인 협력관계로 유지할 수 있도록 청탁해 주는 대가로 (주)ㅇㅇ산업 명의로 010-0000-3030번의 휴대전화를 개설하여 주고, 휴대전화 사용요금을 대리 납부하는 방법으로 2012. 3, 4월분 125,640원, 5월분 133,510원, 6월분 170,210원, 7월분 155,180원, 도합 584,540원의 휴대전화 요금을 대납하여 공무원의 직무에 관하여 뇌물을 공여하였다.

−경찰 수사 의견서 (2013.8.7.)

나는 최근 윤우진 사건 수사 과정을 취재하면서 윤 씨에게 '3030 대포폰'을 제공한 송 씨가 2012년 경찰 수사 때는 물론, 2020년 10월 시작돼 최근까지 이어진 검찰 재수사 과정에서도 여러 차례 검찰에 불려가 조사받은 사실을 확인했다. 수사 내용은 확인되지 않았다. 윤석열 후보의 사건 개입 의혹을 풀어줄 핵심 단서인 '3030 대포폰' 통화내역은 이 사건을 재수사한 서울중앙지검 형사13부에 가 있다. 2013년 8월 경찰이 사건을 검찰로 송치하면서 모든 기록을 검찰로 보냈기 때문이다.

2021년 7월 19일, 나는 서울 이태원 모처에서 윤 씨를 만나 장시간 대화를 나누면서 '3030 대포폰'에 대해서도 물어봤다. 윤 씨는 송 씨에게 대포폰을 제공 받아 사용한 사실을 인정했다.

"송모 씨에게 선물로 받은 휴대폰이다. 경찰 수사에 대비하고 로비에 쓰라고 받은 게 아니고, 곧 세무사로 나갈 계획이던 나에게 사업이 잘되라는 뜻으로 만들어 준 것이다. '3030' 번호는 '세무세무'라는 뜻을 담은 번호였다."

−윤우진 전 용산세무서장 증언(2021.7.19.)

윤석열은 '무혐의'

2015년 2월 검찰이 내놓은 '윤우진 불기소' 결정이 얼마나 엉터리였는지는 2021년 12월 29일 검찰이 내놓은 재수사 결과로 확인됐다. 결론은 '윤우진 뇌물수수 혐의 기소'. 2015년 검찰 수사결과를 검찰 스스로 뒤집은 것이다.

검찰은 재수사를 통해 '윤우진이 2004년부터 2011년 12월까지 육류업자 김모 씨, 세무사 안모 씨에게서 총 2억 원가량의 뇌물을 받았다'고 판단했다. 2013년 경찰이 사건을 검찰에 넘기면서 적시한 8개 뇌물 혐의 중 4개가 인정됐다. 육류업자에게 받은 골프비 대납(4000여만 원), 세무사 안 씨에게 아파트 구매 대금 명목 등으로 받은 6000만 원이었다. 검찰은 이와는 별도로 이번 재수사에서 윤 씨가 사용한 차명계좌를 새로 발견해 안 씨로부터 1억 원을 받아 챙긴 혐의를 확인해 기소했다.

검찰은 4쪽 분량의 수사결과 보도자료에 다음과 같이 적었다.

이번 재수사를 통해 종전에 불기소 처분했던 피의사실 중 대부분의 혐의를 밝혀 기소하였음.

—윤우진 '뇌물 사건 재수사 결과' 보도자료 (2021.12.29.)

윤우진 뇌물 사건을 재수사한 서울중앙지검 형사13부와는 별도로, 같은 청 형사6부는 '윤우진 뇌물 사건 수사 무마 의혹'을 수사했다. 그 수사결과도 윤우진 뇌물 사건 재수사 결과와 함께 나왔다. 수사 무마 의혹 사건의 피의자는 총 2명. 윤 씨와 형 동생 하는 사이이던 윤석열 후보, 그리고 윤우진의 친동생인 윤대진 검사장이다.

두 사람의 혐의는 모두 3가지였다. 먼저 윤 후보는 2019년 7월 검찰총장 인사청문회를 앞두고 "윤우진 전 용산세무서장에게 변호사를 소개해준 사실이 없다"라는 내용의 허위 답변서를 작성해 국회에 제출한 혐의(허위공문서 작성 및 동행사), 경찰 수사 당시 윤 씨에게 변호사를 소개한 혐의(변호사법 위반), 2012년부터 이듬해까지 진행된 경찰 수사를 방해한 혐의(직권남용권리행사방해)를 받았다. 윤대진 검사장은 직권남용권리행사방해 혐의만 조사받았다. 그런데 검찰은 두 사람에게 모두 무혐의 처분을 내렸다. "공소시효가 지났다"거나 "법규정이 없다"는 이유였다.

먼저 검찰은 윤석열 후보에게 적용된 '허위공문서작성 및 동행사 혐의'에 이런 수사결과를 내놨다.

인사청문 대상인 공직후보자는 형법 기타 특별법상 공무원으로 의제하는 규정이 없고, 인사청문과 관련하여 국회에 제출한 답변서는 공직 후보자 자격에서 제출한 것일 뿐, 서울중앙지검장의 직무와 관련하여 작성된 공문서라고는 볼 수 없어 '혐의없음' 처분하였음.

검찰 논리는 쉽게 풀면 다음과 같은 3단 논법으로 정리할 수 있다.

1. '허위공문서 작성과 행사' 혐의는 공직자에게만 적용할 수 있다. 공직자가 아닌 사람이 만든 허위문서는 모두 사문서이기 때문이다.

2. 2019년 7월 인사청문회를 앞두고 윤석열 후보가 만들어 국회에 낸 답변서는 공무원인 서울중앙지검장 신분이 아닌 '공직 후보자' 신분으로 만들어 낸 것이다.

3. 그런데 형법 등 관계 법령 어디에도 '인사청문 대상자인 공직 후보자는 공무원이다'라는 규정이 없어 윤석열에게 허위공문서 작성 및 동행사 혐의를 적용할 수 없다.

법조계 일각에서는 "공무원인 서울중앙지검장이 검찰총장이 되기 위해 인사청문회를 준비하면서 생긴 범죄 혐의인데, '공직 후보자는 공직자로 볼 수 없다'는 논리를 적용할 수 있는지 의문"이라는 목소리가 나온다.

검찰이 이런 결론을 내놓으면서 정작 중요한 문제, 윤석열 후보가 인사청문회 때 국회에 낸 자료가 허위문서인지인지, 변호사를 소개한 것이 사실인지는 따져볼 기회를 잃었다. 검찰 재수사 결과가 나온 날 〈한겨레〉는 사설에서 이렇게 비판했다.

검찰은 윤 후보의 청문회 답변서가 허위였는지에 대해서도 판단을 피한 채, 공직 후보자 자격으로 낸 국회 답변서는 공문서가 아니라고 무혐의 처분했다. 윤 후보가 당시 서울중앙지검장이었다는 점에서 형식논리가 아닐 수 없다. 시간을 끌다가 마지못해 벌인 재수사에서도 검찰은 자기 조직의 잘못에 대해 어느 것 하나 바로잡으려는 의지를 보이지 않았다. 검찰개혁이 왜 필요한지 두말할 필요가 없게 만든다.

—〈한겨레〉(2021.12.29.)

〈뉴스타파〉가 2019년 7월 인사청문회 때부터 줄곧 제기해 온 변호사법 위반 의혹과 직권남용권리행사방해 혐의 역시 "공소시효가 지났다"는 이유로 '공소권 없음'이라고 처분했다. 하지만 직권남용권리행사방해 문제는 여전히 논란거리다.

　직권남용권리행사방해 혐의 수사는 2019년 8월경 한 시민단체가 검찰에 낸 고발장에서 출발했다. "2012년 7월부터 2013년 8월까지 진행된 서울지방경찰청 수사 과정에서 경찰 수사를 방해한 혐의에 대해 윤석열, 윤대진 두 사람을 수사해 달라"는 내용이었다.

　윤우진 뇌물 사건에 외압이 행사됐다고 의심되는 시기는 크게 둘로 나눌 수 있다. '경찰 수사 단계(2012년 초~2013년 8월)'와 '검찰 수사 단계(2013년 8월~2015년 2월)'다. 그런데 검찰은 애초 이 사건 수사 배경이 된 고발장에서 '경찰 수사 단계'에 대한 판단을 구했다는 이유로 검찰 수사 단계에서의 불법 행위는 수사대상에 올리지도 않았다. 검찰 재수사 결과가 나온 날 〈경향신문〉은 검찰의 수사 행태를 다음과 같이 비판했다.

　검찰은 시민단체가 이 사건을 고발한 내용이 '경찰 수사 방해' 혐의라며 '검찰 수사 방해' 의혹에 대해선 기소 여부를 판단하지 않았다고 밝혔다. 고발되지 않았더라도 관련 의혹을 '인지'해 수사해온 검찰의 관행과 다르다는 비판이 나온다.

　―〈경향신문〉(2021.12.29.)

　검찰이 석연치 않은 이유로 무혐의 처리한 사건이 6년 만에 재수사를 거쳐 수사결과가 뒤집힌 건 큰 변화이자 성과가 아닐 수 없다. 검찰 스스로 과거 수사가 부실했고 무혐의 처분이 부당했음을 인정했다는 점에서 의미가 있다. 하지만 여전히 아쉬움이 남는다. 각각의 범죄 혐의와 관련해 남아 있는 과제도 그렇지만, 검찰이 여전히 제 식구 감싸기를 하는 것이 아닌가 하는 의구심이 생기기 때문이다.

당장 검찰은 6년 만에 수사결과를 뒤집는 흔치 않은 결과를 내놓으면서도 왜 수사결과가 뒤집힌 것인지, 6년 전엔 왜 윤우진을 기소하지 않았는지, 6년 전 수사에 어떤 외압이 있었던 것인지 등에 대해선 아무런 설명도 하지 않았다. 2012년부터 시작된 경찰 수사를 방해했다는 의혹을 받았던 검사, 그리고 경찰이 사건을 검찰로 넘긴 2013년 8월부터 검찰이 무혐의 결정을 내린 2015년 2월까지 이 사건을 담당했던 검사들을 수사하기는 했는지, 했다면 어떤 식의 수사를 진행했는지도 공개하지 않았다. 엉터리 수사결과를 내놨던 2015년 수사팀에게도 아무런 책임을 묻지 않았다. 앞으로 이런 일이 반복되지 않기 위해 어떤 인적 제도적 보완책을 마련할 것인지 아무런 입장도 내놓지 않았다. 이번 재수사 결과가 반갑기는 하지만 씁쓸함도 남는 이유다. 〈뉴스타파〉의 끈질긴 보도와 여론에 밀려 윤우진 사건을 재수사하기는 했지만, 검찰은 여전히 변하지 않았다.

'탐욕 동맹'의
핵심 고리, 김건희

'사모님'의 주가조작 연루 혐의는 성역?

앞서 5부 '처가의혹과 윤로남불'에서 이른바 '본부장' 의혹 중 '부인과 장모' 관련 의혹을 집중해서 다뤘다. 그중에 영영 어둠 속에 묻혀버릴 뻔했던 도이치모터스 주가조작 의혹과 윤석열 후보 아내 김건희 씨의 연루 의혹은 〈뉴스타파〉 보도로 처음 세상에 알려진 사건이다.

하지만 보도 이후 검찰은 꿈쩍도 하지 않았다. 아니, 대검찰청 간부들은 오히려 "경찰 내사보고서를 뉴스타파가 오독했다"고 언론플레이를 하는 등 '사모님'의 범죄 의혹을 비호하기 바빴다. 보다 못한 추미애 당시 법무부장관이 수사지휘권을 발동했는데도 검찰은 수사를 하는 둥 마는 둥 했다. 검찰이 실질적으로 움직이기 시작한 건 윤 후보가 검찰총장직에서 물러난 뒤인 2021년 3월 이후, 〈뉴스타파〉 보도 뒤 13개월이 지난 시점이다.

검찰이 수사에 착수한 지 9개월 뒤, 그리고 이 사건을 상세히 다룬 〈윤석열과 검찰개혁〉 초판이 나오고 4개월 뒤인 2021년 12월 3일 검찰이 도이치모터스 주가조작 사건 수사 결과를 발표했다. 검찰은 도이치모터스 주가조작이 실제 있었음을, 그것도 대규모로 진행됐음을 뒤늦게나마 확인했다.

검찰이 기소한 사람은 모두 14명이다. 경찰 내사보고서에 '주연'으로 등장한 도이치모터스 권오수 회장과 주가조작 선수 이모 씨, 솔로몬 증권 이사 김모 씨 등 5명은 구속 기소됐다. 4명은 불구속 기소됐고, 나머지 5명은 약식 재판에 넘겨졌다. 검찰 보도자료에 적힌 범죄 혐의는 이렇다.

2009년 12월 23일~2012년 12월 7일 공모자들과 함께 91명 157개 계좌를 이용해 도이치모터스 주식에 대한 가장·통정매매, 고가매수, 허위매수 등 이상매매 주문 7804회 제출, 1661만주(654억 원 상당) 매입을 통한 인위적 대량매수세 형성, 주식 수급, 매도 통제, 주가 하락 시 주가 방어 등의 방법으로 인위적으로 주가를 상승시킴.

가장·통정매매, 고가매수, 허위매수… 모두 주가조작 사건에 전형적으로 나오는 '작전'들이다. 이런 작전을 7800회나 하면서 무려 650억 원어치의 주식을 사들였다는 것이다. 물론 재판 결과가 나오기 전까지 이들의 혐의가 최종 확정된 것은 아니다. 그러나 적어도 검찰이 기소할 정도로 강력한 주가조작 정황이 있었던 것만큼은 확인된 셈이다. 그다음으로 규명되어야 할 것은 여기에 김건희 씨가 연루되었는지다.

그러나 검찰 보도자료 어디에도 '김건희'라는 이름은 등장하지 않았다. 다만 검찰은 '국민적 의혹이 있는 주요 인물 등의 가담 여부에 대하여는 계속 수사 진행 중'이라면서 여지를 남겼다. 공소시효는 남아 있다. 검찰 발표에 따르면 기소된 14명의 범죄가 종료된 시점이 2012년 12월이기 때문에 만약 김 씨가 연루됐다면 그 공소시효는 2022년 12월까지다.

계좌 공개로 더 짙어진 의혹

윤 후보는 검찰총장 재직 시절 아내 김 씨의 주가조작 연루 의혹에 대해 단 한마디 변명이나 설명도 하지 않았다. 총장직에서 물러나 정치인으로 변신한 뒤에는 "2년 동안 수사를 했는데 아무것도 나오지 않았으므로 실체가 없는 의혹"이라고 강변했다. 자신이 총장 자리를 지키고 있었기 때문에 재직 시에는 아무것도 나오지 않았을지도 모른다는 생각은 떠오르지 않았던 모양이다. 총장직에서 물러난 이후 검찰 수사가 본격화되어 관련자들이 구속되자 그제야 진실의 일부를 털어놨다. 2021년 10월 15일, 홍준표 후보와 국민의힘 경선 토론회에서다. 말을 그대로 옮기자니 너무 장황해서 취지를 요약한다.

"제 아내가 2010년에 주가조작 선수 이모 씨에게 주식계좌 위탁 관리를 맡긴 것은 사실이다. 이 씨가 골드만삭스 출신이라고 해서 실력이 있는 줄 알았다. 이 씨는 김건희

의 계좌를 통해 도이치모터스 주식뿐 아니라 10여 가지 주식을 매매했다. 그러나 넉

달 동안 손해만 나서 계좌를 회수했다. 계좌 거래 내역을 공개하겠다."

윤석열 캠프는 닷새 뒤인 10월 20일 김 씨의 계좌 내역을 공개했다.
2010년 1~5월의 도이치모터스 주식 거래 내역이었다. 전체적으로 보아
윤석열 캠프의 의도는 도이치모터스 거래로 4000만 원 손해를 봤음을
입증하겠다는 것이었다. 그러나 공개한 계좌 내역은 오히려 더 큰 의혹
을 불러일으켰다.

우선 김 씨 계좌로 사들인 도이치모터스 주식이 너무 많았다. 예를 들
어 김 씨는 2010년 1월 14일 도이치모터스 주식을 15만 주를 사들였는
데, 이는 당일 매매된 도이치모터스 주식 거래량의 38%나 됐다. 다음 날
인 1월 15일에도 10만 주의 주식을 사들였는데 전체 거래량의 52%에 해
당하는 물량이었다. 1월 25~29일 매수도 마찬가지다. 김 씨의 거래량은
일일 전체 거래량과 비교했을 때 적게는 22%, 많게는 44%에 달했다. 주
가조작 세력은 통상 특정 주식의 주가를 띄우기 전에 주식을 집중적으로
매집하는데, 특정한 개인이 한 종목의 주식을 이토록 많이 사들인다는
것은 '매집'이라는 목적을 빼놓고는 설명하기 어렵다.

둘째, 일반적인 투자자라면 이해하기 어려운 거래 패턴도 발견됐다.
2010년 1월 28일 김 씨는 주당 2500원에 10만 주를 매도한 뒤 다시 2600
원에 6만 2000주를 매수했다. 누가 봐도 손해를 떠안는 거래인데, 주가
조작 세력이 여러 개의 계좌를 운용하면서 계좌 간 물량을 맞추는 게 아

니라면 이해하기 어려운 패턴이다.

마지막으로, 계좌 내역을 공개한 기간에 사들인 도이치모터스 주식 수십만 주를 언제 얼마에 매도했는지는 공개하지 않았다. 계좌 내역을 공개한 시점으로 끊어서 봤을 때는 4000만 원 손해를 봤다고 주장할 수 있지만, 이때 사들인 주식을 더 비싸게 매도했다면 시세 차익을 봤을 가능성이 있다.

정리하면 검찰 수사를 통해서는 도이치모터스 주식에 대한 주가조작이 있었다는 사실이 확인되었고, 윤석열 캠프가 공개한 계좌 내역을 통해서는 김 씨가 주가조작 세력의 일반적인 패턴에 따라 주식을 매집한 사실이 확인된 것이다. 그리고 이 글을 쓰고 있는 2022년 1월 8일, 검찰이 김건희 씨에게 소환을 통보했다는 언론 기사가 나왔다.[1] 전 검찰총장 부인의 도이치모터스 주가조작 연루 의혹은 아직 전모가 드러나지 않았다.

금융엘리트의 잔고증명서 위조… 뭔가 수상하다

"피고 최은순에게 징역 1년을 선고한다."

2021년 12월 23일 의정부지방법원 7호 법정. 재판부는 윤석열 후보의 장모 최은순 씨에게 사문서위조와 부동산실명법 위반 혐의로 징역 1년을 선고했다. 2016년 법정에서 자기 입으로 혐의를 인정했음에도 검찰이 애써 덮어주었던 300억 원대 잔고증명서 위조 혐의가 마침내 법적

---

1) 위용성. "검찰, '도이치 주가조작 연루' 의혹 김건희에 소환통보", 〈뉴시스〉 (2022.1.8.)

심판을 받은 것이다(이 책 5부 5장 참고). 나는 법정에서 직접 선고 내용을 듣고 먼저 법원 건물 밖으로 나와 최 씨가 나오기를 기다렸다. 그런데 아무리 기다려도 나오지 않았다. 다시 들어가 보니 그는 "어지러워서 서 있을 수가 없다"면서 방청석 의자에 드러누워 있었다. 한참 뒤에야 법원 직원들의 부축을 받고 건물 밖으로 나왔다.

최 씨에게 모든 카메라 플래시가 집중된 사이 뒤에 숨어 몰래 빠져나온 남자가 있었다. 최 씨 지시를 받고 직접 잔고증명서를 위조했던 46살 김모 씨다. 그에게는 징역 6개월의 집행유예형이 선고됐다. 나는 김 씨를 뒤따라가 물었다. "최은순, 김건희 씨와 어떤 관계이기에 그렇게 많은 일을 도와준 겁니까?" 그는 아무런 대답을 하지 않은 채 기다리고 있던 카니발 승용차에 올라탄 뒤 사라졌다. 내가 이날 김 씨를 따라가 질문을 던진 건 몇 달 동안 그를 취재해왔기 때문이다. 김 씨는 대체 어떤 인물일까?

그는 연세대학교 법대를 졸업하고 금융권에서 오랫동안 일한 엘리트다. 잔고증명서 위조가 법적 처벌을 받을 수 있는 위험한 행위라는 걸 몰랐을 리 없다. 그런데도 최 씨의 말 한마디에 아무런 대가도 없이 그런 잡범 같은 짓을 했다고 주장하는 게 이상했다. 의문을 품고 오랫동안 김 씨를 추적한 이유다.

더군다나 그의 이름은 윤석열 후보 처가와 관계된 여러 사건에서 반복적으로 등장했다. 잔고증명서 위조뿐 아니라 사업 계획서 작성과 토지 합필, 대출 중개 등 최 씨의 도촌동 땅 투자 전반을 도왔다. 최 씨가 징역

3년을 선고받은 파주 요양병원 사건에서는 최 씨와 함께 병원 건물을 사러 다녔고, 심지어 요양병원에 들어갈 X레이 기기 대여 업체까지 알아봐 줬다. 한마디로 최 씨 일가의 집사나 재산관리인 노릇을 한 것처럼 보였다.

그런데 여러 기록을 보면 김 씨는 최 씨보다는 김건희 씨와 더 가까워 보였다. 잔고증명서를 위조하기 한참 전부터 김 씨가 운영하는 전시기획 업체 '코바나컨텐츠' 감사를 맡고 있었다. 김 씨 자신도 검찰 조사에서 "김건희와 대학원 동기인데, 전시회를 보러 갔다가 최은순을 소개받았다"고 진술했다. 김건희 씨와 김 씨 사이에 '뭔가 있다'는 예감이 들었다.

김건희–위조범–렌터카 회사의 '삼각거래'

몇 달 동안의 취재 결과, 잔고증명서를 위조한 김 씨와 김건희 씨가 한 벤처회사를 매개로 사업 이익을 주고받은 정황을 확인했다. 이른바 '삼각거래' 의혹이다.

그 벤처회사는 '비마이카'라는 렌터카 업체다. 고급 수입차 구독 서비스와 차량 공유 서비스를 내세워 '예비 유니콘'으로 주목받고 있다. 비마이카는 2013년 4월 설립했는데, 대표인 조모 씨는 잔고증명서를 위조한 김 씨와 같은 금융회사 출신이다. 두 사람은 비마이카 외에 다른 여러 법인을 통해서도 서로 얽혀 있다.

비마이카는 법인을 설립한 지 두 달 만에 고급 수입차인 BMW 50대를 시세보다 저렴한 가격에 장기 렌트해주는 이벤트를 벌였다. 아직 렌터카 사업 허가가 나오기도 전이었다. 신생 렌터카 업체의 이벤트에 과감하게 고가 수입차를 제공해준 회사는 어디였을까? 바로 도이치모터스였다.

알다시피 도이치모터스는 김건희 씨와 특수관계인 회사다. 주가조작 연루 의혹뿐 아니라 신주인수권 인수, 자회사 도이치파이낸셜 주식 액면가 인수 등 김건희 씨는 권오수 도이치모터스 회장으로부터 10년 동안 여러 차례에 걸쳐 경제적 이득을 제공 받았다. 바로 이 도이치모터스가 비마이카에도 파격적인 혜택을 준 것이다.

비마이카 주변과 렌터카 업계를 수소문했다. 잔고증명서를 위조한 김 씨가 비마이카 대표 조 씨와 동업자나 다름없다는 내부자의 진술이 나왔다. 이들 주변에는 김 씨의 친누나가 김건희 씨이고, 매형은 윤석열 검사라는 소문이 파다하게 퍼져 있었다. 비마이카는 김건희 씨의 코바나컨텐츠가 기획한 전시회에 협찬하기도 했다. 김 씨가 사내 이사로 등재됐던 법인을 비마이카가 인수해 자회사로 편입한 사실도 확인했다. 비마이카가 사업 초기 BMW 차량을 확보할 수 있었던 것은 김건희 씨를 통해서였다는 진술도 나왔다.

일단 여기까지의 얘기를 정리해보면, 잔고증명서를 위조한 김 씨와 김건희 씨가 비마이카라는 회사를 통해 삼각거래를 했다는 가설이 도출된다. 김 씨가 잔고증명서 위조 등으로 김건희 씨 일가를 도운 게 이 삼각거래의 첫 번째 변이다. 김건희 씨가 비마이카에 제공한 것으로 보이는 도움이 두 번째 변이다. 즉 김 씨는 김건희 씨에게, 김건희 씨는 비마이카에 도움을 주었다. 삼각거래가 완성되려면 비마이카로부터 김 씨에게로

향하는 세 번째 변이 필요하다.

비마이카의 공시자료에서 세 번째 변을 찾았다. 비마이카는 2017년 싸이드스텝이라는 회사를 인수 합병했는데 이 회사 대주주는 잔고증명서를 위조한 김 씨였다. 김 씨는 자기 회사이던 싸이드스텝 주식을 넘기는 대가로 비마이카 주식 1400여 주와 현금 3억 원을 받았다. 주당 가격은 78만 원이었다. 이때 김 씨는 다른 주주가 가진 비마이카 주식 4000주를 추가로 인수해 비마이카 지분을 도합 14.4% 보유하게 된다. 단숨에 2대 주주로 올라선 것이다.

그런데 김 씨가 추가로 인수한 비마이카 주식 가격은 불과 4000만 원, 주당 1만 원에 불과했다. 바로 직전 인수 합병을 할 때는 주당 78만 원에 산 주식을 주당 1만 원에 산 것이다. 주식을 판 사람은 무려 30억 원가량을 손해 본 셈이다. 누가 봐도 이상한 거래다. 벤처투자업계 대표는 차명거래가 의심된다고 했다. 애초 그 주식을 판 사람은 명의만 빌려줬을 뿐 실소유주가 아니었을 것이라는 얘기다.

이렇게 헐값에 비마이카 주식을 확보한 김 씨는 3년 뒤인 2020년 새로운 투자자에게 일부 주식을 되팔아 투자금을 회수했다. 주당 거래 가격은 무려 146만 원이었다. 이 거래로 김 씨가 벌어들인 수익은 34억 원에 이르렀고, 여기에 팔지 않고 남겨둔 주식의 가치는 40억 원이 넘는 것으로 평가됐다. 비마이카와의 거래로 60억 원이 넘는 수익을 확보한 것이다. 이것이 바로 삼각거래의 세 번째 변이다.

이제 삼각거래 의혹이 완성됐다. 김 씨는 잔고증명서를 위조하는 등 불법을 무릅쓰고 김건희 씨 일가의 재산 증식을 도왔고, 김건희 씨는 김 씨와 가까운 사람이 설립한 비마이카를 도왔다. 그리고 비미아카는 김 씨에게 수십억 원의 이득을 안겨주었다. 〈뉴스타파〉는 이 같은 취재 내용을 2022년 1월 11일 보도했다.[2]

신안저축은행과 김건희 학연

2010년 이후 윤석열 후보 처가의 재산 증식 과정에서 돈이 필요할 때마다 구세주처럼 나타나는 금융회사가 있다. 지금은 바로저축은행으로 이름을 바꾼 신안저축은행이다. 신안저축은행은 최은순 씨가 성남 도촌동 땅에 투자할 때 48억 원을 빌려줬고, 파주 요양병원 건물을 사들일 때도 17억 원을 빌려줬다. 최 씨가 소유한 암사동 건물을 담보로 여러 차례 돈을 빌려준 것도 신안저축은행인데, 대출 액수는 담보가치를 훌쩍 넘어섰다. 윤 후보 처가의 가족회사 이에스아이앤디는 2014년 기준 36억 원의 결손금이 있었는데도 신안저축은행으로부터 40억 원을 빌렸다. 모두 특혜 성격이 짙은 대출이다.

수상한 정황은 또 있다. 자기 은행 명의의 잔고증명서를 위조한 김 씨에게 신안저축은행이 어떤 책임도 묻지 않았다는 점이다. 김 씨는 잔고증명서 사건에 책임을 지기는커녕, 몇 년 뒤 신안저축은행이 설립한 바로투자증권, 현 카카오페이증권의 부사장 자리에까지 올랐다. 대체 어떤 뒷배가 있었기에 이런 비상식적인 일이 가능했을까?

---

2) 강현석, 박종화, 심인보 "김건희와 잔고증명서 위조범의 삼각거래 의혹", 〈뉴스타파〉 (2022.1.11.)

〈뉴스타파〉는 이 의문을 풀기 위해 취재를 하던 중, 잔고증명서를 위조한 김 씨와 김건희 씨가 함께 다닌 서울대 경영대학원 EMBA에 특별한 동기생이 있었다는 사실을 확인했다. 신안저축은행 대표이던 박상훈 씨가 그 주인공이다. 지금은 박지호라는 이름으로 개명한 박 씨는 신안저축은행 대주주 박순석 씨의 둘째 아들이다.

박 씨는 윤석열 후보와도 인연이 있다. 그는 2011년 저축은행 부실대출 사태 당시 아버지 박순석 회장과 함께 금감원 조사 대상에 올랐다. 300억 원의 불법 대출을 주도한 혐의였다. 그 무렵 윤 후보는 대검 중수1과장으로 저축은행 대출 비리를 대대적으로 수사했다. 금감원은 2012년 7월 박 씨를 검찰에 고발했는데, 이듬해 검찰은 불기소 처분했다. 다른 저축은행의 대주주나 그 가족이 줄줄이 구속된 것과 대조적이었다(윤석열 검사는 2012년 8월 인사가 나서 서울중앙지검 특수1부장으로 옮겨 갔다).

여기에 김건희 씨와 박상훈 씨의 학연을 대입해 다시 사건을 순서대로 맞춰보자. 두 사람은 2010년부터 2011년까지 2년 동안 함께 대학원에 다녔다. 2012년 3월 김건희 씨는 윤석열 검사와 결혼했다. 윤 검사가 몸담았던 대검 중수부는 2013년 1월 박 씨를 불기소 처분했다. 그리고 2013년~14년에 신안저축은행은 김건희 씨 일가에 여러 건의 특혜성 대출을 실행했다.

이들과 함께 대학원에 다녔던 또 한 사람, 잔고증명서를 위조한 김 씨는 대학원을 졸업한 뒤 다니던 금융회사를 그만두고 신안저축은행의 대출을 중개하는 법인을 차렸다. 그 뒤 잔고증명서 위조까지 감행하면서 김건희 씨 일가를 도왔고, 신안저축은행의 특혜성 대출을 중개했다. 그리고 몇 년 뒤 수십억 원을 벌고 신안 계열 증권사의 부사장까지 올랐다. 참으로 서로에게 이득이 되는 학연이 아닐 수 없다.[3] 불법과 편법을 오가는 '탐욕 동맹'의 핵심 연결 고리는 김건희 씨였다.

---

3) 박종화, 강현석, 심인보 "윤석열과 신안저축은행, 핵심 고리는 김건희", 〈뉴스타파〉 (2022.1.12.)

7부 윤우진과 김건희, 그 후

'윤석열 사태'의 교훈

미노스왕의 노여움을 산 다이달로스는 아들 이카로스와 함께 높은 탑에 갇혔다. 어느 날 그는 아들의 몸에 밀랍으로 만든 커다란 날개를 붙여줬다. "얘야, 너무 낮게 날면 바다의 습기 때문에 날개가 무거워지고, 너무 높이 날면 태양열 때문에 날개의 밀랍이 녹으니 적당한 높이로 날아라." 아버지를 따라 탑을 탈출한 이카로스는 기분이 좋은 나머지 자꾸만 높이 날아올랐다. 이윽고 날개의 밀랍이 태양열에 녹아 그는 바다로 떨어져 죽고 만다. – 그리스신화

한때 '검사 윤석열'에게 호감을 품었다. 그의 소신과 기개를 높게 평가했다. 그를 좋게 봤던 많은 사람이 그랬던 것 같다. 그가 서울중앙지검장을 지낸 것으로 만족했다면 어땠을까? 손뼉 칠 때 무대에서 내려왔다면?

그런데 기세등등한 그는 더 큰 욕심을 냈다. 정권의 '기대'와 그의 '야망'이 '동상이몽(同床異夢)'으로 맞아떨어졌는지도 모른다. 하긴 서울중앙지검장이 검찰총장 자리를 바라보는 건 자연스러운 욕망이리라. 그걸 누가 탓할 수 있으랴. 문제는 그의 요람인 검찰권력이다.

그가 온 국민이 지켜보는 국정감사장에서 "총장은 장관의 부하가 아니

다"라고 큰소리칠 때, 여러 사건에서 대놓고 '제 식구 감싸기'를 할 때, 문득 이카로스의 날개가 떠올랐다. 이카로스가 분별없이 태양에 너무 가까이 다가선 것처럼, 그도 검찰권력에 취해 분수를 잊은 듯싶었다.

법무부 외청 기관장이 상급자인 장관 지휘를 무시하는 태도는 인상적이었다. 행정부 소속 임명직 공무원이 선출권력의 통치권 밖에 독립적으로 존재하는 것처럼 행동하는 것도 별스러웠다. 어느 국민도 그에게 그런 위치와 권한을 부여하지 않았는데 말이다. 검찰을 별도 공화국이라고 여기지 않는다면 보일 수 없는 태도였다. 검찰개혁을 인사권 독립으로 여기는 검찰주의자들의 위험한 논리였다.

어쨌든 신화 속 이카로스와 달리 윤석열의 날개는 아직 건재하다. 벼랑 끝에 몰렸는데도 뚝심으로 버티더니 마침내 더 큰 야망을 향해 날갯짓한다. 검찰총장 출신 첫 대통령이라는 꿈 말이다. 윤석열이 사퇴하기 전 그를 잘 아는 검찰 고위직 출신 법조인이 들려준 얘기다.

"윤석열은 과대포장됐다. 인기도 다분히 거품이다. 하지만 역사는 그다지 합리적이지 않다. 전두환도 됐는데, 윤석열이라고 안 될 것도 없다. 주변 검사들은 윤이 대통령 될 수도 있다고 본다. 그리고 대통령을 하면 문재인보다 나을 거라고 믿는다. 적어도 진영논리에 갇혀 유능한 인재를 쓰지 못하거나 이상에 치우쳐 비현실적인 경제정책을 밀어붙이지는 않을 테니까."

문재인 정부에 비판적인 그의 말에 동의하는 점도 있고, 동의하지 않는 점도 있다. 인간은 이성과 합리를 지향하지만, 실제 행동은 그렇지 않을 때가 많다. 사회관계망이 촘촘해질수록 언론매체와 소셜미디어가 만들어내는 '가상 여론'에 큰 영향을 받는다. 정치적 신념에 따라 편을 가르고 확증편향 늪에 빠져든다. 이름난 지식인이라는 사람들조차 반쪽 진실만 보고 대중을 오도하니 혼란이 가중된다. 언론권력의 산물인 주류언론의 프레임은 여전히 위력적이다. 그 내용이 사실이든 거짓이든. 오보에 따른 정정/사과보도를 밥 먹듯이 해도.

'윤석열 사태'의 교훈은 무엇일까? 개혁은 합법적이고 합리적이어야 한다. 무리하게 서두르다 보면 실수가 나오고 반격 빌미를 주게 마련이다. 개혁한다는 명분으로 반개혁적 행동을 하거나 불법을 저지른다면 개혁 결실은커녕 명분조차 잃을 수 있다. 검찰개혁을 이유로 검찰 중립성을 해쳐서는 안된다. 정권이 바뀌면 되치기당할 일을 벌이면 안 된다.

그렇지만 개혁은 또한 힘 있을 때 신속하게 밀어붙여야 한다는 것이 역사의 가르침이다. 달이 차면 기울듯이 시간이 흐르면 개혁주체세력의 힘과 의지도 약해지고 정권 지지율도 떨어지기 마련이다. 어정쩡하게 추진하다 보면 명분도 효과도 약해진다.

거시적 대의명분보다 미시적 실속을 중시하는 중도층은 개혁 피로감에 고개를 돌리게 된다. 심지어 지지층 내에서도 노선과 방법론을 두고 갈등이 빚어진다. 다음 대선을 의식할 수밖에 없는 여권은 위험부담이 덜한 길을 찾게 된다. 개혁의 완성보다는 속도조절론에 힘이 실리는 이유다.

검찰개혁이 국민에게 현 정권의 이익을 위한 것으로 비쳤다면, 정권 관련 수사를 차단하려는 꼼수로 비쳤다면, 독선과 이중성으로 비쳤다면, 설사 억울하고 부당한 면이 있더라도 여당 대표든 대통령이든 나서서 국민에게 유감을 표명하면서 이해를 구하고 설득했어야 한다. 그런 리더십이 없다 보니 검찰개혁에 대한 불신과 반감이 커졌다. 문재인 정부에서 최고점에 달했던 검찰지상주의를 청산하면서 반성해야 할 지점이다.

검찰개혁 종착지인 수사/기소 분리는 시대적 과제다. 사회정의, 경제정의를 위해서라도 검찰의 강고한 조직이기주의와 검찰패밀리 커넥션을 더는 방치할 수 없다. 〈뉴스타파〉에서 펴낸 책 〈죄수와 검사〉에 잘 나와 있듯이, 검찰 패밀리에 대한 수사는 한없이 관대하고, 검찰 조직에 맞서거나 밉보인 사람에 대한 수사는 한없이 사납다. 똑같이 금융사기죄를 저질러도 검찰에 선이 닿으면 무혐의 처분을 받거나 벌금에 그치고, '검찰 빽'이 없으면 구속되고 기소된다. 정의와 공정이 왜곡된다.

한때 그 조직의 우두머리로 있으면서 검찰주의자 면모를 유감없이 드러

윤석열과 검찰개혁

냈던 윤 전 총장의 말을 되돌려주자면, 검사들 때문에 헌법정신이 훼손되고 자유민주주의와 시장경제가 무너질 판이다. 검찰개혁이 민주주의 및 민생과 직결되는 이유다.

평생 검사로 살며 '단죄권력'을 누려온 윤석열은 지금 일생일대의 모험을 벌이고 있다. 이카로스의 비극은 본분과 분수를 망각한 데서 비롯됐다. 윤석열의 날개가 태양열에 녹을지, 더 단단해질지는 알 수 없다.

관건은 민심이다. 왕조국가 시대나 민주주의 시대나 '민심은 천심'이라는 명제는 변함이 없다. 어떤 정권이라도 민심을 거슬러서는 성공하기 어렵다. 역사를 보면, 민심을 얻는 자가 권력을 잡았다. 민심은 사람들 마음을 움직이는 기운이다. 시대정신과도 통한다.

숲의 안개가 걷히면 나무인지 풀인지 드러나지만, 민심의 향방은 짐작하기 어렵다. 민심은 자연현상보다 변화무쌍하기 때문이다. 분명한 사실은, 민심은 이리저리 흔들리면서도 때가 되면 묘하게 중심을 잡는다는 점이다. 그리고 사람은 거품이 걷히면 참모습이 드러난다. 유능한지, 도덕적인지, 리더십을 갖췄는지, 시대정신에 맞는지. 마지막 요건이 앞 세 가지 자질을 덮어버릴 때가 많지만.

윤석열과 검찰개혁

초판 1쇄 2021년 7월 30일
초판 2쇄 2021년 8월 25일
개정판 1쇄 2022년 1월 28일

지은이 한상진 조성식 심인보
데이터 분석 최윤원
편집 조성식
디자인 장승식
교열 조연우
감수 김용진

펴낸이 김중배
펴낸곳 도서출판 뉴스타파
출판등록 2020년 8월 24일 제2020-000128호
주소 (04625) 서울시 중구 퇴계로 212-13
전화 02-6956-3665/ 팩스 02-2058-0978
홈페이지 withnewstapa.org

값 17000원
ISBN 979-11-974123-3-2 03330